KB182395

혁신 방법론

Be the Solver
혁신 운영법

혁신 방법론

Be the Solver

혁신 운영법

오춘백 지음

이담
Books

'문제해결 방법론(PSM)[1])'의 재발견!

오랜 기간 기업의 경영혁신을 지배해 온 「6시그마」의 핵심은 무엇일까? 필자의 과제수행 경험과 강의, 멘토링, 바이블 시리즈 집필 등 20년 넘게 연구를 지속해오면서 6시그마를 지배하는 가장 중요한 요소가 무엇인지 깨닫게 되었다. 그것은 바로 **'문제 처리(Problem Handling)', '문제해결(Problem Solving)', '문제 회피(Problem Avoiding)'**이다. 이에 그동안 유지해 온 타이틀 「6시그마 바이블 시리즈」와 「Quality Bible Series」를 이들 세 영역에 초점을 맞춘 「**Be the Solver**」 시리즈로 통합하고, 관련 내용들의 체계를 재정립한 뒤 개정판을 내놓게 되었다.

기업에서 도입한 경영혁신의 핵심은 대부분 '문제 처리/ 문제해결/ 문제 회피(이하 '3대 문제 유형')'를 위해 사전 활동으로 '과제선정'이 요구되고, '3대 문제 유형'을 통해 사후 활동인 '성과 평가'가 이루어진다. 또 '3대 문제 유형'을 책임지고 담당할 '리더'가 정해지고, 그들의 '3대 문제 유형' 능력을 키우기 위해 체계적인 '전문 학습'이 기업으로부터 제공된다. 이들을 하나로 엮으면 다음의 개요도가 완성된다.[2]

---

1) Problem Solving Methodology
2) 송인식(2016), ≪The Solver≫, 이담북스, p.38 편집.

상기 개요도에서 화살표로 연결된 내용들은 '용어 정의'를, 아래 밑줄 친 내용들은 '활동(Activity)'을 각각 나타낸다. 기업에는 모든 형태의 문제(공식화될 경우 '과제')들이 존재하고 이들을 해결하기 위해 세계적인 석학들이 다양한 방법론들을 제시했는데, 이같이 문제들을 해결하기 위한 접근법을 통틀어 **'문제해결 방법론(PSM: Problem Solving Methodology)'**이라고 한다.

필자의 연구에 따르면 앞서 피력한 대로 문제들 유형은 '문제 처리 영역', '문제해결 영역', 그리고 '문제 회피 영역'으로 나뉜다. '문제 처리 영역'은 '사소한 다수(Trivial Many)'의 문제들이, '문제해결 영역'은 고질적이고 만성적인 문제들이, 또 '문제 회피 영역'은 연구 개발처럼 '콘셉트 설계(Concept Design)'가 필요한 문제 유형들이 포함된다. '문제 회피(Problem Avoiding)'의 의미는 설계 제품이 아직 고객에게 전달되지 않은 상태에서 "향후 예상되는 문제들을 미리 회피시키기 위해 설계 노력을 강구함'이 담긴 엔지니어 용어이다. 이들 '3대 문제 유형'들과 시리즈에 포함돼있는 '문제해결 방법론'을 연결시켜 정리하면 다음과 같다.

[총서]: 문제해결 역량을 높이기 위한 이론과 전체 시리즈 활용법 소개.
- The Solver → 시리즈 전체를 아우르며 문제해결 전문가가 되기 위한 가이드라인 제시.

[문제 처리 영역]: '사소한 다수(Trivial Many)'의 문제들이 속함.

- 빠른 해결 방법론 → 전문가 간 협의를 통해 해결할 수 있는 문제에 적합. '실험 계획(DOE: Design of Experiment)'을 위주로 진행되는 과제도 본 방법론에 포함됨(로드맵: 21 - 세부 로드맵).

- 원가절감 방법론 → 원가절감형 개발 과제에 적합. 'VE(Value Engineering: 가치공학)'를 로드맵화한 방법론(로드맵: 12 - 세부 로드맵).

- 단순분석 방법론 → 분석량이 한두 건으로 적고 과제 전체를 5장 정도로 마무리할 수 있는 문제해결에 적합.

- 즉 실천(개선) 방법론 → 분석 없이 바로 처리되며, 1장으로 완료가 가능한 문제해결에 적합.

- 실험 계획(DOE) → '요인 설계'와 '강건 실계(다구치 방법)'로 구성됨(로드맵: '빠른 해결 방법론'의 W Phase에서 'P - D - C - A Cycle'로 전개).

[문제해결 영역]: 고질적이고 만성적인 문제들이 속함.

- 프로세스 개선 방법론 → 분석적 심도가 깊은 문제해결에 적합(로드맵: 40 - 세부 로드맵).

- 통계적 품질관리(SQC) → 생산 중 문제해결 방법론. '통계적 품질관리'의 핵심 도구인 '관리도'와 '프로세스 능력'을 중심으로 전개.

- 영업 수주 방법론 → 영업 수주 활동에 적합. 영업·마케팅 부문(로드맵: 12 - 세부 로드맵).

- 시리즈에 포함되지 않은 동일 영역의 기존 방법론들 → TPM, TQC, SQC, CEDAC, RCA(Root Cause Analysis) 등.[3]

---

3) TPM(Total Productive Maintenance), TQC(Total Quality Control), SQC(Statistical Quality Control), CEDAC(Cause and Effect Diagram with Additional Cards).

[문제 회피 영역]: '콘셉트 설계(Concept Design)'가 포함된 문제들이 속함.

- 제품 설계 방법론 → 제품의 설계·개발에 적합. 연구 개발(R&D) 부문 (로드맵: 50 – 세부 로드맵).
- 프로세스 설계 방법론 → 프로세스 설계·개발에 적합. 금융/서비스 부문(로드맵: 50 – 세부 로드맵).
- FMEA → 설계의 잠재 문제를 적출해 해결하는데 쓰임. Design FMEA 와 Process FMEA로 구성됨. 'DFQ(Design for Quality) Process'로 전개.
- 신뢰성(Reliability) 분석 → 제품의 미래 품질을 확보하기 위해 수명을 확률적으로 분석·해석하는데 적합.
- 시리즈에 포함되지 않은 동일 영역의 기존 방법론들 → TRIZ, NPI 등[4]

다음은 『**Be the Solver**』 시리즈 전체와 개별 주제들의 서명을 나타낸다.

분류	『Be the Solver』 시리즈
총서	The Solver
문제 해결 방법론 (PSM)	[문제 처리 영역] 빠른 해결 방법론, 원가절감 방법론, 단순분석 방법론, 즉 실천(개선) 방법론 [문제 해결 영역] 프로세스 개선 방법론, 영업 수주 방법론 [문제 회피 영역] 제품 설계 방법론, 프로세스 설계 방법론
데이터 분석 방법론	확증적 자료 분석(CDA), 탐색적 자료 분석(EDA), R분석(빅 데이터 분석), 정성적 자료 분석(QDA)
혁신 방법론	**혁신 운영법**, 과제선정법, 과제 성과 평가법, 문제해결 역량 학습법
품질향상 방법론	[문제 처리 영역] 실험 계획(DOE) [문제 해결 영역] 통계적 품질관리(SQC)– 관리도/ 프로세스 능력 중심 [문제 회피 영역] FMEA, 신뢰성 분석

---

4) TRIZ(Teoriya Resheniya Izobretatelskikh Zadach), DFQ Process(Design for Quality Process), NPI(New Product Introduction).

기업 현장에서의 경영혁신! 만일 여러분이 경영혁신 팀에 근무하거나 관련 부서에 있으면서 경영혁신을 추진하려 한다면 어떤 일부터 시작해야 할까? 또 경영진 지시에 의해 실행은 하고 있지만 잘하고 있는지 확인하고 싶다면 이떻게 진단하고 수준을 평가할까? 그리고 더 나아가 현재보다 더 나은 방향으로의 경영혁신을 모색해야 한다면 무슨 내용을 어떻게 추진해야 할까? 이 책은 이들 의문들에 대한 최적의 솔루션이 될 수 있으며, 시중에 나와 있는 수많은 혁신관련 도서에 결핍된 현장 경험 그리고 실제로 활용할 수 있는 이론을 조화롭게 결부시킨 훌륭한 안내서가 될 것이다.

국내에서 경영혁신을 수행하는 기업의 경우 '10년 주기설'이 상식으로 통한다. 즉 TPS, TQM 그리고 TPM으로 이어오던 경영혁신의 흐름은 90년대 말을 기점으로 6시그마에 자리를 내주었고, 이후 십 수 년이 지난 요즘에 다시 다른(?) 방법론이 대세를 장악할 것으로 점쳐진다. 하지만 지금의 상황은 이런 예측이 더 이상 통하지 않는 것처럼 보인다. 컨설팅 업계조차 지금까지 시장에 나온 혁신 방법론을 넘어서는 다른 새로운 상품이 없다는 견해가 지배적인 것 같고, 각종 방법론들은 융합화, 예를 들어 린의 개념과 6시그마(최문박, 2006; Bicheno, 2004; Drickhamer, 2002), TPM과 6시그마(Nakajima, 1989), SCM과 6시그마(Yang Hong Mo et al, 2007)가 서로 상생하는 모습을 보인다.

대기업에서도 지금껏 체질화시켜 온 각종 경영혁신 방법을 기업이 처한 상황에 맞게 적절히 사용하면 된다는 다소 실용적인 입장이 대세를 이룬다. 따라서 이런 때일수록 앞에서 언급했던 방법론보다는 경영혁신의 기획, 수행, 완료 전 단계에서의 조절 능력과 실행력 제고가 가장 중요한 관건이 되고 있다. 즉 방법론이라는 것은 그때그때 상황에 맞추어 적절히 활용하면 된다는 견해가 지배적이다. 한 가지 다행스런 일은 국내에서 2000년 이후 6시그마 활동이 경영전략과 연계되어 추진되면서 성과창출이나 경영혁신의 체질화 측면에서 바람직한 경험을 했다는 다수의 사례가 보고되고 있다는 점이다. 문제해결 방법론을 위시한 지속 가능한 경영혁신을 기업 내 정착시키기 위해서는 '운영적 측면'의 노하우가 정립돼야 한다. 이를 위해 본문에서는 경영혁신을 제대로 운영하기 위해 필요한 일련의 활동들을 'Plan(혁신 기획단계) – Do(수행 단계) – See(완료 단계)'의 흐름 속에서 다양한 실사례와 함께 제시한다.

흔히 접하는 경영혁신관련 책자들이 실제 추진되는 업무들과는 다소 거리가 있으면서 어려운 기법 중심으로 흐르고 있거나, 넓은 의미의 경영혁신을 소개하곤 한다. 이 때문에 정작 과제를 수행하거나 변화관리를 주도하는 입장에 있는 분들에게 적절한 해법을 제시하지 못하는 상황이 벌어지고 있다. 또 현재 번역되어 소개되는 외국의 각종 서적도 일부 사례를 싣거나 수박 겉핥기식으로 포장돼 있어 실질적인 운영 매뉴얼을 제시하지 못하고 있고, 우리나라의 기업정서와 동떨어져 있는 경우도 상당하다. 이에 본 책에선 최근 몇 년 동안 대기업 현장에서 직접 다루었던 실패 사례, 성공 사례와 특히 그동안 소홀히 다루었던 ― 그러나 혁신을 이끌어 가는데 무엇보다 중요한 ― 갈등 해결, 변화관리, 추진 인프라 구축 등을 어떻게 만들고 실행하는지에 대해 중점적으로 소개할 예정이다. 이를 위해 기획단계인 마스터플랜을 수립하는 단계에서 그동안 필자의 경험을 집대성하여 독자적인 경영혁신 추진 모델을 제시할 것이다. 아울러 시리즈 및 주제와 관련된 다양한 정보를 원하는 독자는 PS-Lab 홈페이지 'http://ps-lab.co.kr'를 방문해주길 바란다.

이 책의 기본적인 구성 체계는 다음과 같다.

먼저, 1장 **기획단계**에서는 경영혁신 성숙도 진단을 통해 현재의 위치를 파악하고, 이를 통한 단기, 중장기 마스터플랜을 수립하는 방법을 사례와 함께 자세히 소개한다. 또 어떤 측면에서는 경영혁신보다 더 중요한 변화관리 활동을 어떻게 전개해 나갈 것인지 실전에서의 경험과 검증된 다양한 이론을 근간으로 제시하고, 경영혁신 추진 인프라 구축, 과제선정 프로세스 및 방법론, 과제관리 시스템의 운영, 그리고 혁신 기획단계에서의 주요 이슈 및 대응 방안에 대해 심층적으로 다룬다. 특히 과제선정 프로세스는 매우 중요한 과정이기 때문에 이 장에서 변화관리와 함께 가장 심도 있게 다룰 것이다.

2장은 **수행 단계**로서, 기업경영혁신의 본질인 과제수행 시 갖춰야 할 그라운드 룰(Ground Rule), 리더의 자세, 과제수행 도중에 점검을 어떻게 해야 하는지 등을 상세히 다룰 예정이다. 과제수행 시 자주 발생하는 주요 이슈 및 이에 대한 대응 방안, 갈등 해결 방안 그리고 경영혁신 추진을 어떻게 붐업 (Boom Up)시킬 것인지, 혁신활동 수행 중의 변화관리 방안도 사례와 더불어 자세히 소개할 것이다.

마지막으로 3장 **완료 단계**에서는, 그동안 경영혁신관련 책자에서 등한시되어 왔지만 경영혁신을 추진하는 기업 입장에서 실질적으로 가장 관심이 많고 기대하는 부분이면서 성과를 거두고 유지할 내용에 대해 중점적으로 다룬다. 즉 재무성과 산정기준을 명확히 하고 이에 따라 평가했던 사례를 구체적으로 제시하였으며, 표준화의 중요성 및 Audit 방법에 대해서도 자세히 언급한다. 평가, 보상, 포상에 대한 기준을 제시하고 이를 어떻게 변화관리 프로그램에 탑재할 것인가도 사례 중심으로 알리고 Audit을 중심으로 한 사후관리 방안도 제시한다.

앞에서도 밝혔듯이, 이 책은 전체적으로 경영혁신을 기획하고(Plan), 수행하며(Do), 완료하기(See)까지의 전 과정을 운영 실무자 입장에서 해야 할 일 중심으로 차근차근 서술하였다. 각 단계를 수행할 때마다 느끼게 되는 문제점과 해결이 어려웠던 부분을 독자 여러분의 입장에서 상세히 밝히고, 다년간의 현업과 컨설팅 경험 그리고 다양한 서적, 논문 등을 통해 알려진 선진 지식을 융합하여 그 해결책을 제시하였다. 아무쪼록 이 책을 통해 독자 여러분 스스로의 힘으로 자사의 경영혁신을 펼쳐 나갈 수 있는 토대가 마련되기를 기대한다.

끝으로 이 책이 나오기까지 귀중한 조언과 지혜를 빌려 주신 송인식 위원님, 네모아이씨지의 류연호 사장님 그리고 전 직장의 상사이자 스승이신 한영부님, 백익현님, 박태영님, 문정국님 그리고 이기혁님께 다시 한 번 감사의 말씀을 드린다. 아울러, 주말마다 각자 바쁘게 원고 작업을 하면서 격려를 아끼지 않은 아내 안수정에게도 무한한 감사를 표하고 싶다. 마지막으로 이 책과 함께했던 우리 부부의 기쁨 오태경에게 이 책을 바친다.

오춘백

차례

혁신의 기획

1. 개요

1.1. 경영혁신

경영혁신이란 기술혁신에 수반하여 필연적으로 일어나는 경영상의 전반적인 혁신으로 정의한다. 부연하면, 경영혁신은 "새로운 틀을 구성하거나 변화된 시스템(김종관, 2008)으로서 제품이나 서비스, 공정 기술, 관리 시스템, 조직구성원을 변화시키는 새로운 계획이나 프로그램을 의도적으로 실행함으로써 기업의 중요한 부분을 본질적으로 변화시키는 기업 경쟁력 강화와 창조적 변화를 위한 노력(Amabile, 1988)"을 의미한다. 제품과 공정을 뒷받침하는 기술이 아무리 우수하다 하더라도, 고객이 원하는 우수한 품질의 제품이나 서비스를 저렴한 가격으로 신속히 공급할 수 없다면 아무 소용이 없다. 이처럼 경영혁신은 전략을 실행하기 위해 조직체질을 바꿀 필요가 있을 때, 전략 목표달성에 실패했을 때 또는 새로운 전략적 목표를 추구하거나 기업환경이 급변할 때 그 필요성을 느낄 수 있다.

경영혁신에 대해서는 [표 Ⅰ-1]과 같이 경영혁신의 대가들이 다양한 정의를 내리고 있다. 물론 필자도 이에 적극적으로 동의하는 바이다. 이런 추상적인 의미를 좀 더 현실화시킨다면 "한 손에는 칼, 다른 한 손에는 펜"으로 정의하고 싶다. 뒤에서 계속 논의되겠지만 필자가 강조하고 싶은 경영혁신은 혁신 기법과 변화관리의 조화를 추구하는 것이다. 지금까지는 경영혁신활동을 추진하는 데 있어서 경영혁신 기법만을 강조하는 측면이 없지 않아 있었는데, 효과적인 경영혁신활동을 위해서는 경영혁신과 관련된 기법이나 경영 시스템상의 변화는 물론, 혁신의 처음이자 끝인 인적 자원에 대한 충분한 교육과 관심을 통해 적극적인 참여를 유도하는 노력이 필요하다. 이런 결과로 이들이 변화를 수용하여 유효성을 향상시킬 수 있는 준비가 되었을 때 비로소 성공적인 경영혁신을 이루어 낼 수 있다(김종관, 2008).

시대에 따라 경영혁신 기법도 달라진다. 경영혁신 기법이 비록 유행을 타는 경향도 있지만 각 기법은 그 당시 경영환경을 반영한다. 이 세상에 만병통치약과 같은 경영혁신 기법은 없다. 결국, 한 기업에서 성공적으로 사용된 경영혁신이 목적과 당면문제 그리고 내부능력이 상이한 기업에서도 같은 효과를 내리란 보장은 없다. 그러므로 경영자는 어떤 기법을 선택할 것인지 신중하게 판단해야 한다. 즉 경영혁신 기법은 기업 특성에 맞게 최적으로 활용되어야 하고, 이와 맞물려 경영혁신 과정뿐만 아니라 그 처음과 끝도 항상 사람이 차지한다는 사실을 명심하고 경영혁신 참여 주체들에 대한 지속적 변화관리를 할 때야 비로소 진정한 의미의 경영혁신을 이룰 수 있다. 물론 이를 달성하기 위해 경영혁신 참여자들의 진정성과 몰입할 수 있는 분위기 조성, 사업전략과 이를 뒷받침할 수 있는 조직과의 적합성 유지, 구성원의 광범위한 공감을 얻기 위한 회사의 당면한 문제점 노출 등에 주저해서는 안 된다.

[표 Ⅰ-1] 경영혁신의 다양한 정의(김종관, 2008 등 참조)

구 분	정 의
Schumpeter (1934)	새로운 원료의 조달, 새로운 제품의 생산, 새로운 시장의 발견, 새로운 방식의 도입, 새로운 조직 방법의 채용으로 기존의 방식을 창조적으로 파괴하는 활동
Van de ven (1986)	새로운 아이디어를 지칭하는 것으로 현재의 질서, 공식에 도전을 주는 것이면서 기존의 아이디어들의 재조합이고 관련된 개개인에 의해서 새롭게 인지되는 접근방법
Amabile (1988)	기업경쟁력 강화를 위해 기업경영시스템에서 창조적 변화를 이루어내는 노력
Robbins (1996)	창의적인 아이디어를 선택하고 창의적인 아이디어를 유용한 제품, 유용한 서비스 및 운영방법으로 전환시키는 과정
Shibata & Kaneda (2001)	지금까지의 상식을 부정하고, 새로운 시스템을 구축해가는 활동

Harvard Business School(2004)	독창적이고 의미가 있으며, 귀중하고 새로운 제품이나 프로세스 또는 서비스에 지식을 구현하거나 결합하거나 합성하는 행동
혁신척도의 공개적 개발을 위한 미국 상무성의 공지 (2007. 4. 13.)	고객을 위한 새로운 가치창출을 목적으로 새롭거나 변경된 상품이나 서비스, 프로세스, 시스템, 조직구조 또는 사업모델을 설계, 발명, 개발 그리고/또는 실행하는 것
조동성	새로운 제품이나 서비스, 새로운 생산 공정 기술, 새로운 조직구조나 관리 시스템, 조직구성원을 변화시키는 새로운 계획이나 프로그램을 의도적으로 실행함으로써 기업의 중요한 부분을 본질적으로 변화시키는 것

1.2. 경영혁신의 분류

핸더슨과 클라크(Henderson & Clark)는 혁신을 점진적·구조적·불여속적·시장적 혁신으로 분류하였고, 일본능률협회는 제품혁신, 관리과정 혁신, 의식혁신으로 분류하였으며 다만포(Damanpour)는 기술혁신과 관리혁신으로 구분을 시도하였다. 또한 바니와 그리핀(Barney & Griffin)은 기술혁신과 경영혁신두 가지로 구분하였고, 피터 드러커는 사회혁신의 유형도 강조하였다. 나이트(Knight)는 제품혁신, 프로세스혁신, 인적혁신, 구조혁신으로 분류하였다(김종관, 2008). 2008년 월스트리트저널이 선정한 세계 경영대가 20인 중 1위에 오른 게리 해멀(Gary Hamel) 교수는 최고의 혁신으로 사람을 다루는 혁신, 즉 관리혁신(Management Innovation)을 꼽았다. 사람을 다루는 혁신이야말로 운영혁신이나 제품혁신, 비즈니스모델 혁신, 업계구조 혁신보다 윗줄에 있다는 것이다(조선일보, 2009. 10. 17.).

한편 포스터(2001)에 따르면 혁신을 '구조적 혁신', '실질적 혁신', 그리고 '점진적 혁신'으로 분류할 수도 있다. '구조적(Transformational) 혁신'은 슘페터가 말한 일하는 방식 자체를 바꾸는 큰 변화를 말하며, 최고 경영자가 수행하고, 기업의 전략과 통제시스템을 모두 변경하는 대대적인 혁신을 말한다. 구조적 혁신은 새로운 시장을 창출하고 기존 질서를 파괴하고 변화시킨다. 그래서 기존 제품과 서비스를 파괴하고 이러한 제품과 서비스를 제공하고자 하는 신생기업의 존재가 부각된다. '실질적(Substantial) 혁신'은 아주 광범위하지는 않지만 상당 부문에서 기존 질서를 뒤엎는 혁신을 말한다. '실질적 혁신'은 '구조적 혁신' 뒤에 나타나는 혁신이지만 '점진적 혁신'이 누적되어 나타나는 혁신은 아니다. '점진적(Incremental) 혁신'은 일상적인 변화를 추구하는 작은 혁신으로서 조직원들이 주로 수행하며, 기업 내에서 바뀐 것보다 바뀌지 않은 것이 더 많은 경향을 보인다. 그러나 경쟁력을 유지하기 위해 반드시 필요한 혁신이다. 현장의 5S활동이나 낭비제거 활동 등이 전형적인 예라 할 수 있다.

하버드 비즈니스 스쿨의 크레이톤 크리스텐슨 교수에 의하면 경영혁신을 '파괴적 혁신'과 '존속적 혁신'으로 구분할 수도 있다(Christensen, 1998). '파괴적 혁신'은 와해성 기술을 통해 혁신적인 제품/서비스를 제공하여 새로운 가치를 창출하는 혁신이며 기존 시장에 있는 제품이나 서비스보다 획기적인 가격 대비 성능을 제공하는 것을 말한다. 주로 시장에 처음 진입하는 기업이나 소기업에 의해 이루어지며, 미래에 부상할 고객의 니즈를 만족시키면서 신기술 및 신제품으로 승부하여 새로운 고객가치를 창출한다. 예를 들면, 철강보다 100배나 강하면서도 유연성이 높은 탄소 나노 튜브의 발명이나 온라인 경매라는 새로운 시장을 개척하여 작은 기업의 주요한 경영활동 채널이 되고 있는 이베이(eBay)를 들 수 있다. 반면에 '존속적 혁신'은 기존의 시장에서 고객들의 높은 요구사항을 충족시키기 위해 기업이 지속적으로 수행하는 혁신활동으로 환경변화에 빠르게 대응하여 고객에게 새로운 제품 또는 서비스를 통해 가치를 제공하는 것을 말한다. 이는 주로 시장을 선도하는 대기업들이 수행하는 혁신의 형태이며 현재 고객이 원하는 것을 만족시키고 기존 고객의 가치를 증대시키고자 노력한다. 예를 들면, GE 헬스케어는 고객들에게 멀티 벤더 서비스를 제공함으로써 한 개 창구를 통하여 여러 제품을 구매할 수 있도록 하였고, 사우스웨스트 항공은 미국 내 단거리 노선을 선택하여 단거리를 출장하는 고객을 대상으로 논스톱으로 운항 빈도수를 높임으로써 낮은 요금으로 여행에 소요되는 시간을 단축해 높은 수익성을 올리고 있다. 우리나라에서는 아직 성숙되지 않았지만 구미 각국에서는 이미 보편화된 비즈니스 모델이다. 최근 들어 기업들은 '존속적 혁신'을 통해서는 현시점에서의 수익 극대화를, '파괴적 혁신'을 통해서는 현실에 안주하지 않고 '미래'의 전략 제품을 개발하기 위한 노력을 경주하고 있다.

샤피로(Shapiro, 2002)는 혁신을 '급진적 혁신'과 '점진적 혁신'으로 구분하였다. '급진적 혁신'은 기업을 완전히 바꾸는 혁신인 반면에 '점진적 혁신'은 능률을 완만하게 향상시키는 혁신이라고 하였다. 또 이 두 개 혁신의 차이를 '연구'와 '개발'을 이용하여 비교 설명하였다. '연구'는 '급진적 혁신'으로 새로운 것을 창출하기 때문에 파괴력이 크고, '개발'은 '점진적 혁신'으로 기존의 것을 개선하기 때문에 파괴력이 작다고 하였다. 하버드 비즈니스 스쿨(2004)도 '점진적 혁신'과 '급진적 혁신'에 대해 언급하였는데, '점진적 혁신'이란 기존의 것을 개선하거나 또는 기존의 형태나 기술을 변형해서 다른 목적에 사용한 것이라고 정의하였다. 반면에 '급진적 혁신'은 기존 기술이나 방법과는 전혀 새로운 것을 세상에 제시하는 혁신으로 정의하고 있다. 초기에 나온 GPS는 '급진적 혁신'이지만, 그 이후 GPS를 이용하여 설계한 항법장치 등은 전부 '점진적 혁신'들이다. 그리고 '점진적 혁신'은 그 발전에 한계가 있다고 하였고, '급진적 혁신'은 산업 자체를 바꾸는 엄청난 파괴력을 지니고 있지만 '점진적 혁신'과 '급진적 혁신'은 병행하여 발생한다고 하였다. [그림 Ⅰ-1]은 조금씩 작은 규모의 혁신이 일어나다 특정 시점에 급격한 혁신이 발생하고 있는 것을 보여 준다.

이와 같이 혁신의 접근방식에 따라 기업과 그 기업이 속한 산업에 미치는 영향은 판이하게 다르다. 그러나 기업이 반드시 하나의 혁신 방법만을 추구할 필요는 없다. 기업들은 대부분 이 두 개의 혁신을 동시에 추구한다. 일반적으로 '급진적 혁신'은 강한 파괴력을 가지고 있지만 비용과 위험성이 높으며 시간이 오래 걸린다. 여기에 비해 '점진적 혁신'은 위험성과 비용이 적게 소요되며 비교적 시간이 짧게 걸린다. 가장 대표적인 점진적 혁신은 일본의 카이젠을 들 수 있다. 카이젠은 점진적이며 지속적인 개선을 의미한다고 볼 수 있다.

[그림 Ⅰ-1] 점진적 혁신, 급진적 혁신

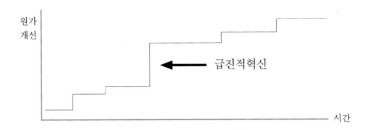

다음은 제품 또는 서비스가 시장에 출시하여 퇴출될 때까지의 시장 수명주기에 따른 분류를 들 수 있다. [그림 Ⅰ-2]에서처럼 이는 제프리 무어(2004)가 제시한 것으로 수명 주기는 크게 '기술 적용기', '주도권기', '쇠퇴기'로 구분할 수 있다. '기술 적용기'는 제품 리더십 영역으로 정의할 수 있으며 이때는 파괴적 혁신과 애플리케이션 혁신, 제품 혁신으로 나타난다. 다음으로 '주도권기'는 운영 효율과 고객친밀 영역으로 정의할 수 있으며 이때는 프로세스 혁신과 마케팅 혁신이 나타난다. 끝으로 '쇠퇴기'는 카테고리 갱신 영역으로 정의할 수 있으며 이때는 비즈니스모델 혁신과 구조 혁신이 나타난다.

[그림 Ⅰ-2] 시장에서의 라이프 사이클에 따른 분류(Moore, 2004)

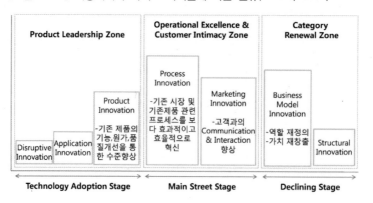

마지막으로 전략 컨설팅 그룹 모니터(Monitor)의 일원인 도빈(Dobin)社에서는 혁신을 [그림 Ⅰ-3]과 같은 10가지의 유형으로 분류하였다. 먼저 '재무 영역', '프로세스 영역', '제공물 영역', '인도 영역'으로 구분하고 '재무 영역'으로 비즈니스 모델, 네트워킹 두 가지 유형으로, '프로세스 영역'에서는 지원 프로세스와 핵심 프로세스로, '제공물 영역'에서는 상품 성능, 상품 시스템, 서비스로 분류하였다. '인도 영역'에서는 채널, 브랜드, 고객 경험으로 혁신의 유형을 분류하였다.

[그림 Ⅰ-3] Dobin Inc.의 분류

The Ten Types of Innovation

finance		process		offering			delivery		
business model	networking	enabling process	core process	product performance	product system	service	channel	brand	customer experience
How an enterprise make money	Value chain and partnering	Routine non-differentiating processes often outsourced to others	Differentiat-ing propretary processes	Basic features and functions	Structured offering with an array of tailorable, integrated components	Assistance provided to prospects and customers	Conduits through which offerings reach customers	How value is communicated to customers	All aspects of customer interaction with a company and its brands

1.3. 혁신 기획단계에서 할 일

지금까지 간단히 경영혁신의 정의와 유형을 분류하는 다양한 방식에 대해 알아보았다. 이러한 개론적인 이해를 바탕으로 지금부터는 실전에 돌입하여 혁신을 기획하는 단계에서 무엇을 어떻게 해야 할지에 대해 알아보자. 혁신 기획단계에서는 우선 혁신성숙도 진단을 통하여 경영혁신활동의 현주소를 명확히 인지하고, 이를 바탕으로 선진사 또는 경쟁사와의 차이를 극복하기 위한 마스터플랜을 단기, 중장기적으로 수립하는 것이 주요 할 일이다. 또한 이러한 마스터플랜하에서 과제를 선정하고, 교육, 평가, 보상, 포상 등 제반 추진 인프라를 구축하며, 이러한 활동이 충분히 활성화될 수 있도록 지속적인 변화관리 활동 계획을 수립해야 한다. 이와 같이 향후 성과를 창출할 다양한 활동의 틀이 짜인다는 차원에서 기획단계는 아무리 세심하고 치밀하게 진행한다 해도 지나침이 없다. 따라서 본 책자에서는 이러한 진단, 플래닝, 인프라 구축 그리고 필자가 워크숍을 통해 경험한 다양한 형태의 과제선정 사례 및 유형을 한층 더 쉽게 이해할 수 있도록 각 기업이 처한 상황에 맞게 정리해서 제시하고자 한다.

2. 진단

　　　　　　　　　　이 장에서는 혁신성숙도 진단 모델을 사례와
함께 제시하고 이를 통해 향후 경영혁신의 방향이 어떻게 설정되는지를 알아
보고자 한다.

2.1. 진단이란 무엇인가

　경영활동에서 '진단(Assessment)'은 흔히 감사(Audit)활동이나 조직진단, 또
는 경영혁신활동에 익숙한 분들은 미국의 말콤볼드리지 상(MBNQA), 일본의
데밍 상, 그리고 우리나라의 국가품질상 등 경영품질 전반에 대한 진단으로
생각하기 십상이다. 그러나 여기서는 혁신성숙도 관점에서 경영 혁신활동의
현 수준을 파악하고, 향후 방향성을 정립하는데 초점을 맞출 것이다. 즉 경영
혁신활동의 질적 수준을 높이기 위한 사전 작업으로 전사적 경영혁신활동에
관심을 유도하고 경영혁신 과제수행 체계의 성숙도를 파악하는데 주력한다.
아울러, 조직이나 계층별로 변화에 대한 수용도(Acceptance) 수준을 앎으로써
전사적인 변화수용도의 현재 수준(Baseline)을 설정할 수 있다. 이는 향후 변
화관리 마스터플랜 수립 시 참고자료로 유용하게 활용된다. 이러한 성숙도 진
단은 인터뷰나 설문이 주기적으로 이루어져야 회사의 변화와 혁신에 대한 변
모된 정도를 알 수 있다. 회사마다 차이는 있지만 필자가 컨설팅 했던 A사 경
우 매년 1~2회 정도 실시하고 있다. 이를 적극 권장하는 바이다.

2.2. 혁신성숙도 진단 모델

혁신성숙도 진단을 위해 국내에 보급된 모델은 GE에서 혁신의 성과를 설명할 때 사용되는 'Q×A＝E'라는 것으로부터 착안했다고 볼 수 있다. 여기서 'Q'는 '품질(Quality)'을 말하며, 혁신활동의 품질, 즉 과제의 선정, 수행, 평가, 사후관리 등 일련의 성과를 내기 위한 혁신활동의 과정으로 이해한다. 'A'는 '수용도(Acceptance)'를 의미하며 혁신활동과 관계되는 모든 이해 당사자의 '변화 수용 정도'를 나타낸다. GE에서는 혁신활동의 성과(Effectiveness)를 이 두 요소의 곱으로 정의하고 있다(석안식, 1998). 'Q'는 하드웨어적인 면이 강하고 'A'는 조직원의 변화에 대한 마인드, 즉 소프트웨어적인 측면이 강하다고 볼 수 있다. 이러한 접근법에 대해서는 필자도 적극적으로 공감하며, 특히 '변화 수용도' 측면은 '변화관리' 부분을 다양한 관점에서 상세히 다루고자 한다. 왜 '변화 수용도'의 '변화관리'를 상세히 다루어야 할까? 성과가 10일지라도, 조직의 변화에 대한 수용도가 '1'이면 결론적으로 '10'의 효과밖에 얻지 못하나, 성과가 '5'이면서 전 조직원이 혁신에 동참하고 공감대가 형성되어 있어서 '변화 수용도'가 '10'이 된다면 결과는 '50'의 효과를 확보할 수 있다. 즉 조직의 변화로 인해 그 효과는 '5배'나 더 커진다(같은 논문, 1998). 이만큼 혁신에 있어 조직원들 마음의 움직임이 중요하다. 따라서 다시 한 번 강조하거니와 본 책에서 그동안 간과되거나 다루기 어려웠던 혁신 주체, 즉 사람의 변화에 대한 자세한 해법을 제시하려는 이유가 여기에 있다.

결론적으로 아무리 훌륭한 성과가 예상되는 혁신활동일지라도 변화에 대한 저항이 크다면 성공적인 정착이 불가능하다. 최고 경영자의 솔선수범과 과감한 권한위양 그리고 전 임직원에 대한 신뢰와 배려를 통해 종업원이 변화를 적극적으로 수용하여 어떠한 경영혁신활동일지라도 참여하고, 협력하고, 창의력을 발휘한다면 기대 이상의 목표달성이 항상 가능할 것이다. 이로 인해 기업은 경쟁력을 갖출 수 있게 된다(같은 논문, 1998). 따라서 이러한 개념을 진단 모델로 구조화하여 다양한 업종에 적용한 후, 현 수준을 파악하고 향후 계획을 수립하는데 매우 유용하게 사용하고 있다. 도입하는 회사마다 약간씩의 차이는 있지만 큰 틀은 거의 유사한데 진단모델의 일반적 예는 [표 Ⅰ-2]와 같다.

[표 Ⅰ-2] 혁신성숙도 진단 모델 예시

항 목	혁신활동 품질 (Quality)	배점		항목	혁신활동 수용도 (Acceptance)	배점	
		점수	×2			점수	×2
과제선정	경영목표 및 전략과 연계된 정도	5	10	Leadership	혁신활동 추진을 위한 CEO 및 임원의 Commitment 정도	5	10
과제수행	추진일정 준수 및 진행현황에 대한 모니터링 실시 정도	5	10	이해도	각종 혁신 Tool 및 경영환경 변화를 인지하는 정도	5	10
과제 사후관리	과제 성과의 유지, 모니터링 및 조직 내 공유/전파 정도	5	10	참여도	혁신활동에 대한 자발적인 참여의지	5	10
과제수행 성과	과제완료 후 경영성과에 반영 및 기여된 정도	5	10	추진제도	혁신활동 추진을 위한 평가 및 보상 인증제도 정착 정도	5	10
과제수행 지원체계	과제수행을 위한 관련조직 및 인원/자원에 대한 지원 정도	5	10	추진 인프라	혁신활동 추진을 위한 인원/자원/조직의 구축 정도	5	10
평균		−	50	평균		−	50

한편, 국내 굴지의 글로벌 회사인 모 대기업의 해외 법인의 경우 [표 Ⅰ-3]과 같은 모델을 전사적으로 적용하여 법인의 혁신 현황을 파악하고 벤치마킹의 대상으로 삼고 있으며 아울러 전사적인 혁신활동의 품질을 제고하는데 기여하고 있다. 즉 평가절차상 도입에서부터 성숙단계로 볼 수 있는 1~4수준

까지는 혁신활동을 추진하고 있는 법인에 대한 운영수준을 점검한 후 등급을 부여하게 되며, 이때는 본사에서 자체적으로 수행한다. 정착단계인 5~6수준은 현장실사 후 등급을 부여한다. 유효기간은 인증획득 후 1년으로 못 박고 있어서 지속적인 혁신활동을 강조하며 수준이 5~6인 법인의 경우, 1차 평가 결과가 전년과 동일 등급이면 1년간 인증을 자동연장해 주고 별도의 실사는 하지 않는다. 또한, 최우수 법인에 대해서는 전사 우수사례 발표회 시 법인 경영혁신 추진현황 발표 및 시상을 하며, 우수법인은 과제관리 시스템 초기화면에 게시하여 의욕을 북돋워 주고 있다.

[표 Ⅰ-3] 수준별 추진역량 제시

수 준	추진역량	중점점검 항목
6	- 경영목표달성을 위한 혁신 과제 전개, 실행 및 성과 가시화 - 단독 추진체계 완전 정착	- 횡 전개/우수사례 현황 - 혁신과제수행도
5	- 재무성과 가시화 및 지속적인 사후관리 - 개선 프로세스 정착 - 문제해결 전문가(Solver) 양산 및 교육 이수자 70% 인증 획득	- 과제성과 (재무검증, 프로세스 반영) - MBO 반영/운영 현황
4	- 경영혁신활동 업무정착 및 팀 활동 활성화 - 문제해결 전문가 과정 수료 및 과제추진 실적(핵심 전담 인력 중심)	- 혁신의 날 운영 현황 - 활성화 현황 (홍보, Booming 등)
3	- 과제추진 체계 도출 및 주요현안을 과제로 수행 - 기본 교육 이수자 양산, 추진 사무국 강화 (전담 인력 운영)	- 과제추진 체계, 추진 로드맵 - 법인 경영혁신 추진 전략
2	- 기본 교육 진행 및 과제 추진 실적 - 추진 조직(사무국) 구축 비전담 인력 운영	- 추진 조직 및 기본 인프라 현황 - 과제선정 기준, 기초교육 결과
1	- 경영혁신 추진하지 않음	-

2.3. 진단 준비

우선 목적 및 대상을 명확히 할 필요가 있다. 또 향후 어떤 일정으로 진행할지에 대해 공식적인 결재 과정을 거쳐서 전사적인 공감대를 형성할 필요가 있다. 왜냐하면, 조직원들은 '혁신'하면 거부감부터 생기는데 여기에 혁신 주관부서에서 설문을 한다고 하면 매우 심드렁해 하거나 저항하는 모습을 보이기 때문에 사전 정지작업이 필요하다. 그렇지 않으면, 임직원들이 모두 3점에 (5점 만점일 경우) 표시를 한다든지 하는 원래 취지에서 벗어난 왜곡된 설문 수집 결과를 낳을 수 있다.

진단 준비과정에서는 [표 Ⅰ-4]에서 보여주듯 계층별 그리고 경영혁신활동 참여자와 미참여자로 구분하여 설문 및 인터뷰를 병행해 실시하는 게 바람직하다. 또한 설문대상에 따른 설문유형을 세 가지로 구분하여 유형별 설문문항을 구성할 수도 있다.

[표 Ⅰ-4] 진단방법 및 대상 예시

구 분	설문 대상자	설문 집단 특징	설문내용	설문 유형	획득정보
설문유형 A	임원 및 팀장 (부장급 이상)	- 조직의 리더 - 혁신 리더십 발휘 계층	- 혁신활동 품질 - 혁신활동 수행도	5점 척도의 설문지 + 인터뷰	- 혁신의 성숙도 (리더십 관점) - 혁신의 방향
설문유형 B	일반 직원 (과장급 이하)	- 업무수행 담당자 - 혁신의 수행계층			- 혁신의 성숙도 (수행자 관점) - 혁신의 방향
설문유형 C	혁신활동 참여자	- 업무수행 담당자 - 혁신의 수행계층 - 혁신전문가 계층	- 혁신활동 품질 - 혁신활동 수행도 - 구체적인 문제점		- 혁신의 성숙도 - 혁신 도출을 위한 구체적인 장애사항 확인

[표 I-5] 진단단계 및 산출물 예시

단계	진단 준비	진단 실시	진단결과 분석/보고	진단결과 활용
수행기간	3일	1주일	1주일	지속추진
주요활동	☞진단양식 초안확정 ☞진단 실시 일정협의 및 확정 ☞진단대상/ 방법 확정	☞진단 실시 - 인터뷰 (FGI) - 온라인 오프라인 활용	☞ 결과정리 - 조직별, 계층별 - 혁신활동 품질 - 혁신활동 수용도 ☞ 분석 - 결론, 시사점 도출	☞혁신추진전략 수립 및 추진 포인트 도출 - 차기 실행계획에 반영
실행주체	설문초안 확정	- 인터뷰 - 설문	- 설문 취합 및 데이터 정리 - 결과분석/보고	차기변화관리 실행계획 수립
산출물	혁신수용성 진단계획서	응답된 설문 데이터	진단결과 보고서	변화관리 실행계획

2.4. 진단결과의 분석

진단결과는 다양한 기본정보를 포함하여 분석하게 되는데, 과제를 진행하면서 사용하는 설문조사 및 분석방법을 그대로 적용한다. 또한, 미니탭 15버전부터는 크롬바흐 알파계수를 산출하는 기능이 추가되었기 때문에 설문의 내적 일치성을 쉽게 파악할 수 있다(통계분석 ▶ 다변량분석 ▶ 항목분석).

앞서 언급했듯이, 결과 분석은 'E=Q×A'라는 개념을 통해 회사의 전사, 조직별 혁신성숙도 수준을 파악하고 선진 기업과의 비교 분석을 통해 향후 성숙도를 높여가기 위한 방안을 전사 및 조직별로 제시할 수 있다. [그림 I-4]

와 [표 Ⅰ-6]은 '성숙도 기준'과 '향상 방안'을 나타낸 것이다.

[그림 Ⅰ-4] 혁신 수용성 수준 파악 예시

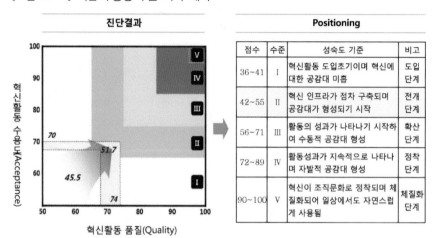

[표 Ⅰ-6] 혁신수용성 향상방안 수립 예시

		시 사 점
성숙도 (Effectiveness)	종 합	성숙도는 42점으로 '확산화 단계(40~60)' 초기에 진입하였으며, 이는 KPI와 연계된 핵심과제의 부분적 성과도출 및 일부 부문의 혁신이 시도되는 단계를 의미함. '정착화', '체질화'와는 상당한 차이를 보이고 있음.
	사업부문	사업부문별 성숙도는 편차 2.9점으로 작으나, 공히 혁신활동 품질(Quality)에 비해 혁신활동 수용도(Acceptance)가 낮은 상황임.
	계 층	계층별 성숙도는 부장〉차장/과장〉대리/사원 순으로 편차 5점으로 직급이 낮을수록 혁신에 대한 인식의 공유 및 활동이 저조한 것을 의미함.
품질(Quality)		품질항목 중 '과제수행 지원체계', '과제수행'이 타 항목에 비해 저조하게 나타남. 이는 과제수행을 위한 추진인력 양성, 추진조직, 지원체계 구축의 필요성을 의미함.
수용도(Acceptance)		기능직의 경우 관리직보다 수용도가 낮게 나타났으며, 사원 계층이 전체에서 제일 낮게 나타남. 수용도 항목 중 '추진제도', '추진 인프라'가 타 항목에 비해 저조하게 나타남. 이는 과제수행 결과에 대한 성과 및 보상체계 툴(Tool), 방법론 개발 및 이에 대한 교육의 필요성을 의미함.

2.5. 세부 진단기준

다음 [표 Ⅰ-7]은 세부 진단기준의 예를 보여준다.

[표 Ⅰ-7] 세부 진단기준 예시

No	구 분	세부항목	기 준
1	과제선정	전략 연계성 정도	과제선정 시 전략과 연계 여부
		과제 리더 적합성	과제에 적합한 역량을 갖춘 과제 리더의 선정
2	과제수행	일정 준수율	과제계획 일정 준수 여부
		리스크 관리	장애요인에 대한 극복방안 수립 및 시행 여부
3	과제사후 관리	모니터링	사후관리 모니터링 수행 여부
		확산 적용	과제수행 성과 확산 적용 여부
4	과제수행 성과	사업계획 기여도	과제의 전략 목표 및 사업계획 기여 여부
		과제 완성도	과제목표달성도
5	과제수행 지원체계	과제수행협조	과제수행 시 유관부문의 협조 여부
		혁신지원조직	본사 및 본부 지원조직 구성의 적합성
6	리더십	열정 및 의지	챔피언의 혁신활동 지원 정도 및 관심도
		Commitment	시그마데이 실시율
7	혁신활동 이해도	혁신제도	혁신활동 제도에 대한 이해 정도
		필요성 공감도	혁신활동 추진의 필요성 공감도
8	혁신활동 참여도	팀원 참여도	과제수행 시 과제 팀원들의 참여 정도
		경영층 참여도	챔피언/팀장의 경영혁신 팀 주관 교육 참여율
9	혁신활동 추진제도	평가제도	혁신활동에 대한 평가제도 적합성 여부
		보상제도	혁신활동에 대한 보상제도 적합성 여부
10	추진 인프라	교육	과제수행을 위한 교육 및 방법론의 적절성
		벨트 인증비율	혁신전문가 양성비율

3. 마스터플래닝

본 장에서는 마스터플랜 수립에 필요한 요소와, 경영혁신활동을 위해 필요한 제반 인프라 구축에 대해 알아본다.

3.1. 마스터플랜 수립의 의미

마스터플랜이란 향후 경영혁신 추진의 근간이 되며 경영혁신활동 추진목표에 따른 자세한 방향성을 밝힌 종합 계획을 말한다. 따라서 경영현황과 관련된 당위성의 확보, 경영전략과의 연계성, CEO의 의지 그리고 이를 바탕으로한 추진체계, 추진목표 및 주요 활동계획이 반드시 포함되어야 한다. 또한 이를 바탕으로 향후 경영혁신활동이 추진되기 때문에 경영진이나 팀장이 모두 모인 자리에서 킥오프(Kick Off) 등을 통해 공식화하는 게 필요하다.

3.2. 추진 배경

이 단계는 혁신활동의 당위성을 확보하는 최초의 과정이다. 대내외 환경이나 CEO 또는 회사 최고경영진에서 그동안 강조하였던 이슈들을 종합 정리하는 공간이다. 각종 경영지표 등이 동원되기도 하고, 특히 제조업의 경우 원가절감의 당위성을 밝히는 장표가 흔히 포함된다. 이 단계는 위기에 대한 전 임직원의 공감대를 형성하는 과정이므로 매우 중요하게 작성되고 그려져야 한다. 반면에 성장국면에 있는 회사나 원가절감보다는 매출에 좀 더 신경을 많이 써야 하는 유통, 서비스 업종에서는 미래 성장 동력 확보를 위해 필요한 것이 무엇인지를 대내외 환경 분석을 통해서 면밀히 분석할 수 있어야 한다. 주지하다시피 'SWOT 분석'이나 '3C 분석' 등 리더들이 익히 알고 있는 기법을 적용하면 전체적인 큰 그림을 외부환경 및 대내적 대응의 관점에서 파악할 수 있는 장점이 있다. [그림 Ⅰ-5]~[그림 Ⅰ-7]은 추진 배경의 예를 나타낸다.

[그림 Ⅰ-5] 추진 배경 예시(1)

고객중시를 위한 변화와 혁신

"올해 경영혁신을 전사적으로 도입해 세계적 수준의 경영품질을 확보하고 전 사원의 사고방식과 일하는 방법을 선진화할 것이며, 공기업 색채가 남아 있는 인사 조직, 보상 등 일련의 프로세스 혁신을 통해 고객과 주주에게 인정받고 가까이 다가서는 친근한 회사로 자리매김할 것이다."

-CEO 신년사-

민영화 이후 또 다른 100년을 준비

"국내 사업 전통을 가진 당사가 민영화 이후 또 다른 100년을 준비하기 위해 경영혁신을 전사적으로 추진한다."

-CEO의 경영혁신 스쿨 개원식 中-

[그림 Ⅰ-6] 추진 배경 예시(2)

저희 임직원들이 한마음 한뜻으로 일궈낸 경이적 성장과 성과는 그동안 추진해 온 역동적인 변화와 혁신의 산물이 아닐 수 없습니다.

특히 금년엔 전사 사업역량 및 임직원 역량강화, 시너지 극대화, 세계 최고수준의 원가 경쟁력 확보, 화합의 기업문화 조성 등 글로벌 경쟁력 제고에 매진하여 경영목표를 초과 달성함은 물론, 건설기계 분야 글로벌 Top 3 및 인프라 지원 산업 분야 글로벌 Top 5 도약 기반을 완비하는 데 전력을 다할 생각입니다.

올해는 제품혁신 및 포트폴리오 강화, 북미 지역의 판매량 강화, 중동, 동유럽, 러시아, 아시아 등 신시장 확대, 지속적인 운영혁신과 글로벌 소싱을 통한 원가 경쟁력 강화, 유럽 및 아시아 지역의 현지 생산역량 증대, D사와의 시너지 창출 극대화에 매진하는 한 해가 될 것입니다.

당사는 경영혁신활동 및 부품 품질 지도 개선활동 추진, 품질보증 인프라 및 제품 신뢰성 제고활동 강화, 품질 경영시스템 Audit 활동 정착, 품질학교 상시운영 등 제반 품질혁신활동을 지속 추진함으로써 국내외 전 사업장과 주요 협력회사 모두 ISO 9001 인증을 획득하는 성과를 거둔 바 있습니다.

당사는 2005년 새 출범 이후 품질혁신, 생산혁신, 구매혁신, 설계혁신 등 경영 전 분야에 걸친 운영혁신을 추진하여 괄목할 만한 성과를 거두었으며, 이제는 운영혁신을 해외 전 사업장으로 확대하여 그동안 쌓아 온 성과와 노하우를 전파하는데 매진함으로써 글로벌 선도기업들과의 본격 경쟁에 나서고 있습니다.

[그림 Ⅰ-7] 추진 배경 예시(3)

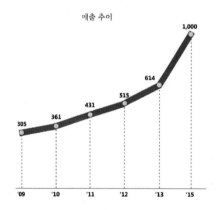

매출 추이

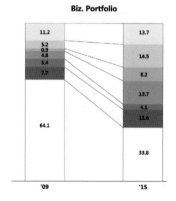

Biz. Portfolio

3.3. 성과 및 반성

이 장에서는 그동안 추진해왔던 혁신활동의 내용을 적절한 범주화를 통해 면밀히 검토하는 단계이다. 잘한 부분은 잘한 대로, 반성해야 할 점은 좀 더 명확히 제시함으로써 향후 체계수립, 목표설정 및 세부 액션플랜 설정에 도움을 줄 수 있다.

[표 I -8] 성과 및 반성 예시

시사점	혁신 기획	과제수행	평가 및 사후관리
	변화관리		
성과	- 신임 경영진의 혁신의지 - 전략(MBO) 연계 과제선정 - 인프라 구축(평가/포상/보상)	- 혁신전문가 양성 시작 - 혁신활동 평가 및 MBO 반영 - Mind Change Visual 지속 게시	- 합리적 평가체계 (과정＋결과) - 혁신성숙도 진단체계 정립 - 문제를 인식하는 눈
반성	- 과제선정 공감대 형성 부족 - 임원의 참여 미흡 - 과제의 전략연계성 미흡	- 전사적인 교육전개 미흡 - 팀장급의 참여 미흡 - 나 홀로 과제추진	- 미래성장 확보과제 도출 미흡 - 사후관리 체계 정립 미흡 - 재무성과 산정기준 불명확

3.4. 추진 체계

추진체계는 경영혁신의 전반적인 모습을 도식화한 것이다. 여기에는 회사의 비전, 경영혁신의 목표, 실행전략, 전술 및 이를 뒷받침하는 인프라 등이 연계되어 표현된다. 추진목표는 회사의 비전이나 경영전략 등을 면밀히 검토한 후에 좀 더 도전적인 메시지를 심어주고, 될 수 있으면 수치를 넣어 간략하게 구성하는 게 향후 파급 효과나 공감대 형성 측면에 효과가 있다(천대윤 2008).

이에 따른 전략은 TQM에서 흔히 쓰는 3P에 따른 혁신전략을 수립하는 것이 일반적인 형태이다. 하지만 회사가 처한 상황에 따라 얼마든지 다른 프레임워크 ― 원가별, 공정별, 조직별 등 ― 를 유연하게 적용할 수 있다. 필자가 컨설팅 했던 B사의 경우, 전략의 골격을 하나는 전사적 원가절감, 다른 하나는 전 사원의 변화에 중점을 두었다. 이는 흔히 보기 어려운 그림인데 통상 변화관리 측면은 3P의 People(또는 Personnel)이나 추진 인프라에서 다뤄지기 때문이다. 그만큼 B사에서는 변화관리가 하드웨어적인 경영혁신활동 못지않게 중요하게 다루어졌다는 방증이다.

그러나 대부분 회사에서 추진체계를 제시할 때에는 [그림 Ⅰ-8]에서 보이듯 3P 관점에서 전략적 방향성을 설정하고 조직에 대한 활성화, 그리고 변화관리는 인프라 측면에서 고려한다. 그러나 필자가 15년 이상 경영혁신을 추진하면서 절실히 느꼈던 점은 '변화관리'는 경영혁신을 추진하는데 인프라 그 이상의 역할을 한다는 것이다. 결국 사람이 변해야 하고 이렇게 변화된 사람들이 성과를 내는 주체가 되기 때문이다. 이와 같이 경영전략과 연계한 실행이 이루어지기 위해서는 사람의 마인드 변화로부터 출발하여 시스템, 즉 체제의 변화로 발전시켜 조직의 문화로 정착되는 변화의 과정을 거치게 되는데 이를 도식화하면 [그림 Ⅰ-9]와 [그림 Ⅰ-10]과 같다.

[그림 Ⅰ-8] 추진 체계 예시

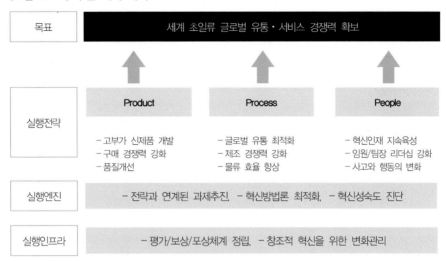

목표

세계 초일류 글로벌 유통 · 서비스 경쟁력 확보

실행전략

Product	Process	People
– 고부가 신제품 개발	– 글로벌 유통 최적화	– 혁신인재 지속육성
– 구매 경쟁력 강화	– 제조 경쟁력 강화	– 임원/팀장 리더십 강화
– 품질개선	– 물류 효율 향상	– 사고와 행동의 변화

실행엔진

– 전략과 연계된 과제추진 – 혁신방법론 최적화, – 혁신성숙도 진단

실행인프라

– 평가/보상/포상체계 정립, – 창조적 혁신을 위한 변화관리

[그림 Ⅰ-9] 경영혁신 추진 모델

위협(Strength)　　　　　　　　　　　　　　기회(Opportunity)

| Management |
| Vision |
| Goal |
| Strategy |

Change
(사람)

Innovation
(시스템)

인지	태도	개인역량	행동	조직의 일하는 방식
위기의식 당위성 전파	공감대 형성 공감대 확산	Knowledge Skill	적극적 행동 몰입	회의보고 지시

[그림 Ⅰ-10] 경영혁신 전개 모델

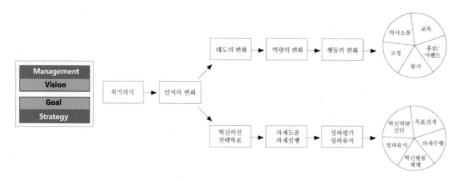

　모든 변화의 출발점은 사람의 인식 변화로부터 시작되며 이는 건전한 위기
의식을 조직원들이 가질 수 있도록 해야 하는데, 전사적인 추진이 어려울 경우
에는 '변화 선도자(Change Agent)'를 선발하고 양성하여 자기 조직의 변화를
유도하는 것도 좋은 방법이다. 한편 회의, 보고, 지시 등 조직문화를 활성화시
키는 분야라든지, 칙센트미하이 교수의 『몰입』이라는 책과, SBS스페셜에서 <몰
입, 최고의 나를 만나다>가 전파를 타며 우리나라에도 본격적으로 소개된 적극
적인 행동, 즉 몰입과 관련된 분야는 필자의 현장 경험과 기존 이론의 접목을
위해 좀 더 연구가 필요한 부문이므로 본문에서는 더 이상 구체적인 언급은
하지 않기로 한다. 대신 경영혁신 전개 모델에 포함된 것처럼 크게 경영혁신과
변화관리를 두 축으로 삼아 본문에서 심도 있게 풀어 나가도록 하겠다.

3.5. 추진 목표

　문제해결을 근간으로 하는 경영혁신활동에서의 목표는 흔히 재무성과, 혁신

성숙도, 문제해결 전문가 양성 그리고 과제건수를 대표 지표로 삼는다. 전사 경영관리체계와 혁신체계가 일체화되어 움직이는 S사와 같은 경우 재무성과를 특히 강조하기도 한다. 제조업의 경우 현안이 되는 재무 지표 ― 원가절감, 품질비용 등 ― 를 추가적인 목표로 삼기도 한다. 목표는 최고 경영진의 의지와 경영환경 등을 반영하여 도전적으로(Stretched) 설정한다. 하지만 너무 높게 되면 혁신을 추진하기도 전에 지쳐버리고, 너무 낮게 되면 경영혁신의 엔진이 작동하지 않는 우를 범하게 된다. 따라서 목표를 설정할 때는 주어진 여건과 능력을 반영하여 SMART의 원칙 ― 과제선정에서 자세히 다루겠다. ― 을 적용하는 게 바람직하지만(천대윤, 2008), 급변하는 비즈니스 환경에 대응하는 경영혁신활동을 고려할 때 훨씬 도전적인 목표를 설정하게 된다.

[그림 Ⅰ-11] 추진목표 예시

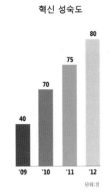

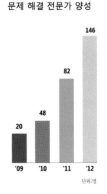

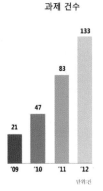

3.6. 중장기 로드맵

중장기 로드맵은 [표 I - 9], [표 I - 10]과 같이 통상 3년, 길게는 5년 정도의 추진방향을 제시하게 된다. 회사마다 처한 상황은 약간씩 다르지만 초기 도입단계에는 주로 교육이나 시범과제가 주된 활동이 된다. 2년차에 접어들면 문제해결 교육과 전문가 양성 교육 등으로 교육 기회가 확대되고 과제의 형태도 덩치가 큰 과제 중심으로 재편되는 경향을 보인다. 문제해결을 기반으로 한 경영혁신의 장점은 초기에는 외부의 컨설팅 지원을 받아서 전개하지만, 3년 정도 지나면 스스로 펼쳐나갈 수 있는 역량, 즉 문제해결 전문가가 양성되고 교육을 비롯한 각종 인프라가 내재화되기 때문에 초기 투자에 비해 효율이 상당히 높은 활동으로 변모한다. 이러한 장점을 실러 3개년 이상 지속적으로 실시한 회사는 그 기간 동안 성과를 최대한 창출할 수 있을 뿐만 아니라, 향후 회사의 미래를 책임질 훌륭한 핵심인재를 확보할 수 있게 된다.

[표 I -9] 중장기 추진 로드맵 예시(1)

시사점	도입기 (문제해결 중심)	정착기 (성과중심)	발전 고도화기 (미래고객 중심)
전개방향	팀 과제	사업부 과제	사업부 전략과제
활동방향	For the Customer (문제해결 중심)	At the Customer (성과중심)	With the Customer (전략 중심)
활동범위	팀 단위	사업부 단위	전사 단위

운영방안	- 전체 M/P 수립
	- 추진 전문 인력 양성
	- 시범과제선정 및 추진
	  (과제 성공체험)
	- 문제해결 혁신 인프라 조성
	  (사무국 조직, 인증기준, 과
	  정 관리, 홍보 이벤트 등)
		- 도입기의 평가 및 M/P 보완
		- 추진 전문 인력 양성(MBB)
		- 지속적 인력양성
		- 성과과제(해결 활성화→가시
		  적 성과)
		- PMS도입→체계적 관리
		- 과제 확대추진(전사적 참여)
			- 확산기 평가 및 M/P 보완
			- 미래지향적인 지속적 인력
			  양성
			- 전략과제 중심
			- 경영혁신 자력기반 구축
			  (사내 강사육성 및 자체 교
			  육 프로그램 활성화)

기대효과	- 비전-목표달성을 위한 전략적 혁신체계 - 구축조직 특성에 맞는 교육과정 운영 - 지속적인 혁신체계 확보	- 핵심인재 양성 - 성과중심 변화혁신문화 - 전 구성원 변화 동참	

시사점	도입	확산	정착
	보고	느끼고	변화한다
혁신의 실행	– 고유 혁신모델 구축 – 참조혁신 역량향상 교육 강화 – 성과 검증 및 관리체계구축	– 사업부장 주도 전략 대과제 추진 – 고유 혁신방법론 구축 – 혁신 인프라 고도화	– 해외법인 경영혁신 추진 – 기본 교육 자체 실시 – 섀도 멘토링(Shadow Mentoring) 실시
혁신의 마인드	– 혁신성숙도 진단 및 평가 – 경영혁신을 위한 변화관리 지속 – 평가/보상/포상체계 구축	– CEO/과제 리더 간담회 정례화 – 임원/팀장 혁신 리더십 강화 – 경영혁신 아카데미 개설	– 사장/문제해결전문가 간담회 정례화 – 경영혁신 클리닉 도입 – 사무효율화 활동 전개

3.7. 인증 체계

문제해결을 기반으로 한 경영혁신활동의 또 다른 큰 축은 바로 리더인력 운영체계이다. 그들의 전문성을 인증해주고 이를 인사 평가, 보상, 포상과 연계함으로써 문제해결 활동을 전사적 경영혁신활동의 중심으로 유도한다. [표 Ⅰ-11]

[표 Ⅰ-11] 문제해결 전문가 인증 조건 예시

	요구능력	자격인증 조건
고급자	Biz 이슈 도출 및 과제화 능력 과제 지도/지원/평가 능력 Project Facilitation 능력 Project Communication 능력	고급 교육 과정 이수 중급 인증자 중 2건 이상 과제 지도 수행 고급 자격 테스트 합격 CEO 최종 승인
중급자	현업 이슈 도출 및 과제화 능력 혁신 스킬(Skill)을 활용한 과제수행 능력 Project Management 능력	중급 교육 과정 이수 2건 이상 과제 리더 수행 중급 자격 테스트 합격 CEO 최종 승인
초급자	혁신 스킬(Skill)을 활용한 과제수행 능력	기본 교육 과정 이수 1건 이상의 과제 리더 수행 사무국 최종 승인

및 [그림 I-12]는 C사의 자격 인증 제도를 보여준다. 적절하게 응용하여 각 기업의 인증 시스템 구축에 참고하기 바란다.

[그림 I-12] 자격 인증 프로세스 예시

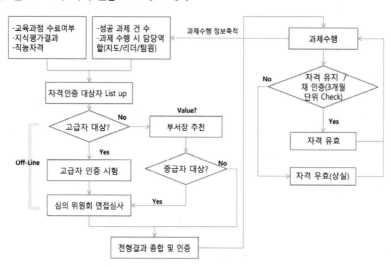

3.8. 교육 체계

최근의 경영혁신활동은 액션러닝, 즉 '일하면서 배우자'를 표방하고 있다. 이런 관점에서 제공되는 교육은 실질적으로 주어진 과업, 과제를 해결할 수 있는 절차와 기법을 많이 반영하고 있다. 특히 문제해결을 기반으로 하고 있는 교육은 기초, 중급, 고급 등 수준별로 깊이와 폭을 달리하면서 다양한 커리큘럼을 구성하고 있다. 어느 기업에서는 '문제해결 전문가 과정'과 '사내 컨설턴트 과정'을 별도로 분리하여 내부 전문가에게는 보다 깊이 있는 교육을 제공하고 회사 내의 핵심인재로서 인정해 주는 분위기를 유도하기도 한다.

최근 경영혁신활동이 사무 간접 부문이나 유통, 서비스 업종으로 확산, 전파되면서 기업체마다 약간씩 다른 양상을 보이고 있는데, 통계의 효용성에 있어 일부 회사에서는 필수과정으로 보고 있는 반면, 또 다른 기업에서는 최소화된 커리큘럼을 요구하기도 한다. 자세한 교육체계 및 커리큘럼은 [그림 Ⅰ-13]~ [그림 Ⅰ-17]의 사례를 참조하기 바란다.

[그림 Ⅰ-13] 교육체계 예시

사업부장/ 팀장	사업부장 교육/ 팀장교육	2일 /년
고급 자격 인증자	고급 리더십 교육/ 강사 교육	2일 과정
고급 자격 후보	고급 양성교육	5일 과정
중급 자격 인증자	중급 심화 교육	2일 과정
중급 자격 후보	중급 양성교육 (단계별 교육 실시)	10일 과정
초급 자격 후보	초급 양성교육	5일 과정

[그림 Ⅰ-14] '기본 교육 과정' 예시

일차	모듈(Phase)	교육시간(hrs)	교육내용	활동	자료
1일차	무엇이 문제인가?	1.5	○문제 정의 기본 교육	○강사 강의	-
		2.5	○문제 정의 작성	○과제 기술서 작성 실습/[발표] 2과제	Template
	발생 수준은 어느 정도인가?	0.5	○지표에 대한 이해	○강사 정의	
		1.0	○지표 작성	○과제 지표 도출 실습	Template
		0.5	○발생 수준 표현법 학습 및 작성	○현 수준 산정 실습	Template
		0.5	○문제 해결에 필요한 요인 발굴 학습	○강사 강의	
		1.0	○잠재 요인 발굴	○특성요인 활용 실습	Template
		0.5	○팀별 진행내용 공유 및 마무리	○[발표] 2과제	-

		2.0	○ 분석 방법 학습	○ 강사 강의	-
2일차	문제를 유발하는 원인은 무엇인가?	3.0	○ 테마별 분석 진행 및 정리	○ 분석 실습	-
		1.0	○ 개선 방법 학습	○ 강사 강의	-
	해결책과 유지방안은 무엇인가?	1.5	○ 개선 내용 작성	○ 개선내용 도출 및 작성	Template
		0.5	○ 팀별 진행내용 공유 및 마무리	○ [발표] 2과제	
3일차	Measure Phase	1.0	○ 과제기술서 작성	-	탬플릿
		1.0	○ MSA 개요/1차 데이터 수집 및 분석	○ 투석기 셋팅	미니탭
		1.0	○ 특성요인도 활용실습	-	탬플릿
	Analyze Phase	3.0	○ 1-표본 t-검정	○ 발굴 실습	미니탭
			○ 정규성검정/2-표본 t-검정	○ 핵심 인자 선정	미니탭
		1.0	○ DOE 개요/종류		
		1.0	○ 선별 DOE	○ 핵심 인자 선정	미니탭
4일차	Improve Phase	1.0	○ DOE Plan	○ 요인/수준 결정	미니탭
		3.0	○ DOE Do	○ 그래프 분석	미니탭
			○ DOE Check	○ 분산 분석	미니탭
				○ 회귀 분석	
				○ 잔차 분석	
			○ DOE Act	○ 최적 조건 확인/목표와 비교	-
	Control Phase	1.0	○ Control 로드맵	-	
		1.0	○ Control 종류, 선정법	-	
		2.0	○ 수집된 자료의 관리도 작성	-	미니탭
			○ 관리도 해석	-	미니탭
합 계(hrs)		32.0			

[그림 Ⅰ-15] '중급 교육 과정' 예시

중급 교육 과정

주차	모듈	일차(Day)	교재주제	교육내용	실습	비고
1주차	Overview	1	○ 과정 소개	○ 문제해결 방법론 개요 ○ 로드맵 학습	-	-
	Define		○ Step-1. 과제선정 배경 ○ Step-2. 과제 정의	○ 과제기술서 작성	○ 사례 이용한 기술서 작성	템플릿
	Measure	2	○ 기초 통계	○ 대푯값, 산포도 ○ 현업에서 자주 쓰는 확률분포	○ 계산 실습	미니탭
			○ Step-4. CTQ(Y) 확인	○ 운영적 정의/성과 표준	○ 사례 이용한 작성 실습	양식
			○ Step-5. CTQ(Y) 현 수준 평가 ○ Step-6. 잠재원인변수의 발굴	○ MSA개요/데이터 수집 및 분석 ○ 정규성 검정/Cp/Cpk/시그마 수준	○ MSA 데이터 수집 및 분석 ○ 계산 실습	미니탭
		3		○ 특성요인도 활용실습	○ 사례 이용한 작성 실습	양식
	Analyze	4	○ Step-7. 분석계획 수립 ○ Step-8. 데이터 분석 ○ Step-9. 핵심인자 선정	○ 정규성검정/1-표본 t-검정	○ 분석계획 작성 실습	템플릿
				○ 2-표본 t-검정/ANOVA	○ 가설검정	교재
		5		○ 쌍체 t-검정, 비율 검정		
				○ 표본 크기 외		

2주차	Improve	1	ㅇStep-10. 개선 계획 수립	ㅇ실험계획(요인설계, 강건설계, RSM)	ㅇ가설 이용한 작성 실습	템플릿
		2	ㅇStep-11. 최적화 ㅇStep-12. 결과 검증	ㅇDOE Plan ㅇDOE Do ㅇDOE Check ㅇDOE Act	ㅇ사례 이용한 작성 실습	미니탭 교재
		3				
		4	ㅇStep-13. 관리계획 수립	ㅇControl 로드맵 ㅇControl 종류, 선정/활용/분석법	ㅇ사례 이용한 작성 실습	미니탭 교재
	Control	5	ㅇStep-14. 관리계획 실행 ㅇStep-15. 문서화/이관	ㅇ사후관리	-	
			ㅇ전체 Review	ㅇ문제해결 방법론/로드맵 Review	-	-
	과정 정리		ㅇ과정 평가(객관식 20, 주관식 5)	-	-	
합 계(Days)		10일				

[그림 Ⅰ-16] '고급 교육(문제해결 전문가) 과정 예시(일부)

시간 일자	06:00	08:00	09:00	10:00	11:00	12:00	13:00	14:00	15:00	16:00	17:00	18:00	19:00	20:00	21:00
				Road Map 이해											
1일차	이동		Road Map 배경소개 (DMADV, DIDOV)	Road Map 특징 이해		중식	프로세스 개선 방법론' 40-세부 로드맵 소개 (토론식)			제품 설계 방법론' 50-세부 로드맵 소개(토론식)		석식	Road Map 종합 토의		
		Case Study													
2일차	조식	Case Study 방향 결정	문제 해결 Case Study (토론식)-Define			중식	Case Study (토론식)-Measure					석식	계속		
		Case Study													
3일차	조식	Case Study (토론식)-Analyze				중식	Case Study (토론식)-Improve/Control					석식	계속		
		정량적 도구 학습													
4일차	조식	통계적 기본원리 학습	기본원리-1 응용			중식	기본원리-1 응용 계속	기본원리-2 응용					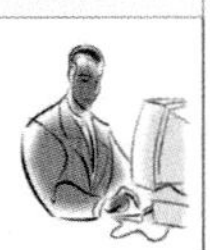		
시간 일자	06:00	08:00	09:00	10:00	11:00	12:00	13:00	14:00	15:00	16:00	17:00	18:00	19:00	20:00	21:00

[그림 Ⅰ-17] 연간 세부 일정계획 예시

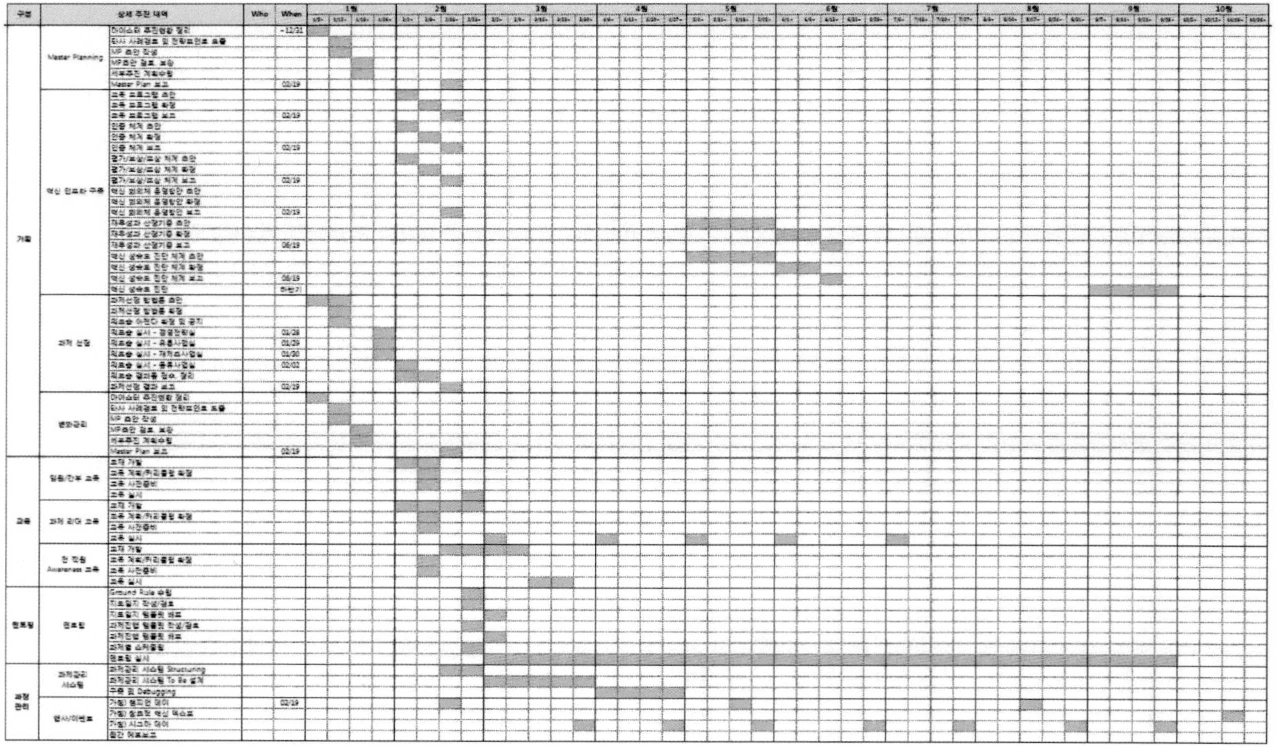

여기서 한 가지 짚고 넘어가야 할 부분이 통계와 경영혁신과의 접목이다. 구체적인 방법론은 본 시리즈의 다른 책을 통해 자세히 알 수 있기 때문에 여기서는 당위성만을 밝혀 두고자 한다. 문제해결에 기반한 경영혁신활동은 그동안 SPC, DOE(실험계획법), 강건 설계 등 단편적으로 전파되어 오던 통계학적 접근을 가장 체계적으로 구조화한 방법론임은 부인할 수 없다. 특히 우리나라에서 초기 제조업을 중심으로 경영혁신이 전 부문으로 확산되어 나아갈 때 통계학이 커다란 반향을 일으켰다.

통계학은 문제를 명확하고 단순하게 만들어 주며, 또 현상을 파악하는데 매우 유용함에도 대부분의 사람들은 통계학을 어려워하기 때문에 굳이 해야 될 필요성이 있는지 반문하곤 한다. 그러나 이 부분은 문제해결에 있어 꼭 집고 넘어가야 할 사항이다. 우리가 제품이나 서비스의 프로세스를 측정하고, 분석하고, 개선할 수 있는 것은 바로 '통계학의 단순성' 때문이다(해리 외, 2000). 상식에 기초한 통계학은 오류를 수반할 수밖에 없는 정성적인 예측이나 추론을 불허하는 합리적이고 과학적인 의사결정 도구이다.

1925년 영국의 유명한 SF소설 작가인 웰즈(H. G. Wells)는 "언젠가는 통계학적 사고가 읽고 쓰는 능력과 마찬가지로 시민생활에 있어서 꼭 필요한 능력이 될 것이다"라고 말하였고(같은 책, 2000), 이는 지금과 같은 복잡다단한 정보화 사회에서 통계의 쓰임새를 고려해 본다면 대단히 정확한 예측이라 할 수 있다. 또한 19세기 영국의 저명한 과학자인 켈빈 경(1824~1907)은 "당신이 말하고 있는 것을 측정할 수 있고 또 숫자로 나타낼 수 있다면, 당신은 그것에 대해 무엇인가를 알고 있는 것이다. 그러나 측정할 수 없고 숫자로도 나타낼 수 없다면, 당신은 당신이 말하고 있는 것을 잘 모르는 것이다"라고 말하였다(스티글러, 2002). 사회현상을 해석하는 데서부터 경영혁신의 과제활동에 이르기까지 측정되는 데이터들은 "어서 빨리 저의 진실을 밝혀 주세요!"라고 외치고 있다. 데이터를 수집, 분석하는 과정을 통해 제품과 서비스가 우리에게 하고자 하는 말을 들을 수 있는 것이다. 품질과 서비스는 "데이터로 말한다." 데이터로 말할 수 없는 제품과 서비스는 벙어리이고, 그 기업은 귀머거리와 다름없다. 통계학적 접근을 통해 수집・측정・분석된 데이터는 제품이나 서비스의 현상을 이해하는 도구를 창출한다. '혁신의 언어'로 기능하는 것이다(해리 외, 2000).

통계학은 이렇듯 현상을 명확히 하고 향후 방향을 제시하는데 더없이 좋은 도구임엔 틀림없다. 경영혁신을 추진함에 있어 통계학만이 만병통치약일 수는 없겠지만, 통계학은 전자 현미경처럼 이전까지 볼 수 없었던 것이라든지 또는 보였으나 해석이 불가능했던 제반 문제점을 볼 수 있게 해주고 추진상의 에러를 최소화해주며 합리적・과학적 의사결정을 하는데 있어 강력한 도구이다. 더 나아가 [그림 Ⅰ-18]에서 말하는 것처럼, 다양한 경험에서 우러나오는 임직원늘의 통찰력을 제고해 주는 부분과, 제공되는 데이터를 통계학의 힘을 빌려 분석할 수 있는 부분을 교육과정에 함께 반영할 수 있다면 더없이 좋은 교육과정이 되리라 확신한다.

[그림 Ⅰ-18] 데이터와 통찰력의 조화(Rasiel & Friga, 2002)

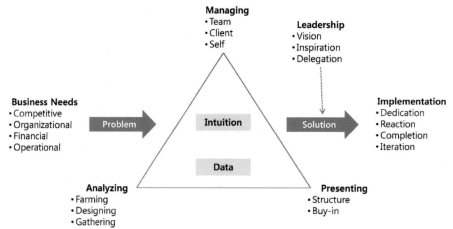

사실, 전략기획, 재무, 마케팅 등 그동안 ─ 적어도 우리나라에서 ─ 통계학적 접근에서 소외되었던 부서들도 이미 많은 부분에서 그 활용도가 높아지고 있다. 마케팅조사 분석에서 다변량 분석, 시계열 분석 등이 흔히 사용되고 있는 것은 이미 잘 알려진 사실이다. 따라서 초기에 접근이 조금 어렵더라도 지속적인 교육을 통해 마치 제조업에서 이제는 당연히 해야만 되는 일련의 과정으로 여기는 것처럼 사무 간접 부문에서도 반드시 교육과정에 반영할 것을 권장한다.

상기와 같이 되기 위해서는 특히 경영자들의 관심이 필요하다. 아무리 통계 분석을 통하여 최적의 조건, 합리적 의사결정을 위한 보고서를 제출했을지라도, 기업문화에 좌우되어 왜곡되거나 받아들여지지 않는다면 무용지물이 되기 때문이다. 분명히 데이터는 이쪽 방향을 제시하고 있는데 기업문화나 관습이 다른 방향을 가리키고 있다면, 조직원들은 그 누구를 막론하고 변화하지 않으려 할 것이다(같은 책, 2000). 따라서 경영진의 적극적인 지원과 교육을 통한 끊임없는 체질화 과정은 반드시 거쳐야 하는, 고통스럽지만 충분히 즐길 가치가 있다고 확신한다.

> · **Dean R. Spitzer의 효율적 교육을 위한 20가지 동기부여 전략**
>
> 교육 전에 취해져야 할 동기부여 전략
> 1) 교육의 중요성을 전달하라.
> 2) 학습을 위해 적절한 스케줄을 적절히 배정하라.
> 3) 교육은 시기적절하게(Just - in - time) 이루어져야 한다.
> 4) 핵심사항에 교육의 포커스를 맞추어라.
> 5) 교육개발에 있어 직원을 참여시켜라.
> 6) 교육에 대해 직원 자신들이 스스로 결정하게 하라.
> 7) 학습에 대한 금전적 인센티브를 제공하라.

교육 중에 취해져야 할 동기부여 전략

8) 활동적인 교육형식을 도입하라.

9) 교육에 재미를 부여하라.

10) 교육에 있어 다양성을 활용하라.

11) 많은 사회적 상호작용(social interaction)을 제공하라.

12) 전문성을 공유하라.

13) 학습을 위한 안전한 분위기를 조성하라.

14) 긍정적 측정수단을 장려하라.

15) 초기성공에 대해 격려하라.

16) 충분한 연습기회를 제공하라.

교육 후에 취해져야 할 동기부여 전략

17) 새로운 기술이 직무에서 쉽게 활용되도록 확신시켜라.

18) 교육성과가 유지될 수 있도록 계속적인 지원을 제공하라.

19) 관리감독자의 지지(지도)를 확신시켜라.

20) 향상된 성과 정도를 인지시켜라.

3.9. 포상, 보상체계

포상의 사전적 의미는 "칭찬하고 장려하여 상을 주는 것"이다. 이는 경영혁신활동을 통하여 지급되는 일회성 금액이나 혜택을 일컫는다. 영어로는 Prize 또는 Award로 보면 될 것 같다. 반면, 보상은 "행위를 촉진하거나 학습 분위기를 조성하기 위하여 주는 물질이나 칭찬"이다. 하지만 경영혁신활동에서는 금전이나 인사상의 가점 등을 통해 그동안의 수고에 보답하는 것 정도로, 영어로 굳이 표현하자면 Reward, Compensation 정도가 적당하다고 본다. 이 부분은 평가와 관련된 장에서 좀 더 심층적으로 다루기로 하자.

[표 Ⅰ-12] 보상과 포상의 차이점

구 분	포상 중심	보상 중심
내 용	- 인사상 혜택 부여 - 보상: 성과평가에 따라 차등지급(소규모) - 포상: 발표대회 후 우수과제선정	- 인사상 혜택 부여 - 순재무성과 보상, 비재무성과 포상 - 보상: 재무과제(순재무성과 1% 이내) - 포상: 비재무과제, 발표대회 후 선정
장점	- 기존 제도와 형평성 유지 및 혁신활동 동기부여	- 성과, 보상 강화로 6시그마 활동 활성화 및 가속화
단점	- 성과보상 규모 축소로 동기부여 미흡	- 기존 제도와의 형평성 문제
타사사례	- S, P	- L, G, K
기타 인센티브	- 과제 리더는 무조건 평가 A - BP 우수상 이상 특별승진 - 등급별 차등 보상금 지급(예상평가, 결과평가) - 자격 제도의 수당	

3.10. 과제선정

제대로 된 과제의 선정은 마스터플랜 수립 이후 경영혁신활동의 성패를 좌우하는 매우 중요한 과정이다. 이 부분은 워낙 중요하기 때문에 장을 달리하여 나중에 자세히 다루도록 하고, 여기서는 과제선정의 단초가 되는 과제의 정의, 과제로서 적합하지 않은 경우, 과제의 범위 등에 대해서만 간단히 다루도록 하겠다.

3.10.1. 과제 ˙

과제란 이상적인 수준(Should Be)과 현실(As Is)의 차이로서 "해결을 필요로 하는 것"이다.

[그림 Ⅰ-19] 문제의 정의

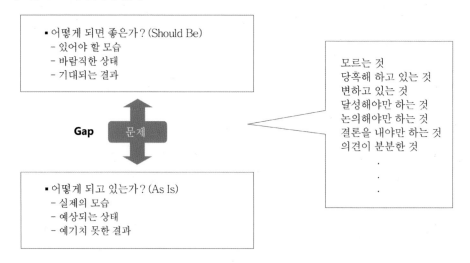

3.10.2. 과제로서 적합하지 않은 경우

- 너무 일반적이거나 커서 정의하기 어려운 문제를 다루는 경우
- 문제를 정확히 분석하지 않고 곧바로 해결책을 찾는 경우
- 잠재적 해결책을 파악할 때 중요한 의사결정자나 이해당사자를 참여시키지 않는 경우

- 개인이나 팀이 통제할 수 있거나 영향력을 행사할 수 있는 범위를 넘어서는 문제를 다루는 경우
- 창의적 해결책보다는 '즐겨 사용하는' 해결책을 적용하는 경우
- 해결책을 선택하는 타당한 이유를 마련하지 못하는 경우
- 선택한 해결책을 실행하고 평가하는 방식에 관해 적절하게 계획을 수립하지 못하는 경우

3.10.3. 과제의 유형

문제 또는 과제는 [그림 Ⅰ-20]에서와 같이 크게 세 가지 형태로 분류할 수 있다(천대윤, 2008).

[그림 Ⅰ-20] 문제의 유형

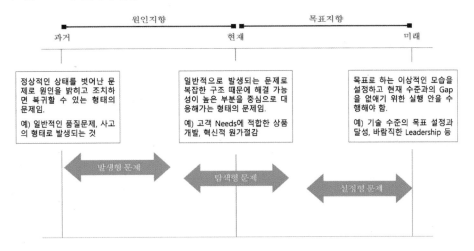

3.11. 팀의 구성과 팀 빌딩

　기업의 성과를 측정하는 방법으로 가장 세부적인 것은 재무적 성과에 의해 결정되고, 다음이 재무성과와 운영성과의 합이며, 가장 거시적인 방법이 조직 유효성 측정이다. 주지하다시피 경영혁신은 이제 반드시 가져가야 할 필수요 소가 되고 있고 더불어 인적 자원의 중요성은 날로 커지고 있다. 하지만 경영 혁신을 추진하는 기업들은 경영혁신의 기법에만 매몰되어 정작 경영혁신의 주 체인 인적 자원에 대한 고려 및 참여, 몰입도에 대해서는 상대적으로 신경을 덜 쓰는 경향이 있다. 하지만 성공적인 경영혁신 — 특히 경영혁신 프로젝트 수행 — 을 위해서는 조직구성원의 적극적인 참여가 필요하며 기업에서는 조 직구성원들이 혁신의 방향 및 목적을 쉽게 알 수 있도록 팀 빌딩 등을 통해 공감대를 형성시켜 나가야 한다. 팀원들이 기업의 비전이나 목표를 자기의 비 전과 동일시할 경우 경영혁신활동은 성공할 가능성이 높다(김종관, 2008).

　좀 더 논의의 폭을 좁혀 프로젝트를 추진하는 팀 단위의 역할에 대해 알아 보자. 경영혁신활동에서의 팀이란, 상호작용하고 협조하는 과정을 통해 목표를 달성하는 두 사람 이상의 소수집단을 말한다. 팀 구성은 과제활동을 수행하는 데 있어 필요충분조건이다. 따라서 과제의 성격이나 범위 등을 충분히 고려하 여 팀원을 구성해야 한다. 그리고 될 수 있으면 경영혁신활동의 효율과 효과 를 제고하기 위해 전 조직의 기능을 횡단하는 팀 구성이 필요할 수 있다. 또 한 조직구성 초기부터 무임승차하는 사람이 발생하지 않도록 철저히 검토하고 팀 빌딩을 통해 팀워크를 다져야 한다. 프로젝트 조직의 구성은 조직구성원으 로 하여금 집단 목표달성을 위한 높은 기대치를 공유할 뿐만 아니라, 조직구 성원 서로를 신뢰하고, 지지하며, 서로의 개인차를 인정하면서도 공동의 목표 를 달성하는데 상호 도움이 될 수 있도록 구성하여야 한다(김나리 외, 2008). 따라서 과제를 시작하기에 앞서 팀 빌딩을 실시하는 게 중요하다. 팀 빌딩이

유효성과 생산성을 증가시키는데 없어서는 안 될 과정인 것이다. 팀 빌딩이란 팀 구성원들이 함께 작업하는데 있어서 그들이 만족할 만한 최적의 결과가 되도록, 그리고 그들의 관계와 운영을 향상시키도록 지원하는 과정이다(같은 논문, 2008).

필자의 다년간의 프로젝트 수행 지도 경험에 비추어 봤을 때 팀 빌딩은 생산성 향상과 문제해결, 근무환경 변화에 따른 소외감 극복, 보팀업(Bottom - Up) 분위기 형성 그리고 창의력 발휘 등을 위해 반드시 거쳐야 하는 과정이다. 즉 조직이 무사안일화 되어가고 있거나 변화하는 환경에 적응이 지연되고 있을 때 또는 조직 내 문제가 많아 경영혁신활동에 지장이 많을 때, 그리고 특정 과제를 추진하면서 도전적인 목표달성이 필요할 때 팀 빌딩의 중요성은 더욱 커진다. 또한 구성원의 성숙도가 낮은 경우, 조직의 풍토나 관행이 보수적일 때, 개인의 욕구나 성격·목표·역할의 애매성, 정보의 수집부족·불확실, 리더의 능력부족 등이 팀 빌딩의 장애요인으로 작용한다. 이럴 경우 팀 빌딩을 통하여 목표를 공유하고, 적극적인 전원참여를 통해 개방된 의사소통 및 다양한 의견을 반영할 수 있는 창구를 만들고 구성원들이 자신의 역할과 책임을 이해할 수 있는 자리를 마련해야 한다.

[표 Ⅰ-13] 집단과 팀의 차이점

집 단	팀
강력한 임명직 지도자 존재	리더 역할의 공유 및 순환
개인적 책임 강조	개인적 및 상호적 책임
집단과 조직목표 일치	팀별로 특수한 비전과 목표를 가짐
개인적 작업성과 강조	공개적 토론과 문제해결을 위한 회의 장려
효율적 회의 진행 강조	유효성의 직접적 측정
유효성의 간접적 측정(예: 재무성과)	팀별로 작업방법 토론, 결정 및 공유
개인별 작업방법 토의, 결정 및 위임	

3.12. 세부 추진일정

세부 추진일정은 앞서 언급한 모든 내용을 Plan, Do, See의 관점으로 [그림Ⅰ-17]에 제시된 것처럼 상세하게 수립해야 한다. 또한 해야 할 일 중심으로 펼쳐 나가되 누가 언제까지 해야 하는지를 분명하게 밝히는 게 중요하다. 필자가 현업에서 혁신을 주도했을 때나, 컨설턴트로서 고객에게 스케줄을 제시할 때에도 전체적인 상세 계획을 알려주면 매우 만족해한다. 하지만 여기서 끝나 버리는 상사나 고객이 있다. 이럴 경우 그냥 파워포인트나 엑셀 연습을 한 것에 그치고 만다. 이 계획이 살아 움직일 수 있도록 끊임없이 점검하고, 안 되면 왜 안 되는지를 꼼꼼히 따져 계획을 수정하고, 일이 되게끔 유도하는 일련의 고통스러운 관리가 뒤따라야 그제야 살아 있는 계획표가 될 수 있음을 명심해야 한다.

3.13. 킥오프

킥오프(Kick Off)는 마스터플래닝 작업을 비로소 완료하고 이를 전 조직원에게 알리는 중요한 과정이다. 따라서 CEO를 비롯한 전 조직원이 참여하는 행사를 통해 경영혁신 추진계획을 발표하고 각 부문별 향후 추진계획과 과제를 발표하게 함으로써 효과를 배가시킨다. 그러나 현실적으로 전 사원이 모일 수 있는 자리를 마련하기는 그리 쉽지 않다. 따라서 임원회의, 품질경영회의 등 기존 회의체를 최대한 활용하여 '혁신을 위한 혁신', '또 행사냐'라는 비아냥거림을 들어서는 안 된다.

4. 변화관리

　　　　　　　　이 세상에 존재하는 모든 생명체와 사물, 조직, 기업들은 시간의 흐름이 가져오는 물리적이고 질적인 변화에서 자유로울 수 없다. '모든 것은 변한다.'라는 말만 빼고 실질적으로 모든 것은 변한다. 다시 말해서 시간의 흐름에 따라 변화는 불가피한 것이다. 이러한 변화를 관리한다는 것은 '균형의 예술'이라 할 수 있다. 이는 다양한 변화 활동들 간의 균형, 변화와 이를 수용해야 하는 사람들의 감정과의 균형, 그리고 해당 변화활동이 정착되도록 하기 위해 조직 내 요소들과의 균형이 이루어져야 한다는 강조의 표현이다(코터, 2002). 이처럼 변화관리는 변화에 수반되는 부분 간의 불균형을 어떻게 해소할 것인지, 한 요소가 변할 때 다른 요소들은 어떻게 변하는지, 그리고 변화의 순서와 속도가 전체 구조에 어떤 영향을 미치는지를 이해하는 게 무엇보다 중요하다.

4.1. 변화관리의 일반적 정의

　코터는 일하는 방식이 바뀌고, 그것이 기업 내에 체질화되었을 때 변화가 정착되기 때문에 새로운 행동이 사회규범과 공유가치로 뿌리내리지 못하면 변화의 구동력이 제거되자마자 곧 퇴화해 버린다고 말한다(같은 책, 2002). 따라서 변화관리는 현재의 상태를 기업이 추구하는 방향으로 체계적으로 변화시키는 과정을 관리하는 것으로서 조직의 변화활동이 원활하게 수행될 수 있도록 조직의 문화를 혁신하고, 종업원의 저항을 최소화시키며, 변화된 환경에서 조직구성원들이 적응할 수 있는 능력을 향상시키는 제반 활동이라고 할 수 있다

(박민수, 2007). 이를 기업가치 제고라는 관점으로 들여다보면, 비즈니스 프로세스, 조직구조 또는 신기술 도입 ― ERP, 신설비, 신규 공장 설립 등 ― 으로 조직 내에 변화가 수반될 경우 변화에 대한 책임과 지원을 증가시키고 저항을 줄임으로써(이승창 외, 2008), 조기에 원하는 성과에 빨리 다다를 수 있게 하는 일련의 체계적인 활동을 의미한다.

이에 대해서 제리슨(2008)은 [그림 Ⅰ-21]과 같이 'J 곡선'으로 변화관리를 설명하고, 구성원들이 무슨 생각을 하고, 느끼고 있는지 아는 것을 팀을 효율적으로 이끄는 가장 핵심적인 요소로 정의하면서, 이를 변화에 속도를 붙이고 저항을 최소화하는 좋은 방법으로 강조하였다.

[그림 Ⅰ-21] 변화의 J 곡선

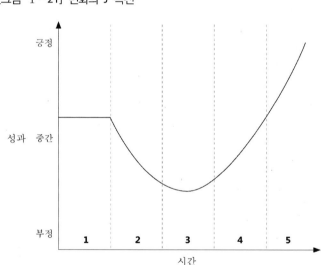

이처럼 변화관리는 복잡다단하며 사람의 마음을 움직이는 과정이기 때문에 딱딱한 경영혁신활동 ― 특히 과제활동 ― 과 더불어 반드시 수반되어야 한

다. 즉 변화와 혁신을 성공적으로 이끌어내는데 필요한 활동, 일정 및 자원을 명시한 세부적인 계획을 제대로 수립하고 반드시 지키는 과정이 포함되어야 한다. 경영혁신을 주관하는 팀에서는 경영혁신활동 전반을 통해 다양한 주제, 미팅, 교육과 훈련의 방법으로 이해관계자들을 참여시켜 혁신의 방향으로 전 조직원을 유도해야 한다(박민수, 2007).

한편, 변화관리 활동을 통하여 우리는 다음과 같은 일을 할 수 있다. 먼저, 현재의 조직 상황을 정확하게 파악할 수 있다. 혁신 진단 등을 수행함으로써 경영혁신활동과 관련된 조직과 이해관계자 및 그들의 업무적 기능과 업무수행 과정에서 표출되는 조직 문화적 행태를 파악할 수 있다. 둘째, 경영혁신의 목표를 달성하기 위한 분위기를 조성할 수 있다. 즉 혁신을 통해 달성하고자 하는 조직의 구조, 기능과 문화적 행태의 변화와 관련된 내용을 이해관계자들에게 전파하고 홍보하며, 이를 지원할 수 있는 분위기를 조성할 수 있다. 혁신 분위기를 조성하여 효과적인 방법으로 이해관계자에게 전달할 수 있다. 셋째, 변화에 대한 저항 및 갈등을 극복할 수 있는 대책을 수립할 수 있다. 이는 마지막 장에서 보다 자세히 다루도록 하겠다. 마지막으로 경영혁신 및 변화관리 활동의 결과를 평가에 반영할 수 있다. 특히 경영혁신 결과를 업적평가에 반영하는 것은 조직구성원을 움직이는 가장 큰 동인이기 때문에 신중하고 공평하게 설정하여 전달하여야 한다(같은 논문, 2007).

필자의 경험에 의하면 혁신활동 결과를 고과에 반영하는 것만큼 경영혁신에 동참을 유도하는 효과가 컸던 방법은 없었던 것 같다. 물론 그에 따른 부작용도 없지 않아 있었지만 이에 대한 적절한 선제적 대응 — 예를 들면 평가 비율에 대한 사전 공감대 형성 등 — 만 할 수 있다면 가장 적절한 방법으로 보인다. 이에 대해서는 평가를 다루는 장에서 좀 더 구체적으로 논의하겠다.

많은 기업들이 ERP나 새로운 경영혁신 방법론을 전략적으로 도입했다고 해서 회사의 수준이나 체질이 금방 변했다고 보는 착각에서 벗어나야 한다(이승창, 2008). 즉 문제해결을 기반으로 한 경영혁신활동을 추진할 때에는 단순히 기능적 측면이 아닌 조직문화 전반의 변화를 통해 효과를 극대화하는 활동이 필요하다. 문제해결을 기반으로 한 경영혁신활동은 기술적 해법만을 의미하는 것은 아니며 기업의 다양한 전략적 이슈와 실행 이슈를 포함하는 것으로 보고 있다. 이처럼 전사적 경영혁신활동에서 기업의 다양한 이슈를 단지 기술적인 측면에서만 해결하려는 자세는 경계해야 한다. 즉 조직문화 차원의 변화관리가 더불어 수행되어야 한다. 하지만 조직 내에서 조직문화와 변화관리에 대한 본격적인 논의가 거의 이루어지지 않는 것은 조직구성원들이 과거 관행의 변화라는 고통스러운 과정에 상당한 거부감을 갖게 되기 때문이다(같은 논문, 2008).

필자는 6시그마나 TPM 또는 TPS 등을 단순한 기술적 기법의 나열로 보지 않고 어디까지나 전사의 변화를 이끌어내는 보다 상위 개념의 유용한 툴로 생각한다. 그런 의미에서 최근의 혁신 방법론을 일종의 커다란 변화관리 프로그램으로 여기고 있다. 물론 앞서 제시한 내용들이 기술적 해법을 제공하는 기법 측면에서 매우 유효한 건 사실이나, 단순히 기법 위주로 접근하다보면 전사적인 공감대를 형성하지 못해 일정한 시간이 흐른 뒤 '혁신의 요요현상'이 발생하곤 한다. 이렇게 되면 "에이! 우리는 항상 처음만 요란했어. 조금 있으면 조용해질 거야." "또 혁신이야? 며칠이나 가나 보자." 등등의 방관주의자를 양산하게 되고 결국에는 아무 효과 없이 트렌드를 좇아 혁신을 하게 되는 형국으로 전락한다.

변화관리 활동은 조직이 변화를 효과적으로 실행할 수 있도록 준비 작업을 지원해 주고, 기존 조건으로부터 새로운 조건으로의 전환을 체계적으로 관리해주면서 변화와 관련된 이점들이 완전히 실현될 수 있게 하는데 의미가 있다. 또 제시된 변화를 달성하기 위하여 정확하게 무엇이 필요한지에 대한 공감대를 형성하고 변화를 이끌어 가는 과정에서의 책임이 명확히 배분되고 수용되도록 하며, 변화가 시의적절하게 실행될 수 있는 가능성을 높이는데 주력해야 한다.

[그림 Ⅰ-22]는 코터의 8단계 이론과 인지심리학의 인지, 태도, 행동의 변화라는 관점에서 나름대로 바람직한 상태를 정의하고 이를 근거로 필자가 컨설팅한 모 기업의 변화관리 수준을 직접 평가한 결과를 보여주고 있다. 이러한 진단을 주기적으로 실시하고 그 결과에 대해서 전사적으로 공감대를 형성할 수 있다면 변화관리 활동의 적절한 조타수 역할을 할 수 있다고 생각한다.

[그림 Ⅰ-22] 변화관리 성숙도 진단 예시

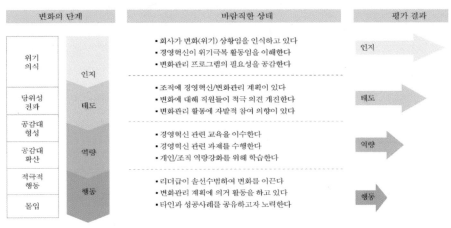

또한, 이를 토대로 [그림 Ⅰ-23]과 같이 전체적인 추진 이미지를 도식화하

고 방향성을 제시함으로써 전 임직원이 변화관리의 중요성을 인식하는 계기를 마련하였다. 추진전략(방향성)은 그림 바로 아래에 간단히 사례를 제시하였으니 참고하기 바란다.

[그림 Ⅰ-23] 변화관리 이미지 예시

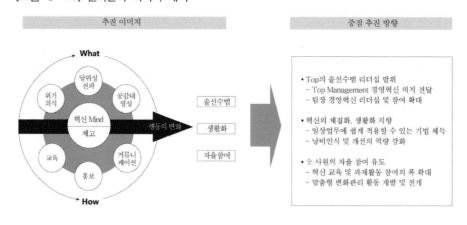

- Top의 솔선수범 리더십 발휘
  - 톱 매니지먼트(Top Management) 경영혁신 의지 전달
  - 팀장 경영혁신 리더십 및 참여 확대

- 혁신의 체질화, 생활화 지향
  - 일상 업무에 쉽게 적용할 수 있는 기법 체득
  - 낭비인식 및 개선의 역량 강화

- 전(全) 사원의 자율 참여 유도
  - 혁신 교육 및 과제활동 참여의 폭 확대
  - 맞춤형 변화관리 활동 개발 및 전개

4.3. 변화관리 실패 극복방안

4.3.1. 혁신활동 전반의 실패요인과 극복방안

변화와 혁신이 조직에 주어졌을 때 저항이 생기는 요인과 이에 대한 극복방안을 경영혁신의 전 과정을 통해 찬찬히 짚어보자. 혁신이 안 되는 가장 큰 이유는 혁신에 불을 붙이지 못하기 때문이다. 혁신점화에 있어서 임원의 역할은 절대적이다. 그런데 임원이 혁신 상황을 인식하지 못하고 '알아서 잘하겠지' 하는 안이한 생각을 갖고 있을 때 혁신은 시작도 하기 전에 난관에 부딪히게 된다. 또 다른 이유로 임원의 의사를 전달하고 임원의 혁신의지를 실행시킬 혁신 주체를 선정하지 못할 때도 혁신의 불을 지피지 못하게 된다. 마지막으로 혁신 주체가 혁신방법에 대하여 아무런 지식을 갖고 있지 못할 때 역시 혁신의 점화는 어렵다.

이 같은 장애요인을 극복하기 위해서는 CEO의 강력한 메시지 전달과 지속적인 변화관리가 필요하다. 또 임원은 혁신 주체, 즉 과제 리더에 대해 끊임없는 지원을 아끼지 말아야 한다. 혁신 주체에 대한 인사상 불이익이 없도록 제도적 장치를 마련해주고 더불어 경영혁신활동에 대한 사명감을 지속적으로 각인시킬 필요가 있다. 필자가 지도했던 대부분의 회사에서는 본부장, 사장이나 오너 회장들이 직접 간담회, 워크숍, 과제 발표회 등을 통해 지속적으로 변화와 혁신을 강조하고 혁신 선도 세력들을 격려하는 자리를 마련하였다. 그리고 경영혁신 경쟁시스템을 구축하여 임원들 간 혁신 평가를 유도하는 것도 좋은 방법이다. 이에 대해서는 임원의 '리더십 평가'라는 주제를 가지고 이후 다루게 될 것이다. 특히 임원들은 솔선수범하여 경영혁신활동 및 변화관리의 선봉장이 되어야 한다는 점을 강조하고 싶다. 이렇게 솔선수범하는 리더십이야말로 경영혁신활동을 하는데 있어 가장 큰 덕목이자 가장 큰 변화관리 기법이다. 또한 학습할 수 있는 분위기를 형성하고 임원이 지속적으로 학습에 대한 관심을 불러일으킨다면 경영혁신 과제를 해결해나가는데 금상첨화라 할 수 있다. 특히 도입기에는 혁신 기법에 대한 지식이 부족하기 때문에 벤치마킹을 강화하거나 '혁신 스승 모시기' 등의 활동을 펼쳐 선진 기업의 혁신 전문가를 지속적으로 만나 자문을 구하는 것도 매우 중요하다.

4.3.2. 임직원 교육과 대화하기의 실패요인과 해결방안

비록 경영혁신활동이 점화가 되었다고 해도 임직원에 대한 적절한 교육과 이들과의 적극적인 의사소통에 실패하게 되면 혁신은 또 다른 장애를 만나게 된다. 대체로 혁신은 '총론찬성 각론반대'의 양상을 띠게 될 때 실패할 확률이 높다. 그만큼 관망 세력을 많이 양산하게 되기 때문이다. 또 다른 이유로 책임회피가 있다. 즉 "내가 문제가 아니라 네가 문제"라는 식의 이슈를 떠넘기는 책임회피도 혁신을 어렵게 만드는 주요 요인이다. 마지막으로 냉소주의는 혁신을 시도하는 시점에서 가장 쉽게 나타나는 현상이다. 필자의 경험에 의하면 적극적인 저항세력보다 더 경계해야 할 부류가 바로 이 냉소주의자들, 관망세력이다. 이들은 눈치를 보다가 조금이라도 혁신활동의 불씨가 수그러들 기미가 보이면 금세 저항세력으로 탈바꿈하는 경향을 보이곤 한다(제리슨, 2008). 이들 이외에도 적절한 혁신 네트워크를 구축하지 못하는 경우, 구성원들의 혁신저항을 이겨내지 못하는 원인이 된다. 이들 문제들을 제거하기 위해서는 임원의 강력하고도 지속적인 의지 표명과 지속적인 교육 및 커뮤니케이션이 필수적이라 할 수 있다.

[표 Ⅰ-14] 임직원 교육과 대화하기의 실패요인과 해결방안

실패요인	해결방안
총론 찬성 각론 반대	나의 혁신실천 공약(혁신실행서) 작성 임원의 강력하고 지속적인 혁신 의지 표명 강력한 혁신평가에 대한 구성원의 인식 심기 혁신성과와 보상 간의 확실한 약속
책임회피 '네 탓이오'주의	임원의 혁신실천공약 솔선수범 핑계차단(예외 인정 없애기)
냉소주의 그들의 혁신 비전 변화거부 세력의 존재 혁신세력 따돌리기	임원의 강력하고 지속적인 혁신의지 표명 혁신관련 서적 전 구성원의 학습 워크숍을 통한 정보전달과 우리의 위기실상 인식
혁신네트워크 구축 실패	구성원과의 직접 대화(1:1 설득) 신뢰할 수 있는 변화관리 담당자(Change Agents) 선발 혁신 네트워크의 명시적/묵시적 인정

4.3.3. 혁신 비전(방향) 설정, 혁신과제 도출의 실패요인과 해결방안

경영혁신의 비전과 방향성을 제대로 설정하지 못하면 혁신은 성공적일 수 없다. 경영혁신의 비전과 방향을 제대로 설정하지 못하는 중요한 대부분의 이유는 각 사업부가 자체의 위기의식이 형성되어 있지 않기 때문이다. '지금까지 잘하고 있는데 무엇을 어떻게 하라는 것인가?'와 같은 항변을 하는 것이다. 또 직원들의 피부에 와 닿지 않는 동떨어진 비전이나 방향설정은 혁신 자체를 어렵게 만드는 요인 중의 하나이다. 회사의 전략과 연계된 적절한 경영혁신 과제를 도출하지 못하면 이 역시 혁신활동이 실패하는 주요 원인이 된다. 각 부서(또는 사업부)의 위기를 해소하기 위한 핵심과제를 설정하지 못하거나 건수 중심의 지엽적인 과제, 이미 답을 알고 있는 과제만을 늘어놓는 것도 진정한

혁신을 저해하는 요소가 된다. 이 부분은 '과제선정'이라는 중요한 주제이므로 이후에 별도로 다룰 것이다.

[표 Ⅰ-15] 혁신 비전 설정과 혁신과제 도출의 실패요인과 해결방안

실패요인	해결방안
위기의식 부재 조직 관성 잘하고 있다는 착각	고객관점에서 뒤집어 보기 선진(경쟁)사와의 비교를 통한 차이 발견 현장 체험(실패한 현장 느껴 보기)
피부에 와 닿지 않는 혁신 비전 전시용 비전	1분 이내 누구나 설명할 수 있는 비전 만들기 (엘리베이터 스피치 개발) 외부기관이 만들어 준 비전에만 의존하지 않기
면피성 과제도출, 건수 중심의 과제를 위한 과제도출	과제선정 위원회 설치 엄격한 과제 평가 (과정 평가, 완료 평가, 사후평가) 미래 성장 동력 확보 과제 가중치 상향 조정 CFT성 과제 가중치 상향 조정 과제별 KPI 명확화

4.3.4. 혁신실행의 실패요인과 해결방안

혁신과제가 제대로 설정되었어도 이들 과제를 효과적으로 해결하지 못하면 혁신은 다시 실패하게 된다. 그 첫 번째 원인은 혁신과제를 성공시킬 만한 경영혁신 팀을 구성하지 못했거나 이들 혁신 팀을 적절히 지원하지 못하는 데에 있을 수 있다. 또 다른 이유로는 혁신실행 자체에 대한 실패를 들 수 있는데, "이렇게 하자 저렇게 하자" 식의 말은 많은데 실제로 이를 실행시키는 행동이 없는 경우에는 백이면 백 모두 실패하게 된다. 혁신과제의 수행 및 완료 그리고 사후관리까지 전반에 걸쳐 실행에 대한 적절한 모니터링이 필요하다.

1980년대 초 미국 정부가 산림청에 대한 재정지원 삭감 조치를 취하면서 벌목산업의 사양화로 목재 전문가들의 입지가 급속하게 축소되기 시작하였다. 반면 생태학, 홍보, 컴퓨터 서비스, 야생 동식물학, 레크리에이션 등이 중요해지는 시기였다. 이러한 결과로 산림 담당 종사자들의 승진기회 축소, 인력감축이 불가피한 상황에 직면하게 되었다. 이때 산림청은 '커리어 재활 프로그램'을 도입하여 상실감이 크고 혁신에 저항하는 직원들에게 전직 프로그램과 직무역량 개발 교육 기회를 동시에 제공함으로써 상실감을 공개적으로 인정하고 보상하는 방식을 통해 상실감과 저항을 짧은 시간에 극복한 사례가 있다.

[표 Ⅰ-16] 혁신실행의 실패요인과 해결방안

실패 요인	해결 방안
지원받지 못하거나 효과적으로 구성되지 못한 혁신 팀 운영	혁신도구에 대한 교육 강화 임원 이하 부서장들의 적극적인 지원 확보 혁신 팀의 자긍심 세워 주기
No Action Talk Only	혁신평가 시스템 구축 혁신과제에 대한 지속적인 모니터링(정기, 수시) 혁신과제 평가에 대한 즉각적인 피드백

4.3.5. 혁신내재화의 실패요인과 해결방안

혁신이 조직에 안착되지 못하는 이유는 구성원들의 과거로의 회귀를 막을 수 있는 장치를 마련하지 못하기 때문이다. 가장 핵심적인 장치로는 새로운 부서평가 및 인사평가 시스템을 구축하는 것이다. 여기서 평가 시스템은 경영혁신의 비전과 전략을 가장 잘 나타내는 방향으로 설계되어야 한다. 또한, 각종 개선과제에 대한 적절한 평가와 보상이 이루어지지 않을 때도 혁신은 조직에 내재화되기 어렵게 된다. 경영혁신활동의 성과에 대한 공정한 평가가 이루어지지 못하거나 평가와 보상이 따로 움직이고 혁신성과를 가로채는 등의 행위가 혁신의 체질화를 가로막는 주요한 원인이 될 수 있다.

따라서 경영혁신 성공사례(Best Practices)를 회사 내에 적절히 공유하는 것은 혁신을 조직에 안착시키는 매우 중요한 해결방안이다. 이와 더불어 혁신의 성과가 비록 작더라도 혁신을 위한 노력을 다른 부서나 구성원들이 하고 있음을 보여주는 것도 혁신의 건전한 경쟁심을 유발시켜 혁신을 가속화시키고 체질화시키는 데에 매우 중요하다.

[표 Ⅰ-17] 혁신내재화의 실패요인과 해결방안

실패 요인	해결 방안
평가 시스템 부재	새로운 부서평가 및 인사평가 시스템 구축
공정성 상실 평가 따로 보상 따로 업적 가로채기	엄격한 과제평가 시스템에 의한 공정한 평가/보상 혁신과제에 대한 Quality 평가와 마일스톤(Milestones) 평가 혁신성공 실행 팀에 대한 확실한 인정과 보상 인센티브와 인사평가에 반영 우수인재를 혁신실행 팀에 우선 배정
혁신성공에 대한 회의적 시각, 지속적인 혁신추진의 단절	베스트 프랙티스(BP) 발표대회 우수 성공사례의 공유 혁신의 건전한 경쟁심 유발

변화관리 활동의 실패를 방지하고 가속화를 하기 위해 사용하는 툴 중에서 자주 언급되는 것이 존 코터(2002)의 변화관리 8단계 프로세스와 GE의 CAP(Change Acceleration Process)이다. 여기에 더하여 제리슨(2008)의 저항세력을 실행하게 만드는 기술을 비교하는 내용은 [표 Ⅰ-18]과 같다. 이외에도 다양한 변화관리 모델이 있지만 이러한 모델이 던지는 핵심 메시지는 '실천하는 변화와 혁신'이다. 아무리 좋은 모델일지라도 그 회사의 혁신수단으로 공감대가 형성되지 않고 임직원이 이러한 활동의 존재조차 모르고 있다면 하나 마나 한 변

화관리 활동이 되고 말 것이다. 어떤 모델이더라도 일단 하자고 선언을 했으면 바로 실행계획(Action Plan)을 설정하고 하나하나 챙겨나가는 모습이 가장 바람직하다.

[표 Ⅰ-18] 변화관리 극복방안 비교

변화관리 8단계 (존 코터, 2002)	GE의 CAP	저항 세력을 실행하게 만드는 기술 (제리슨, 2008)
위기감을 조성하라. 강력한 변화 추진 구심체를 구축하라. 비전을 창출하라. 비전을 공유하라. 임파워먼트 하라. 단기성과를 실현하라. 후속 변화를 창출하라. 변화를 조직문화에 내재화하라.	변화 주도 필요성 공유 비전의 구체화 참여의 행동화 변화의 지속 모니터링 시스템 및 조직의 변경	변화를 작은 단계로 나누어라. 보상은 일찍 하라. 실수를 두려워하지 않게 하라. 이끌어 주고 훈련시켜라. 참여를 독려하라. 부정적 감정에 공감하라. 시작은 쉽게 하라. 변화 실행에 전념하라.

• 다음은 세계적인 컨설팅 회사인 부즈알렌해밀턴에서 제시하는 변화관리의 10대 원칙이다. 경영혁신을 추진하는 주체 세력들인 혁신 팀원이나 과제 리더들이 새겨들을 만하다고 여기어 옮겨놓았다.

1. 인간적인 측면을 체계적으로 다루어라(Address the 'human side' systematically).
2. 솔선수범하라(Start at the top).
3. 전 계층이 참여하라(Involve every layer).
4. 공식적인 사례를 만들라(Make the formal case).
5. 주인의식을 함양하라(Create ownership).
6. 주요 메시지를 공유하라(Communicate the message).
7. 조직문화적 전망을 점검하라(Assess the cultural landscape).
8. 조직문화를 명백히 점검하라(Address culture explicitly).
9. 예기치 못한 상황을 준비하라(Prepare for the unexpected).
10. 조직원 하나하나에게 말하라(Speak to the individual).

4.4. 변화관리 활동 매트릭스

[표 Ⅰ-19]는 변화관리 활동의 한 축을 홍보/이벤트, 교육, 커뮤니케이션, 그리고 평가로 두고, 다른 한 축은 Top의 혁신의 체질화, 생활화, 현장/본부의 자율참여로 했을 때 어떤 구체적인 변화관리 프로그램이 필요한지를 소개한 표이다. 변화관리의 구체적인 프로그램 설정이 어려울 때에는 2차원 프레임워크(매트릭스)를 활용하여 아이디어를 내고, 컨설턴트의 경험을 지원받게 되면 하고자 하는 바를 명확히 할 수 있다.

또는 [표 Ⅰ-20]에서와 같이 한 축을 What to change의 순서인 인지, 태도, 역량, 행동의 흐름으로 두고, 다른 한 축은 How to change의 구성요소인 홍보, 교육, 평가, 커뮤니케이션으로 두면 해당 프로그램을 브레인스토밍할 수도 있다. 이처럼 각 회사의 조직문화에 적합한 변화관리 프로그램을 정립한 후 이에 대한 구체적인 실행계획을 반드시 수립하여야 한다.

[표 Ⅰ-19] 변화관리 프로그램 구성 예시(1)

구 분	교 육	커뮤니케이션	홍보/이벤트	평 가
Top의 솔선수범	- 임원 경영혁신 교육 - 팀장 경영혁신 교육	- 혁신 리더 - 톱 매니지먼트 변화관리 - 혁신 도시락 간담회 - 본부 순회 경영혁신 설명회 - Top My M/C, My Area	- 혁신 소식지 발간 (BP 공유, 혁신 필요성 공유)	- 부문별 혁신 데이 운영 - 임원 멘토링 실시 - 혁신성숙도 진단 - 혁신 명소 만들기
혁신의 체질화 생활화	- 핵심도구 심화 과정 - 사무 간접부문 혁신 적용사례집 발간	- MBB 간담회 - BB 간담회 - DMAIC를 활용한 보고서 간소화	- 미니탭 경진대회 - Mind Change Visual 신규제작/배포	-
현장/ 본부 자율참여	- 현장사원 혁신 입문과정(TPS+낭비+Easy 방법론)	- 변화관리 자율운영 - 현장개선/낭비제거 교류회	- 현장 혁신 소식지 발간(BP 공유, 혁신 필요성 공유)	-

방법 대상	홍 보	교 육	평 가	커뮤니케이션
인지	- 소식지 - Mind 　Change 　Visual	-	-	-
태도	- 이메일 홍보 　(클릭! 혁신 　속으로 등)	- 경영혁신 아카데미 - 혁신 캠퍼스 2단계 - 혁신 캠퍼스 현장운영	- 임원리더십 평가 - 마인드 평가 - 성숙도 진단 - 혁신 골든벨	- 대화의 시간 - 본부 순회 설명회
행동	- BP 발굴 - 변화관리 - 혁신사상	- 중역 특강	- 성숙도 진단 - 본부별 변화관리 　활동평가	- 변화선도그룹 육성 - 변화선도그룹 운영 - 변화관리 교류회 - 관리직/기능직　공동 　참여 프로그램 개발

4.5. 활동시작 시 유용한 변화관리 활동

4.5.1. 혁신 데이 실시

혁신 데이는 CEO를 비롯한 임원이 반드시 참석하고 그때그때의 상황에 맞게 팀장(그룹장), 과제 리더들이 참여하여 경영혁신활동 현황 및 혁신 과제를 점검하고 핵심 이슈가 있으면 바로바로 토론하는 진행방식을 주로 택하고 있다. 이러한 과정을 통하여 과제를 공식화할 수 있고, 또한 과제진행에 탄력을 붙일 수 있는 좋은 계기가 된다. 그리고 회사의 현안이나 경영진의 입장을 이해할 수 있는 자리이므로 혁신을 활성화하는 데에 더없이 좋은 기회로 작용한다.

4.5.2. 과제 발표 데이 실시

군이 '혁신 데이'와 '과제 발표 데이'를 구분한다면 전자는 전사적인 회의체인 반면, 후자는 임원이 해당 부문으로 와서 혁신과제 및 변화관리 현황에 대해 중점적으로 점검하고 이슈 및 애로사항을 해결해 주는 부문 회의체이다. 컨설턴트나 혁신 주체가 같이 참석할 기회가 있다면 과제 발표 데이의 효율성을 더욱 높일 수 있다. 또 경영혁신 팀에서는 이런 자리에 자주 참여하여 현업과의 거리를 최대한 좁힐 수 있는 계기로 삼아야 한다. 경영혁신 팀의 이런 자세와 솔선수범은 혁신활동의 성숙도를 높이고 결국에는 회사의 비즈니스 성과를 제고하는 결과를 낳는다.

어느 회사나 마찬가지지만 특히 인사, 재무, 자금, 영업은 혁신의 'ㅎ'만 들어도 벌써 격렬한 부정적 반응을 일으키는 대표적인 부서들이다. 필자가 참여한 모 기업의 재무부서의 경우 혁신 팀 코디네이터의 끊임없는 관심과 임원의 적극적인 참여로 2년 만에 회사에서 가장 우수한 혁신 임원으로 선정된 바 있다. 과제도 리더가 중도에 포기하고 싶은 생각이 하루에도 몇 번씩 생겼지만 임원이 직접 멘토링을 실시하고, 한 달에 한 번씩 전 직원이 참여하는 '과제 발표 데이'를 통해 보다 신선한 아이디어를 공유하면서 결국 전사 200여 개 과제 중 Top 3에 들어가는 쾌거를 이루었다.

4.5.3. 임원 워크숍

경영혁신활동은 경영진의 솔선수범을 기반으로 한다. 이것이 부족하거나 아예 없게 되면 경영혁신활동은 항상 겉돌기 마련이다. 따라서 경영혁신의 도입과 함께 전체 임원들이 모인 자리에서 사장님이 위기의식과 전원동참을 호소하고 외부 전문가를 초빙하여 경영혁신의 필요성을 다지며 전 임원이 향후 계획에 대해 워크숍을 실시하고 그 결과를 발표하는 자리가 필요한데, 임원 워크숍이 바로 이런 역할을 한다. 2년차 이후에는 임원 워크숍이 위기의식과 필요성에 대한 공감의 자리를 마련하기보다 차년도 경영혁신 과제선정을 위한 워크숍으로 자리매김하는 것도 좋은 접근 방법이다. 또 아래 A사의 예와 같이 기존의 혁신활동과 차별화되는 포인트나 위기의식을 공유할 수 있는 내용을 사전에 공지하거나 아니면 워크숍 자리를 빌려 공표하는 것도 한 방법이다.

· 강력한 톱다운(Top - Down)
    → 임원, 팀장 등 리더들의 솔선수범이 혁신의 관건
· 임직원 혁신 마인드 제고
    → 전 임직원의 마음이 변해야 변화와 혁신은 성공!
· 명확한 혁신의 목표(Goal) 설정
    → 비전(Vision) 구현을 위한 글로벌 원가 경쟁력 확보라는 목표달성
· 구체적인 혁신의 툴 제공
    → 문제해결 방법론, 변화관리 프로그램

워크숍을 원활하게 진행하기 위해서는 [표 Ⅰ-21]에 제시된 것처럼 혁신팀이나 혁신 주체가 주요 할 일을 주도적으로 사전 준비하고, 아울러 경영현황 정리, 경영혁신 마스터플랜 완성, 변화관리 프로그램 소개, 외부 전문가 초빙, 워크숍 템플릿 등을 철저히 마련해야 한다.

[표 Ⅰ-21] 임원 워크숍 어젠다 사례

구 분	홍보/이벤트
08:30 ~	▪ W/Shop Agenda 소개
08:30 ~ 08:50 (20분)	▪ 우리는 지금 생존의 기로에 서 있다
08:50 ~ 09:30 (40분)	▪ 경영환경 예측 및 우리의 현주소 ▪ 경영혁신 운영 계획
09:40 ~12:00 (120분)	▪ 경영 혁신 추진 체계 및 성공을 위한 제언
12:00 ~ 13:00 (60분)	▪ 중 식
13:00 ~ 14:00 (60분)	▪ 팀별 Discussion 실시 (Ⅰ) (4 개팀) → 우리회사 위기의 징후 도출
14:00 ~ 16:00 (120분)	▪ 경영혁신 특강 → 변화의 중심에 서라 (경영혁신 사례)
16:00 ~ 16:20 (20분)	▪ 휴 식
16:20 ~ 17:20 (60분)	▪ 팀별 Discussion 실시 (Ⅱ) (4개팀) → 위기에 대한 극복방안 도출
17:20 ~ 18:10 (50분)	▪ 팀별 Discussion 결과 발표 (4개팀)
18:10 ~ 18:40 (30분)	▪ 사장님 강평

4.5.4. 팀장(그룹장) 워크숍

실무적으로 과제를 실행하는데 가장 큰 걸림돌이면서 또한 혁신의 가장 큰 구동력으로 작용하는 계층이 바로 팀장급이다. 이 계층의 관심이 없으면 과제 실행 리더들은 전혀 움직일 수가 없는 게 국내 기업의 현실이다. 따라서 이 계층의 경영혁신활동 동참 여부가 향후 경영혁신활동의 성과를 판가름한다고 해도 과언이 아니다. 따라서 팀장급을 대상으로 한 워크숍이 필요하다. 이상적인 워크숍 형태는 임원 워크숍 결과와 연계하여 실행계획을 수립하는 워크숍

이라고 할 수 있다. 임원 워크숍 때와 같이 큰 이미지만 만들어서는 실행력을
담보할 수가 없다.

4.5.5. 혁신사무국 워크숍

회사에 따라서는 공장이 전국에 흩어져서 본부체제로 운영되는 경우가 있
다. 이럴 경우 본부나 공장단위로 경영혁신을 전담하는 조직이나 조직원이 있
게 되는데 활동 초기에 조직 전체가 모여서 팀워크를 다지고 전체적인 방향성
을 공감하는 시간을 갖는 게 좋다. 이들은 또한 변화관리 담당자로서 역할을
많이 하기 때문에 변화관리에 대한 향후 계획에 대해서도 집중적인 토론을 해
야 한다.

4.6. 활동 중 유용한 변화관리 활동

4.6.1. 시스템에 의한 평가(과정 평가)

과제관리 시스템이 갖춰진 회사는 [표 Ⅰ-22]와 같은 평가 체크리스트를
기준으로 과제 멘토인 컨설턴트나 문제해결 전문가가 시스템을 통하여 평가한
다음, 그 결과를 전체 평가에 일정 부분 반영한다. 대부분 회사에서는 완료 평
가의 비중을 과정 평가의 비중보다 높게 두기 때문에 통상 30~40% 정도를
과정 평가에 할당한다.

[표 I-22] 과정 평가 Sheet 예시

단계	배점	Check Point	S	A	B	C	D
Define	20	과제선정은 경영전략 또는 목표와 연계되었는가?	5	4	3	2	1
		목표는 Stretch Target인가?	5	4	3	2	1
		과제의 개선범위는 명확한가?	5	4	3	2	1
		추진 팀원구성의 자원 배분은 적절한가?	5	4	3	2	1
Measure	20	과제의 CTQ 선정은 적합한가?	5	4	3	2	1
		CTQ의 측정이 용이한가?	5	4	3	2	1
		CTQ에 대한 현 수준이 제대로 평가되었는가?	5	4	3	2	1
		CTQ에 대한 잠재원인변수 도출이 제대로 되었는가?	5	4	3	2	1
Analyze	20	잠재원인변수에 대한 적절한 검증계획이 수립되었는가?	5	4	3	2	1
		잠재원인변수 분석 시 적합한 Tool을 사용하였는가?	5	4	3	2	1
		CTQ 목표달성을 위한 Vital Few가 모두 도출되었는가?	5	4	3	2	1
		Vital Few는 CTQ 변동을 적절히 설명하고 있는가?	5	4	3	2	1
Improve	20	Vital Few 특성구분에 따른 개선계획 수립이 명확한가?	5	4	3	2	1
		창의적이고 혁신적인 아이디어가 반영되었는가?	5	4	3	2	1
		새로운 방법에 대해 이해관계자 커뮤니케이션은 되었는가?	5	4	3	2	1
		개선안에 대한 검증은 실시하였는가?	5	4	3	2	1
Control	20	개선안에 대한 관리계획이 효과적으로 수립되었는가?	5	4	3	2	1
		개선안이 현업(현장)에 적용되었는가? 또는 적용계획은 명확한가?	5	4	3	2	1
		과제의 성과는 적절하게 표현되었는가?	5	4	3	2	1
		지속적인 성과유지를 위해 P/O에게 공유 이관되었는가?	5	4	3	2	1

4.6.2. 순회 평가 실시

순회 평가는 완료된 과제에 대해 현장에서 직접 확인한다는 점을 강조하여
과제활동의 중요성을 부각시키기는 데 매우 유용하게 활용할 수 있는 변화관

리 방안이다. 평가단은 객관성을 담보하기 위해 과제 멘토를 제외한 나머지 컨설턴트와 문제해결 전문가로 구성하는 게 적합하고 이를 통해 완료 과제의 평가가 종료되므로 평가자나 피평가자 모두 사전에 철저히 준비를 해야 한다.

[그림 Ⅰ-24] 완료 평가 Sheet 예시

과제 리더				챔피언			
과제 명							

계산 난이도(100점)		매우 어려움	어려움	보통	쉬움	매우 쉬움
		100	90	80	70	60
		S (매우 우수)	A (우수)	B (보통)	C (미흡)	D (매우 미흡)
문제 해결 충실도 (30점)	1. 과제의 CTQ가 명확한가? (5점)	5.0	4.5	3.5	2.0	0.0
	2. 과제의 목표가 도전적인가? (5점)	5.0	4.5	3.5	2.0	0.0
	3. 문제 해결을 위해 적절한 방법론(Tools)을 활용하였는가? (5점)	5.0	4.5	3.5	2.0	0.0
	4. 문제 해결 방법이 창의적이고 혁신적인가? (5점)	5.0	4.5	3.5	2.0	0.0
	5. 과제 결과가 현업 적용이 용이하도록 효과적으로 정리되었는가? (5점)	5.0	4.5	3.5	2.0	0.0
	6. 과제 리더의 열정 및 활발한 팀 활동을 바탕으로 과제가 진행되었는가? (5점)	5.0	4.5	3.5	2.0	0.0

4.6.3. 임원 리더십 평가 실시

전사적으로 임원별 혁신활동 현황을 체계적으로 점검하고 그 결과를 피드백하여 건전한 긴장감을 조성하며, 이를 통하여 경영혁신활동의 전사 수준을 향상하고자 할 때에는 반드시 임원에 대한 평가가 들어가야 한다. 물론 이를 받아들일 수 있는 성숙된 조직문화가 형성된 회사에서는 가능하지만 그렇지 않은 회사에서는 오히려 역효과를 낳을 수 있으므로 적용에 신중을 기해야 한다. [표 Ⅰ-23]은 필자가 지도했던 회사에 적용된 리더십 평가기준을 보여 준다.

[표 Ⅰ-23] 임원 리더십 평가기준 예시

항 목	판단기준	평가척도				
		1	2	3	4	5
솔선수범	의사결정, 자원할당, 애로사항 해결에 적극적인가?					
관심과 열정	조직원들을 변화시키는 열정적인 모습을 보이고 있는가?	Worst	Worse	Moderate	Better	Best
혁신 이해도	문제해결 로드맵 및 툴을 이해하고 있는가?					
혁신 참여도	경영혁신과제 활동에 지속적으로 참여하고 있는가?					

4.6.4. 메모 보고의 활용

경험에 비춰봤을 때, 회사의 조직문화에 따라 어느 정도 다른 반응을 보이긴 하지만 경영진은 솔직한 대화를 나누는 것을 대부분 선호하는 경향을 보인다. 특히 변화관리라는 측면에서는 더욱 그렇다. 왜냐하면, 고위급 경영진일수록 '인의 장막'에 싸여있기 때문에 제대로 된 현장의 목소리를 들을 수 없기 때문이다. 따라서 컨설턴트나 혁신 담당자가 경영진을 자주 만날 수 없을 때 메모 보고를 활용하여 적절히 의사소통을 하는 게 필요하다. 이에 대한 사례는 본 장을 통하여 여러 개 소개되고 있으니 참조하기 바란다.

4.6.5. CEO 레터(Letter)

CEO가 혁신에 대한 관심을 지속적으로 표명하는 것만큼 효과적인 변화관리 방법이 또 있을까? 본인은 없다고 감히 말하고 싶고 이것은 Top 경영층의 솔선수범, 현장경영과 함께 지속적으로 펼쳐나가야 할 중요한 변화관리 프로그램 중 하나이다. 물론 CEO는 굉장히 바쁘기 때문에 직접 편지를 쓸 겨를이 없을 수도 있다. 이럴 경우에는 그동안 혁신과 관련하여 말씀하신 내용을 어록 형태로 차곡차곡 모아두었다가 이를 편지 형식으로 전사 인트라넷을 통해 전 사원에게 공지한다. 다음은 'CEO 레터'의 예이다.

- 혁신은 기업성장의 엔진입니다. 100년 기업 GM 파산의 근본원인을 보면 우리가 타산지석의 교훈으로 삼아야 할 부분이 있습니다. 경제위기에 취약한 제품 포트폴리오와 고비용 구조가 파산의 직접적인 원인이나 이는 빙산의 일각이고 과거 성공모델에 안주하여 자기 혁신을 게을리 하고 경쟁력을 소홀히 한 것이 가장 큰 근본원인입니다. 혁신은 경기 침체기에는 생존전략으로, 회복기에는 기업성장의 엔진 역할로 회사 경쟁력 제고에 밑거름이 되어야 합니다.

  또한, 혁신은 지속적으로 추진되어야 합니다. 우리 회사는 다양한 혁신활동을 추진하여 왔으나 제대로 되지 않은 것은 혁신의 본질을 망각하고 지속력이 부족했기 때문입니다. 그 수단과 기능이 바뀔지언정 혁신의 본질은 바꾸면 안 됩니다. 지속적이지 못한 혁신활동은 마치 혁신이 유행처럼 인식되어 '이번만 피하면 지나가겠지, 나는 혁신과 아무 상관없어' 하는 안일한 생각을 갖게 하였습니다. 혁신은 절대 유행이 아니며 회사의 성장과 더불어 지속적으로 추진되어야 하는 경영활동 그 자체입니다.

  혁신은 전 부문에서, 전 직원이 활발하게 추진하여야 합니다. 혁신은 국부적인 원가 혁신, 품질 혁신, 제조 혁신도 중요하지만 부분 최적화가 아닌 전체 최적화를 이루고, 회사의 경영목표를 달성하기 위해서는 제조, R&D, 사무부문 전 분야에서 추진하는 경영혁신이 되어야 합니다. 그러나 틀만 만들었다고 모든 것이 되리라고 생각하지 않습니다. 현장부터 사무실까지, 사원부터 경영진까지 한마음 한뜻이 되어야 실질적인 경영혁신의 효과가 나타날 수 있습니다.......

4.7. 활동완료 시 유용한 변화관리 활동

4.7.1. (가칭) 경영혁신 페스티벌 실시

회사마다 명칭은 다르지만 1년 농사를 수확하는 자리는 반드시 마련하는 게 좋다. 자랑대회이자 혁신활동에 열심히 참여했던 임원, 팀장, 그리고 과제 리더를 칭찬하고 격려하는 축제의 장이기 때문이다. 또한 차년도 경영혁신의 성공적 추진을 다짐하는 자리이기도 하다. 필자가 컨설팅을 했던 회사에서는 '올해의 혁신 임원'이라는 포상제도를 마련하여 임원들을 격려하기도 하였다. 물론 모든 회사에서 거창하게 할 필요는 없다. 회사의 규모 및 상황에 맞게 Best Practices 발표 및 포상에 중점을 둘 수도 있고, 아니면 별도의 회의체를 만들지 않고 기존의 회의체를 적극 활용할 수도 있다.

[표 Ⅰ-24] 가칭) 경영혁신 페스티벌 예시

시 간	내 용
08:30~08:40(10분)	경영혁신 페스티벌로 개요 소개
08:40~09:10(30분)	'07년 경영혁신 Review 및 '08년 추진계획
09:10~09:30(20분)	'07년 경영혁신 종합 평가
09:30~10:10(40분)	A상 후보 과제 발표(제조 부문 2개)
10:10~10:30(20분)	Break
10:30~12:30(120분)	A상 후보 과제 발표(R&D, 사무 간접 부문 각 2개) B상 후보 과제 발표(제조 부문 2개)
12:30~13:30(60분)	Lunch
13:30~14:50(80분)	B상 후보 과제 발표(R&D, 사무 간접 부문 각 2개)
14:50~15:20(30분)	특별 과제 발표
15:20~15:40(20분)	Break
15:40~16:40(60분)	경영혁신 아카데미(경영혁신, 나아갈 방향은?)
16:40~16:50(10분)	발표 과제 심사평
16:50~17:00(10분)	경영혁신 포상
17:00~17:10(10분)	자격 인증식
17:10~17:30(20분)	종합 강평

4.8. 경영혁신 단계별 변화관리 활동

변화관리 활동도 중장기적으로 봤을 때 진화를 계속해야 한다. 여기서는 국내 유수 대기업의 변화관리 활동 사례를 중심으로 단계별 변화관리 활동의 변화 형태를 소개하고자 한다. [표 Ⅰ-25]에서 보는 것처럼 경영혁신의 도입기에는 주로 위기의식을 공유하고 경영혁신의 당위성을 전파하는 일련의 활동을 펼치게 된다. 따라서 이때에는 좀 딱딱하고 무거우며, 개인 및 조직의 참여를 많이 요구하기 때문에 각 부문과 의사소통할 때에는 보다 신중을 기해야 한다. 일단은 경청하고 경영혁신 팀에서 솔선수범하여 전 조직을 주도하는 자세가 가장 바람직하다. 이 단계가 정착되면 공감대 형성 및 확산을 위한 다양한 프로그램을 마련해야 한다. 이쯤 되면 각 본부(공장) 또는 임원별로 독자적인

[표 Ⅰ-25] 경영혁신 단계별 변화관리 활동 예시

기간	'16 상	'16 하	'17 상	'17 하
변화관리 추진방향	경영혁신 페스티벌로 개요 소개	공감대 형성 및 확산	–	개인 역량 강화/ 조직 역량 강화
주요 활동	○위기극복 실천 　결의대회 ○임원/팀장 워크숍 ○혁신 독후감 발표 ○임원 특강 　(임원 데이) ○경영혁신 아카데미 ○캠퍼스 1기 완료	○변화관리 2차 　성숙도 진단 ○본부 순회 직원 　설명회 실시 ○본부별 변화관리 　자율운영 ○경영혁신 아카데미 ○변화와 개혁 임직원 　사내방송 실시	○변화관리 3차 　성숙도 진단 ○변화선도그룹 육성 ○Middle up 　Down 활동 ○캠퍼스 2기	○임원 리더십 　평가 정착 ○본사 혁신 미팅 ○혁신 릴레이
이슈	○~'16년 상반기→ 경영혁신에 대한 공감대 형성 미흡 ○~'16년 하반기→ 경영혁신을 위한 변화관리 미흡. 조직활성화와 개념혼재 ○~'17년　　　→ 조직운영상 낭비요소 산재(지시/회의/보고 등. 의사결정의 지연) 　　　　　　　→ 평가 위주의 변화관리 　　　　　　　→ Top의 솔선수범 편차 존재 　　　　　　　→ 자율적 참여, 현장의 참여 미흡			

변화관리 프로그램을 운영하고자 하는 욕구가 생기기도 하고 한편으로는 더욱 변화에 대한 저항의 골이 깊어지기도 한다. 하지만 이미 전사적으로 평가 및 보상 등 각종 인프라와 연계되어 있기 때문에 경영혁신 팀에서 반감이 있는 임원을 대상으로 지속적으로 관심을 보여 주면 의외로 많은 호응을 얻기도 하는 단계이다. 마지막으로 이러한 일련의 과정이 제대로 정착되면 이제는 개인의 역량강화, 조직의 역량강화를 통한 혁신의 동력을 확보하는 쪽으로 전체적인 변화관리의 방향을 설정할 수도 있다.

• 다음은 컨설턴트 입장에서 고객과의 의사소통 수단으로 메모 보고를 적절히 수행한 예이다. '공감대 형성을 위한 가장 강력한 방안'이라는 주제를 가지고 경영진부터 공감대 형성을 공식화하라는 제언을 하고 있다.

당사의 경우 "변화와 혁신에 대한 필요성은 증대하였으나 임직원이 행동으로 옮길 수 있을 정도에 이르지 못했다"고 현재의 상황을 판단하고 싶습니다. 전략을 실행에 옮기기 위해서는 공정한 절차(Fair Process)가 가장 중요한데, 이는 참여(Engagement), 설명(Explanation), 기대의 명확화(Clarity of Expectation)로 이루어져 있습니다. '참여'는 경영진이 구성원들과 직원들의 아이디어를 존중하고 있음을 보여줍니다. '설명'은 직원들의 의견을 고려하고 회사 전체의 이익을 위해 공정한 결정을 했다는 확신을 갖게 합니다. '기대의 명확화'는 결정된 전략에 대해 경영진이 게임의 새로운 법칙을 명확히 알려줘야 합니다. 즉 변화의 실행은 스스로 참여하는 것이 중요한데, 이는 참여시켜서 기대사항을 분명히 하는 공정한 절차가 지켜질 때 가장 강력하게 발휘됩니다. 그리고 중요한 것은 경영진과 임직원의 관계뿐만 아니라 경영진 내부에도 이와 같은 원칙이 적용돼야 할 것으로 생각됩니다. 왜 임직원들이 변화를 수용하지 않고 행동도 적극적이고 능동적이지 못한 것일까요? 즉 직원들은 각자의 상사인 임원(중역)의 언어, 태도, 행동으로부터 변화의 수명, 방향 그리고 강도를 예측하고 본인의 행동을 결정합니다. 즉 일부 임원(중역)은 아직도 적극적인 태도, 언어, 행동을 보이지 않고 있다는 것이고 이를 해결하는 가장 근본적인 해결책은 "고위 경영진이 변화와 혁신에 대한 공감대가 형성되었음을 공식화하는 것"이라고 생각합니다.

4.9. 효과적인 저항 관리

[그림 Ⅰ-26] 계층에 따른 저항 강도

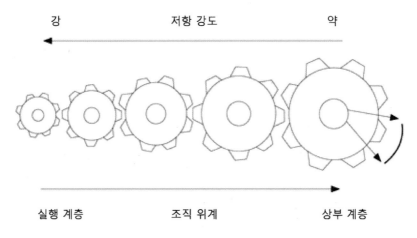

[그림 Ⅰ-26]을 보면 조직이 처한 상황과 조직원의 개인차는 존재하지만 일단 변화가 주어지면 상층부일수록 변화에 대한 저항의 크기는 작다. 예를 들어 하나의 변화 이슈에 대해 개인들이 얼마나 영향 받는가를 생각해보자. 만일 '조직의 구조 조정'이란 새로운 이슈가 생겼을 때 해당 이슈에 경영층이 사용하는 시간은 거의 몇 퍼센트만이 할애된다. 왜냐하면 고민이 필요한 그 외의 이슈들도 많기 때문이다. 그러나 조직 하부로 내려갈수록 해당 이슈에 의한 영향은 엄청나게 커진다. 사업부장은 며칠을 고민하게 되고, 팀장은 누구를 당사자로 잡을지 결정해야 하며, 결국 그 결과로 대상자는 현재의 직무를 바꾸거나 새로운 일을 찾아야 하는 결과로 이어진다. 개인의 생활 전체가 변화로 인해 영향을 받는다. 따라서 변화에 대해 조직구성원들은 경영층의 변화 움직임이 있으면 아래로 갈수록 정신없이 움직여야 전체 바퀴의 흐름에 맞출

수 있게 돼 현재의 모습을 가급적 유지하려는 강한 성향을 띠게 되고 이것이 변화에 대한 저항의 형태로 비춰진다.

조직에 새로운 리더가 등장하여 변화를 시도할 때도 유사한 상황이 연출된다. 새로운 리더는 구성원들에게 변화의 중요성을 강조하지만 구성원들은 변화를 가능한 회피하려하므로 결국 변화 노력은 흐지부지된다. 이에 새로운 리더는 성과를 거두지 못하고 다시 조직을 떠나는 악순환이 반복된다. 따라서 변화를 자신의 일로 받아들이고 업무수행으로 나타날 수 있도록 전체적인 계획에 맞춰 접근하는 체계가 무엇보다 중요하다.

4.9.1. 저항의 개념

저항이란 변화에 대한 심리적 반응으로서 변화를 회피·거부·무시하는 모든 심리적 상태와 행동이다(장해순 외, 2007). 변화에 대한 저항은 자연스러운 것이며 필연적으로 나타날 수밖에 없는 현상이다. 비즈니스 측면에서 기업이 더 나은 성과를 내기 위해 변화와 혁신을 도모하는 중 여러 가지 예기치 못한 상황이 발생할 수 있고 이때 나타나는 현상이 바로 저항이다. 한마디로 변화에 대한 인식이 부족하기 때문이다. 기업의 구성원들이 지금까지 익숙하던 방식을 그만두거나, 잘 모르는 일을 해야 하고, 새로운 방법과 기술을 익혀야 하기 때문에 이러한 불편한 경험들이 바로 저항으로 이어지게 된다. 기업을 합병하여 사업의 조직을 재편성하는 변화를 꾀할 때 기존 구성원들은 미래의 불확실성에 대해 두려움을 느낀다. 변화과정에서 저항이 발견되지 않는다면 이는 진정한 변화가 아니라 변화의 허상일 뿐이다. 변화의 상황에서 저항이 없는 경우는 일단, 변화의 내용이 새로운 것이 없는지를 의심해봐야 한다. 그리고 구성원 모두가 이미 죽은 것과 다름없는 상태, 즉 마음이 이미 조직을 떠나 있는 경우가 아닌지 살펴봐야 한다. 또 하나 특징은 저항은 존재하지만 누구도 큰 소리로 얘기하지 않는다. 관망 세력화되어 있는 것이다.

4.9.2. 저항관리의 필요성

변화와 혁신에서 저항은 자연스럽고 거부할 수 없는 필연적인 현상이다. 저항이란 변화의 역사를 만들어 온 다른 편의 조연자이기도 하지만 변화에 대한 저항은 변화에 실패한 자들의 변명으로 사용되는 경우도 종종 있다. 따라서 저항은 실패의 핑계이유가 아니라 적극적인 관리대상으로 봐야 한다. 대부분의 경우 경영혁신의 실패원인은 경영혁신 마스터플랜이 잘못되었다기보다 혁신을 조직 내 내재화하는 과정에서 조직원의 저항 파고를 넘지 못한 데 있다고 지적한다(같은 논문, 2007).

그만큼 혁신에 있어서 조직원은 실패의 가장 큰 원인을 제공한다고 볼 수 있다. 성공적인 변화와 혁신은 사람에게서 일어나는 것이 아니라, 사람을 통해서 일어난다. 필자의 경험으로 경영혁신 실패의 50% 이상은 그 원인이 사람에게 있었다고 해도 과언이 아니다. 경영혁신 프로젝트가 올바르게 설계되지 않아서 기술적으로 실패하는 경우가 가끔 있지만 더 많은 실패는 사람 때문에 일어난다. 그만큼 구성원에 대한 관리, 사람의 마음 관리가 중요하다. 경영혁신 추진계획이 아무리 훌륭하게 마련됐어도 이를 실행에 옮기지 못하면 의미가 없지 않겠는가! 경영혁신을 성공시키기 위해서는 임직원의 마인드를 관리하지 않으면 안 된다.

4.9.3. 저항관리 전략

저항을 제대로 관리하기 위해서는 다음과 같이 적극적인 저항관리 전략을 수립하고 이행해야 한다.

① 소규모 워크숍을 통해 혁신의 필요성을 공감하라

저항이 인지적·정서적 차원에서 발생할 때에는 워크숍 등을 통해 혁신의 필요성과 혁신안의 구체적 내용에 대한 정보를 제공하고 실행을 위한 아이디어를 적극적으로 요청하는 자세가 필요하다. 또한 혁신의 필요성과 혁신 계획에 대해서는 가능한 한 전체 구성원들이 이해할 수 있도록 배려하는 것이 필요하다. 전체 구성원들을 대상으로 솔직하고 현실적인 관점에서 우리에 대한 질문을 던지고 경영혁신의 방향성을 설명하는 자리를 만드는 것이 중요하다. 가능하면 소규모 단위의 워크숍을 통해 혁신의 필요성과 실제 혁신안에 대한 깊은 이해를 할 수 있는 자리를 만드는 것이 중요하다. 즉 워크숍은 계층별로 진행하는 것이 좋다. 임원 워크숍, 팀장 워크숍을 별도로 진행하고 혁신 주도세력, 변화관리 담당자(Change Agents)들도 별도의 워크숍을 진행하게 되면 보다 풍성한 이슈 및 개선 방향성을 발견할 수 있다. 그렇지 않으면 직급의 무게에 짓눌려 허울만 좋은 워크숍으로 전락할 수 있으니 경계해야 한다. 이때 혁신안 실행을

[표 Ⅰ-26] 저항의 인지적·정서적 원인과 대책

	저항의 원인	워크숍의 목적
인지 차원	미지에 대한 불안 변화성과에 대한 이견 부정적인 고정관념 정보 부족	정확한 정보공유 변화 목표를 사실대로 공표 혁신에 대한 정확한 정보제공 변화에 대한 마음의 준비기간 제공
정서 차원	전통과 타성 반대를 위한 반대	조직의 궁극적인 생존 모습 이해 구성원의 불편해소 아이디어 수렴

위한 구성원들의 아이디어를 청취하는 것도 좋은 방법이다. 이러한 방식은 구성원들의 인지적 그리고 정서적 저항을 낮추는 좋은 방법이 될 수 있다.

② 저항세력에게 혁신에 참여할 수 있는 기회를 제공하라

필자가 경험한 여러 가지 변화관리 방법 중에서 가장 유효했던 방법 중 하나이다. 실제로 경영혁신을 추진하다보면 소수의 '빅 마우스(Big Mouth)'에 의해 전체적인 조직분위기가 좌우되는 것을 종종 겪게 된다. 이럴 경우 그들을 과제의 리더로 삼는다든지, 경영혁신활동의 평가자로 참여시킨다든지 하게 되면 처음에는 반발이 있지만 의외로 좋은 성과를 얻을 수가 있다. 왜냐하면 소위 '빅 마우스'라는 사람들이 지금까지 경영혁신의 문제점을 조목조목 따져 왔기 때문에 그것을 개선하고 좀 더 발전적인 모습으로 펼쳐나가는데 대한 논리적 반박이 줄기 때문이다. 이를 적절히 활용한다면 그들을 적극적인 가담세력으로는 아니더라도 적어도 강한 저항세력으로부터는 벗어나게 할 수 있다. [표 Ⅰ-27]은 모 공공기관에서 대규모 혁신을 행하면서 사용하였던 혁신실행 전략 사례이다. 노동조합, 관리자급, 그리고 냉담그룹의 저항과 이에 대한 대처 방안을 보여주고 있다. 핵심은 저항세력을 동참시킬 수 있는 진솔한 대화이며 필요에 따라서는 강압적인 방법도 사용될 수 있다.

[표 Ⅰ-27] 공공기관 저항관리 사례

	저항요인	대처방안	효 과
노동조합	보상확대 없는 업무 강도 강화에 강력히 반발	'혁신성공＝보상확대'에 대한 진솔한 대화와 설득 지속	노조가 혁신 주체가 되어 전 직원 연봉제 97% 찬성 도출
관리자그룹	본사 보직 축소 무보직 선임직원의 조직적 반발	보직 공모제 실시 및 발탁 인사 강화 자기계발 및 재충전 기회 확대 부여	'고참＝주요 보직'의 등식 타파 보직획득을 위한 개인역량 및 자기관리 강화
냉담그룹	혁신에 냉담 ('나'와는 무관)	시스템으로 들어오지 않으면 당하는 불이익 강조	혁신에 대한 자발적 참여 동기 부여

③ 일관성을 통하여 신뢰를 확보하라

일관성은 구성원들에게 경영혁신에 대한 일관된 메시지를 전달하는 것으로 만일 일관성이 깨지면 혁신에 대한 신뢰도는 바닥에 떨어지고 실행의 엔진은 꺼지게 된다. 특히 최고 경영진의 지속적이고 일관된 경영혁신의 메시지와 솔선수범하는 자세는 저항을 관리하고 나아가서 경영혁신을 성공으로 이끄는 매우 중요한 요소이다.

일관성은 크게 메시지 일관성, 행동 일관성, 및 평가 일관성으로 구분될 수 있다. 세 가지 측면의 일관성 부족은 경영혁신의 동력을 잃게 만드는 대표적인 원인이라 할 수 있다. 직원들에게는 혁신적인 원가절감, 원가경쟁력 확보를 통한 비전달성을 이야기하면서, 고객 접대비는 얼마든지 써도 좋다는 등 혁신 메시지가 일관적이지 못하다면 절대 혁신을 성공으로 이끌 수 없다. 또한 CEO가 서류 없는 전자결재를 통한 사무 효율화를 강조하면서 본인은 정작 서면 결재를 고집하는 행위는 리더의 행동상 일관성이 없는 사례라 할 수 있다. 지금은 이런 경우가 대기업을 중심으로 대부분 사라졌다고 믿고 싶지만 필자가 회사에 다닐 때만 해도 고객만족을 강조하면서 승진 시 고객을 위해 가치를 창조하는 직원보다 시험 성적이 좋거나 연령이 높은 사람, 학벌이 좋은 사람을 우선시하는 경우는 보상 및 평가의 일관성이 없는 예라 할 수 있다.

④ 가시적인 혁신성과를 단시간에 확보하라

경영혁신을 성공적으로 정착시키기 위해서는 일정한 성과를 가시적으로 보여 주는 것이 매우 중요한데 구성원들이 인정할 수 있는 가시적 성과를 정하고 이를 성취할 수 있도록 노력하는 것이 필수적이다. [그림 Ⅰ-27]에서 알 수 있는 바와 같이 단기성과가 한 번도 없는 경우보다 두 번 있었던 혁신사례가 혁신성과가 크다는 것을 알 수 있다. 단기성과는 보람을 느끼게 하고, 변화 추진세력인 경영혁신 팀, 변화관리담당자 그리고 과제 리더들에게 동기부여를 강화할 수 있다. 그리고 냉소주의자의 변화 방해 행위를 무력화하고, 간부계층의 참여 독려와 혁신 동참세력의 저변을 확보하는 등의 효과를 갖고 있기 때문에 반드시 확보하도록 해야 한다.

[그림 Ⅰ-27] 단기성과가 혁신에 미치는 영향

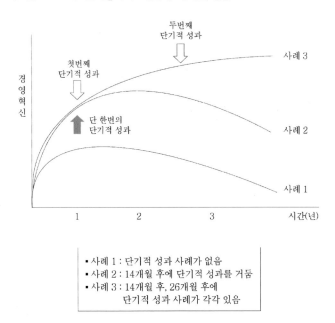

- 사례 1 : 단기적 성과 사례가 없음
- 사례 2 : 14개월 후에 단기적 성과를 거둠
- 사례 3 : 14개월 후, 26개월 후에
  단기적 성과 사례가 각각 있음

⑤ 경영혁신의 전 과정을 통해 지겨울 정도로 소통하라

"소통하기 위해서는 효과적인 커뮤니케이션 기술도 필요합니다." 『스틱』의 필자 칩 히스(Heath) 스탠퍼드대 교수는 Weekly BIZ와의 인터뷰에서 커뮤니케이션의 가장 큰 장애요소 중 하나로 '지식의 저주'를 꼽았다. 교수나 CEO처럼 많이 아는 사람의 말일수록 알아듣기 힘든 현상을 말한다. 히스 교수는 말한다. "전문가라면 일반 사람들보다 세 걸음쯤 앞서서 얘기하는 경우가 많습니다. 그럼 상대방은 전혀 못 알아듣게 되죠. 이미 알고 있는 상태에서 다른 사람들의 '모르는 상태'를 상상하기가 어려운 거죠." 지식의 저주를 피하기 위해서는 무엇보다 듣는 사람의 입장에서 생각해보는 의도적 노력이 필요할 것이다. 중요한 메시지는 반복해서 말하는 것도 중요하다. 오죽하면 잭 웰치(Welch)가 "기업의 핵심 가치는 적어도 700번 이상 반복해서 부하 직원들에게 말하라"고 했을까(조선일보, 2009. 10. 17.)?

변화관리는 변화를 추진하는 팀과 변화를 실행해야 하는 현업 간에 변화로 인한 갈등과 저항의 감정을 의사소통으로 관리하는 활동이다. 결국 변화관리의 시작도 의사소통이며 그 마무리도 의사소통에 의해 이루어진다. 따라서 혁신 전체 과정에서 지겨울 정도로 의사소통하는 것이 중요하다.

의사소통에서 과잉이란 없다. '이 정도만 해도 잘되겠지'라는 생각은 착각이다. 커뮤니케이션이란 "이해(Understand)를 전달(Transfer)하는 것"이다. 훌륭한 비전을 전파하고 변화와 혁신의 실행계획을 전달하는데 있어 단 한 번의 회의나 이메일 공지를 통해 의사소통이 다 되었다고 봐서는 안 된다. 동원할 수 있는 모든 매체와 인력을 활용해야 하며, 특히 시각적이고 극적인 매체를 끊임없이 연구해야 한다. 이를 통칭 '마인드 체인지 비주얼(Mind Change Visual)'이라고 할 수 있는데 변화관리 주제에 적합한 동영상, 카툰 등은 혁신의 주체가 의지만 있으면 유튜브나 인터넷을 통해 얼마든지 구할 수 있다. 아니면 다양한 회사에서 다양한 형태의 경험을 한 외부 컨설턴트의 힘을 이용하는 것도 한 방법이다.

그리고 변화와 혁신의 메시지를 전달하는 중간 계층을 줄이고 될 수 있으면 직접 전달하는 방식이 좋다. 예전의 가족오락관이나 요즘 몇몇 예능 프로그램에서 하는 낱말이나 문자를 전달하는 게임을 보면 정보 전달과정이 많을수록 정보는 왜곡되고 정확도는 현저히 떨어짐을 알 수 있다. 또한 신뢰에 기반을 둔 정보 전달을 실시하고 동일 주제에 대한 일관된 메시지(혁신, 위기의식 등)를 전달하는 게 바람직하며 이해 당사자의 관심에 초점을 맞춰야 한다. 그리고 경영진이 적극적으로 솔선하는 모습은 변화관리 활동 전반을 통틀어서 가장 유용한 툴이라 할 수 있다. 주기적으로 현장을 방문한다든지 '혁신 데이'나 '과제 발표 데이'를 직접 주관하거나 임원이 나서서 과제에 대한 멘토링을 실시한다면 조직원의 혁신에 대한 구동력을 확보하는데 더없이 좋은 접근법이 될 수 있다. 마지막으로 프로젝트 수행 기간 중 병행하는 각종 커뮤니케이션 프로그램에 가능한 한 많은 직원을 참여시킴으로써 참여의식과 주인의식을 고취시켜야 하며, 프로젝트, 변화관리, 테크놀로지 등 프로젝트 팀 내부 간 커뮤니케이션을 절대로 간과해선 안 된다. [표 Ⅰ-28]에 경영혁신과 변화관리 수행 주체별로 생각해 볼 수 있는 장애요소와 이에 대한 해결안을 제시하였다.

[표 Ⅰ-28] 수행 주체별 장애요소 및 해결방안

장애 대상	장애요소	해결안
임원 팀장	성공에 대한 맹목적인 확신 임원의 주된 관심사가 아님 스폰서의 무관심 자원조달 미비 (인원, 공간, 집기, 비품, 제 비용 등) 리더들의 현업 복귀에 대한 불안감 혁신에 대한 중요성 인식부족 가시적인 성과에만 관심	구체적으로 수행할 내용을 지시 주기적인 보고 임원의 관심 유도 (목표 합의서 책정 등) 사업부 단위의 예산편성 지원 성공과제에 대한 확실한 보상과 홍보 경영혁신에 대한 임원의 관심 필요 과정 중심의 평가 필요
사무국	문제해결 방법론에 대한 이해 부족 잦은 보고 요구 (문서화 작업으로 인한 시간 소요) 동기부여가 미흡 단기적인 성과를 중시	문제해결 전문가 적극 활용 보고의 최소화 및 정례화 정기적인 미팅을 통한 방법론 학습 비전 제시, 보상 등을 통한 동기부여 프로젝트 과정도 평가가 필요함
과제 수행 팀	변화에 대한 의욕 결여 업무의 변화에 대한 저항감 성공 여부에 대한 두려움 파트타임 멤버들의 참여의식 결여	확실한 보상제도 도입 지속적인 커뮤니케이션 및 보고회 과정 중심의 평가 및 보상 해당 팀장들의 적극적 협조

과제 수행 팀원	성공에 대한 확신 부족 타 부문의 협조 부족 팀원의 적극적·주도적인 역할 미흡 팀원의 업무 가중 팀원 간의 업무갈등 및 관리 부족 과제 팀원의 상근 참여가 어려움 프로젝트 참여인원에 통제권한 없음	성공사례를 통한 자신감 확보 타 부서의 적극적 협조 정확한 R&R 정의 및 동기부여 타 업무의 배제 및 전담 필요 과제 팀원에 대한 평가권한 위임 프로젝트 기간 동안 상근화 전념 필요 참여 부분만큼의 인사 고과권 등 필요

다음은 변화관리와 관련된 모 기업의 사례로서, 월별로 테마를 달리하면서 지속적으로 변화관리를 시도했던 내용을 경영혁신 담당 임원에게 보고한 내용이다.

· **관심 유발하기(2월~)**

정기적으로 과제의 진척도 및 변화의 수용도를 보고하고 있다. 특히 발표를 활용한 평가에 대해서는 상당히 많은 관심을 표명하고 있다. 일단 전 조직원이 관심을 갖고 동참하는 데에는 일정 부분의 성과가 있다.

· **멘토링 활용하기(2월~)**

과제를 매개로 한 전 직원의 혁신유도를 멘토링의 기능으로 정의 내리고 과제의 질적 향상과 개개인의 혁신 마인드 조성에 신경을 쓰고 있다. 매주 참여도가 향상되고 있고 변화 메시지 전파 기회도 많아지고 있다.

· **스킨십 쌓기(3월~)**

'과제 발표 데이'를 변화관리의 장으로 적절히 활용하고 있다. '과제 발표 데이' 이후 이어지는 각 부문의 조직 활성화 프로그램에 꼭 참석하여 변화와 혁신에 대해서 토론도 하고 단 소리, 쓴 소리도 경청하는 기회를 갖고 있다.

· **분리해서 대응하기(4월~)**

적극적인 참여그룹에 대해서는 어떻게 하면 Best Practices를 양산해 낼 수 있을지에 대한 지원방안을 강구해야 하고 소극적인 참여그룹에 대해서는 지속적인 관심과 커뮤니케이션이 여전히 유효한 방법이라고 생각하고 있다.

· **배제하기**

이러한 노력에도 불구하고 변화와 혁신에 동참하는 것을 거부한다면 혁신활동에서 적극적으로 배제함으로써 만인의 본보기로 삼고 긍정적인 동참 세력을 좀 더 확보하는 것도 고려해 봐야 한다.

"지겨울 정도로 Communication하라"는 변화관리의 명제를 거울삼아 하루하루의 전투에 임하도록 하겠다.

4.10. 동기부여를 위한 제안

'동기부여(Motivation)'란 개인의 행동이 열정적이고 지속적으로 작동되도록 유도하는 내적인 힘으로써 개인 또는 조직의 목표를 달성하기 위하여 개개인을 원기 충만하게 해주고 방향성을 가지며, 지속적으로 개인을 위해 노력하도록 만드는 과정이다. 동기부여가 제대로 이루어지면 기업으로서는 비즈니스 성과의 향상을 꾀할 수 있고 개인은 이에 따른 보상을 확보할 수 있다. 동기부여 이론을 대표하는 흐름은 [표 Ⅰ-29]와 같다(이임정 외, 2006).

[표 Ⅰ-29] 동기부여 이론의 흐름과 비교

욕구단계설 (매슬로우)	ERG 이론 (알더퍼)	2요인 이론 (허즈버그)	XY 이론(맥그리거)
자아실현의 욕구 자존의 욕구 사회적 욕구 안전, 안정의 욕구 생리적 욕구	성장 욕구 대인관계 욕구 생존 욕구	아브라함적 욕구 아담적 욕구	Y론적 인간관 X론적 인간관

관련 서적을 읽은 독자라면 이미 매슬로우의 욕구 단계설 같은 이론에 익숙할 수도 있고, 필자보다 더 이 분야의 전문가일 수도 있다. 따라서 본 장에서는 이론적 접근보다 경영혁신의 변화관리 차원에서 조직원들에게 동기부여를 할 수 있는 실무적인 가이드라인을 다음과 같이 제공하고자 한다.

[그림 Ⅰ-28] 매슬로우와 허즈버그 이론의 비교

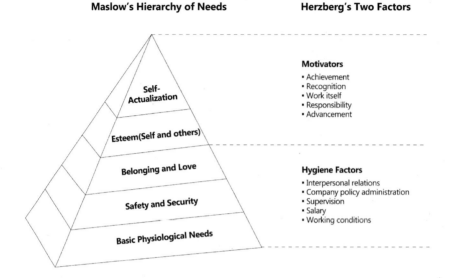

① 개인차를 인정하라

대부분의 동기부여 이론은 '종업원들은 똑같지 않다'라고 말한다. 그들은 다른 욕구, 태도, 성격, 다른 중요한 개인적 특성을 가지고 있다. 사람과 직무에 대한 신중하고 적합한 매칭이 동기부여에 가장 좋다는 것을 말해주는 많은 증거가 있다. 한 예로 높은 성취자들에게는 적절한 도전적 목표와 자율성과 피드백이 주어지는 직무를 줘야 한다. 또한 모든 사람이 높은 자율성, 다양성, 책임을 주는 직무에 동기부여가 되지 않는다는 것을 명심해야 한다. 이는 과제를 추진할 과제 리더가 과제 팀원들에게 적절한 과업을 줄 때 유념해야 할 대목이기도 하다.

② 목표를 이용하라

목표설정 이론에 근거하여 경영자는 종업원이 특정한 목표를 가지고 있고 그들이 목표성취를 잘해나가고 있는지 피드백을 해줘야 한다. 그런데 목표는 임원이 하달하는 게 맞을까 아니면 구성원, 구체적으로는 과제 리더 각자가 직접 정하는 게 맞을까? 그 해답은 목표에 대한 개인의 수용 정도와 조직문화에 달려있다. 하지만 경영혁신활동에 있어서 목표는 도전적으로 설정하는 게 맞고, 목표를 달성하기 위한 구성원의 노력에 적절한 지원을 아끼지 않는다면 동기부여는 충분히 될 수 있다.

③ 목표가 달성 가능함을 지각하도록 주지시켜라

실제로 목표가 달성 가능함에도 불구하고, 달성 불가능하다고 보는 구성원들은 핑계거리만 찾게 된다. 노력을 하지 않게 되는 것이다. '왜 성가시게 하고 있는가?' 하고 자꾸 반문하기 때문이다. 그러므로 CEO를 비롯한 임원들은 조직원들의 확신과 보다 많은 노력들이 성공적인 수행목표를 달성할 수 있음을 확신시켜줘야 한다.

④ 보상과 성과를 연결시켜라

경영자는 보상이 성과에 일치하도록 만들어 줄 책임이 있다. 성과보다 보상요소가 동기부여를 강화시킨다. 급여와 같은 중요한 보상은 증가시키고 상여는 특정한 목표를 달성했을 때 주어져야 한다. 경영자는 또한 가시적인 보상을 증가시킬 방안들을 모색하고 잠재적으로 동기부여를 보다 강화시킬 수 있는 방법들을 찾아야 한다.

⑤ 시스템의 공정성을 점검하라

종업원은 보상이나 산출이 투입된 내용과 비교해 공평해야 한다고 생각한다. 종업원의 경험, 능력, 노력 등이 그들의 급여, 책임, 산출의 차이를 설명해야 한다. 한 사람에게 공정한 것이 다른 사람에게는 공정하지 않을 수 있다는 점을 명심하라. 이상적인 보상시스템은 각각의 직무에 맞게 적절하게 주어져야 한다.

⑥ 조직원에게 관심과 애정을 보여라

종업원은 자신들을 잘 돌봐 주는 경영자를 위해 더 열심히 일한다. 갤럽에서 조사한 바에 의하면, 가장 좋은 조직은 근무환경 속에서, 또 조직문화 속에서 서로에 대해 관심과 애정을 쏟는 조직문화를 스스로 만들어간다. 경영자들이 종업원들에게 관심과 애정을 보여주면 성과는 당연히 따르게 된다.

⑦ 금전을 무시하지 마라

많은 사람들이 일을 하는 가장 큰 이유가 돈이라는 것을 잊고서 단지 참여 기회를 더 제공하고, 재미있는 직무를 창출하는 것으로 목표를 따라잡으려 하기가 쉽다. 보너스나 다른 상여금과 같이 성과 기반 급여의 배당은 조직원의 동기부여에 중요하다. 금전(급여)이 유일한 동기부여 수단은 아니지만 만약 돈을 주지 않으면, 어느 누구도 일하러 나오지 않을 것이다.

4.11. 성공적인 변화를 위하여

시간이 부족하다는 핑계와 무지로 사보에 변화를 알리기만 하면 모두들 이해하고 다르게 행동할 것이라는 안일한 생각이나, 기존의 방식대로 해야 할 일(To Do)의 목록에 변화를 기록하고 행동 변화를 지시하거나 심지어 강요하는 것은 결국 변화를 저해하는 요소로 작용한다. 변화와 혁신은 제도나 업무 프로세스의 변화에 초점을 두고 매우 강력한 동인이나 최고 경영층의 확고한 의지를 토대로 전개된다. 그러나 이를 수행할 구성원들의 일상 업무에 충분히 내재화되기도 전에 새로운 활동들로 대치가 되는 경우가 비일비재하다. 왜냐하면 성급하게 기대한 성과를 초기에 충분히 얻지 못하거나 새로운 혁신 방법들이 도입되어 추진 중이던 활동에 대한 자원 투입이 중단되기 때문이다. 변화가 조직 내에 정착되려면 이를 수행하는 구성원의 업무에 내재화되어 업무 관행으로 정착되어야 한다. 결국 변화가 개인들의 업무 관행이라고 하는 조직 문화로 뿌리내리지 못하면 변화의 압력이 사라지는 순간 대부분의 변화는 원점으로 되돌아간다.

변화는 전인미답(前人未踏)의 '길'을 가겠다는 결연한 의지의 표현이자 과감한 실행이다. 마음속에만 있는 변화는 진정한 의미의 변화가 아니다. 진정한 변화는 미지의 세계를 향해 과감히 한발을 내딛는 과정을 통해 얻을 수 있는 깨달음이다. 변화의 길에는 항상 위기와 위험이 도사리고 있지만 동시에 기대 이상의 변화와 혁신에서 얻는 즐거움과 성과를 올렸을 때 느끼는 성취감도 있다. 그러나 성과의 기쁨을 맛보는 짧은 순간 뒤에는 또다시 넘어야 할 변화의 산이 기다리고 있다. 변화는 한순간의 이벤트가 아니라 기업이 존속하는 동안 지속적으로 추진해야 하는 필연적인 여정이다(코터, 2006). 변화를 실행하는 데 있어서 중요한 것은 두려움과 의구심을 떨쳐버리고 성장과 성공의 기쁨을 맛보게 도와주는데 있다. 경영진을 포함한 기업의 리더는 변화의 인간적인 측면을 항상 고려해야 한다. 변화와 혁신 과정에서 열심히 노력했음에도 불구하고 실패하더라도 불이익이 돌아오지 않는다는 것을 알게 되면 구성원들은 새로운 도전을 시도하려고 한다. 실수는 배우는 과정의 일부이고 이 또한 회사의 자산이라고 경영진에서 선언하게 되면 조직구성원들은 스스로 해본 적이 없는 일에 과감히 뛰어들 것이다. 처음에 실패하더라도 노력을 인정해주고 몇 번이고 다시 해보라고 격려해주어야 한다. 또한 구성원이 작은 걸음을 내딛는 데 성공할 것 같아 보이면 미리 칭찬해주고 보상도 해주어야 한다. 미리 보상해주면 행복이라는 긍정적 감정이 생겨 두려움, 회피 등 부정적 감정을 상쇄할 수 있기 때문이다(제리슨, 2008).

변화관리는 변화에 대한 저항을 극복하려는 계획된 노력이다. 여기서 경영자는 기업 환경에서 오는 압력에 대해 조직이 반응할 수 있게 변화를 예상하고 또 주도하는 것이 필요하며 종업원들은 조직이 목표를 향해 나아갈 수 있도록 노력해야 한다. 또한 경영자는 내부 고객들의 니즈를 파악하여 현재 조직이 처한 상황을 명확히 하여 새로운 조직문화를 창출하고 변화로 이끌 수 있도록 노력해야 한다. 변화관리는 기계를 가동하거나 특정 부위가 아픈 환자를 치료하는 것과는 판이하게 다르다. 변화관리는 전사적인 균형을 잡는 것이다. 각 부분 — 부서나 전사적인 활동 등 — 을 독립적으로 생각하는 것이 아니라, 모든 부분 간의 균형을 유지하고 상호 연결하는 것이다. 이러한 변화에서 의사소통을 효과적으로 전개하는 것은 너무나 중요하다. 심지어 수천 명의 구성원들이 회사의 전략을 충분히 이해하여 적절하게 행동해야 하는 조직이라면 더더욱 경영진을 비롯한 리더들은 구성원들을 한 사람씩 개별적으로 설득해야만 한다.

5. 인프라 구축

경영혁신활동을 추진하는데 있어 인프라는 바로 평가체계, 보상체계, 포상체계 그리고 교육체계로 크게 구성된다. 교육은 앞 장에서 충분히 다루었기 때문에 본 장에서는 평가, 포상, 보상에 대해서만 다루도록 하겠다.

[그림 Ⅰ-29] 평가 ─ 포상 ─ 보상체계 개요

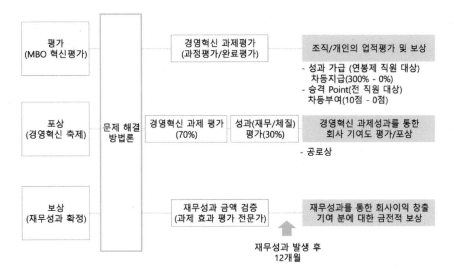

5.1. 평가

경영혁신을 추진하다보면 Top 경영층이나 과제를 추진하는 임직원들 사이에서 아래와 같은 불만사항이 빈번하게 표출된다.

"상대적으로 재무성과 도출이 어려운 사무 간접 부문의 경우 과제 평가/포상 시 불이익을 받았다. 금년에도 유사한 결과가 예상됨에 따라 분위기가 다소 침체된 상태이다."

이처럼 경영혁신활동을 평가하게 될 때에는 재무성과 위주의 평가나 포상이 문제가 될 수 있다. 재무성과 및 비재무성과 과제를 구분해 각각 경쟁할 수 있는 균형적인 평가 및 포상 시스템이 구축돼야 함에도 이를 간과할 수 있다. 무엇보다 평가의 신뢰성과 공정성을 확보하는 게 중요하다. 전문 평가단을 구성하여 현장실사를 통해 평가함으로써 평가결과의 질을 높여야 한다. 한편 경영혁신 과제를 통해 원가절감을 달성한 직원에게는 반드시 금전적 보상이나 인센티브를 제공해야 한다.

평가결과는 각 기업의 평가체계인 MBO와 연계하는 게 좋다. 물론 각 회사별 MBO 평가의 반영 비율은 다르겠지만 반드시 연계해야 업무와의 연계성을 높이고 결과적으로 경영혁신을 통한 비즈니스 성과 창출에 기여할 수 있다. 제시된 [그림 Ⅰ-30], [표 Ⅰ-30]은 경영혁신에 대한 추진력이 대단히 높은 모 회사의 MBO 평가체계의 개략적인 예시이다. 그림에서 알 수 있듯이 전 계층에 대해 혁신성과에 대한 평가를 하겠다는 강력한 의지를 표명하고 있다. 타사에서는 유사한 사례가 없을 정도로 30% 이상을 경영혁신활동으로 평가하겠다는 CEO의 강력한 혁신의지가 반영된 것이다. 물론 모 회사에서는 '경영=혁신'이라는 기치 아래 모든 평가를 혁신활동을 대체하는 — 또는 모든 경영활동 및 이에 수반하는 일상 업무를 경영혁신이라는 틀 안에서 수행하는 — 극한의 실험을 전개하기도 하였지만 일반적인 관점에서 이 기업은 대단히 높은 비율을 유지하고 있다. 필자가 재직했던 국내 유수의 대기업에서도 이 정도의 비율을 혁신활동에 반영하지는 않았다. 당연히 이 기업의 해당 연도 경영혁신 활동은 불같이 일어났고, 재무성과도 누계기준 500억 원 이상을 상회하는 성과를 올렸다. 눈여겨볼 만하다.

[그림 Ⅰ-30] 계층별 MBO 평가항목의 구성 예시

[표 Ⅰ-30] MBO 평가항목의 상세 내용

구분	평가 항목		설명	평가 비중(%)		
				임원	팀장	팀원
경영 성과 평가	재무성과		○전사, 타 부문으로부터 부여받은 재무지표(전사 Staff는 전사 EBIT율을 지정) ○전사 지정 재무지표 외 부문별 재무지표 추가 가능	30	50	–
	핵심 성과	혁신 Mission	○조직/개인의 핵심 역할과 책임에 대한 성과 달성 수준을 나타내는 성과 지표	40		30
		Global 경영	○Global 경영과 관련된 KPI 지표			
과정 관리 평가	혁신 성과	혁신 과제	○임원 과제, 개별 과제, 즉 실천 과제, 독립 과제의 수행성과	30	30	30
		혁신 Infra	○임원 Sub과제, 독립과제의 재무성과, 과제의 질, 문제해결 전문가 육성			–
		변화와 개혁	○Change Agent 육성 및 변화와 개혁 참여도			–
	업무 개선 성과(일상 업무 개선)		○조직/개인별 역할과 책임에 대한 일상 업무 중 부문의 재무성과, KPI 개선과 관련이 있는 업무의 수행도, ○타 부문으로부터 부여 받은 비재무 공동목표 수행도	–	20	40
			합계	100	100	100

MBO에 경영혁신활동결과를 반영하는 것이 모든 경영혁신활동이 종료되는 시점에서의 평가라면 혁신활동을 진행하는 과정에 대한 평가나 혁신활동의 질을 높이기 위한 Audit 활동도 동시에 진행하는 게 좋다. 이에 대해서는 'Ⅱ. 수행'과 'Ⅲ. 완료'에서 자세히 다루고 있다. 다음은 평가체계 예시이다.

[표 Ⅰ-31] 평가체계 예시

○임원

구분	가중치	평가 항목	가중치	세부 기준	가중치	비고
임원 실행 과세	70%	과정 평가	40%	로드맵 Phase별 20%	100%	–
		완료 평가	60%	CTQ(Y) 달성도	30%	
				개선 난이도	30%	
				문제해결 충실도	40%	
혁신 Infra	30%	과제발표 충실도	25%	–	–	–
		임원 자격 인증	25%	–	–	
		1인 1과제 수행	25%	–	–	
		문제해결전문가 육성	25%	–	–	

○팀장/팀원

구분	평가 항목	가중치	세부 기준	가중치	비고
임원 실행 과제	과정 평가	40%	로드맵 Phase별 20%	100%	현장실사(멘토 및 혁신 팀 인력으로 평가단 구성
	완료 평가	60%	CTQ(Y) 달성도	30%	
			개선 난이도	30%	
			문제해결 충실도	40%	
빠른 해결 과제	완료 평가(멘토)	80%	CTQ(Y) 달성도	30%	–
			개선 난이도	30%	
			문제해결 충실도	40%	
	완료 평가(임원)	20%	문제해결 충실도	100%	

5.2. 보상

경영혁신 과제의 MBO 연계를 통해 평가결과가 인사고과에는 반영되고 있으나, 성과에 대한 보상이 부족할 경우에도 앞서 설명에서와 같은 불만이 표출될 수 있다. 경영혁신 성과에 대한 보상은 혁신과제에 대한 철저한 재무성과 검증 및 평가체계를 수립한 후에 이루어져야 한다. 따라서 평가 및 보상체계의 공정성 및 형평성 제고를 통한 경영혁신 과제 추진활동의 동력을 극대화하고, 재무성과에 근거한 금전적 보상과 비금전적 인센티브 확대를 통한 임직원의 동기부여를 강화할 필요가 있다. 위에서 언급했듯이 보상은 회사별 특성을 고려하여 재무성과 산정기준을 근거로 이루어져야 한다. 이에 대해서는 'Ⅲ. 완료'에서 자세히 다루고 있다.

5.3. 포상

포상은 개인에 대한 포상과 경영혁신 과제활동에 대한 포상으로 나누어 지급하는 게 바람직하다. 행사성 인센티브의 성격을 지니고 있기 때문에 평가결과는 비공개로 하더라도 나중에 뒷말이 무성할 수 있다. 이를 보완하기 위해서는 사전에 후보자나 후보과제를 1차로 선별하여 모니터링을 실시한 후 '(가칭)경영혁신 페스티벌(어떤 회사에서는 '경영혁신 컨벤션'으로 부르기도 한다)'을 통해 CEO를 비롯한 톱 매니지먼트(Top Management) 차원에서 수상자를 선정한다. 물론 이때에도 평가의 공정성을 확보하기 위해 외부의 저명한 교수나 외부 컨설팅 기관의 대표 등을 심사위원으로 위촉하는 것이 좋다. 아울러 노사관계가 경영상의 이슈인 기업에서는 이를 만회하기 위한 전략의 일환으로 현장 혁신활동 과제에 대해 특별상을 마련하여 CEO가 직접 시상하고 격려함으로써 노조를 혁신의 장으로 끌어들이려는 노력을 한 경우도 있었다. 또한 전사적 경영혁신의 의미를 제고하기 위해 사무직 여사원을 동참시키고 별도의 포상을 실시한 기업도 있었는데 의외의 긍정적 성과를 올린 계기가 되었다. 다음은 '보상체계'와 '포상체계'의 예시이다.

[표 Ⅰ-32-1] 보상체계 예시

대상	○ 개별 과제 / 빠른 해결 과제 중 재무성과 과제	
시점	○ '효과 평가 전문가' 검증을 통한 재무성과 확정 시점(재무성과 발생 후 12개월 후)	
지급 기준	○재무성과 금액별 보상금 차등 지급(과제 팀 대상)	

재무성과 금액	보상금
5억 원 이상	300만원
3억 원~5억 원 미만	200만원
1억 원~3억 원 미만	100만원
5,000만원~1억 원 미만	75만원
1,000만원~5,000만원 미만	50만원

(주)1. 재무성과 금액의 1% 수준
○ 포상금과 중복 보상 배제
 – 재무성과 보상금 vs 포상금 중 상위 금액 한도 내 지급

[표 Ⅰ-32-2] 포상체계 예시

올해의 혁신 임원

구분	올해의 혁신 임원
대상	임원
심사 / 포상 기준	Leadership 및 관심 / 참여도 평가(별도 평가 위원회)
포상금	100만원 / 인

· A상 / B상

구분	A상	B상
대상	· 팀장 / 팀원	
과제 형태	· 임원 실행과제	· 빠른 해결 과제
포상 후보 선정	· 후보 선정 기준 - 과제 평가(70%) + 재무성과 평가(30%) · 과제 성격별 복수 후보 선정 - R&D(3) / 제조(3) / 사무 간접(4)	· 후보 선정 기준 - 과제 평가(70%) + 재무성과 평가(30%) · 과제 성격별 복수 후보 선정 - R&D(2) / 제조(2) / 사무 간접(2)
심사 / 포상기준	· 경영혁신 축제, 별도 심사 기준에 의거 · 과제 성격별 최우수상 / 우수상 - 최우수상(3): R&D(1) / 제조(1) / 사무 간접(1) - 우수상(3): R&D(1) / 제조(1) / 사무 간접(1)	· 경영혁신 축제, 별도 심사 기준에 의거 · 과제 성격별 1개 과제 포상 - R&D(1) / 제조(1) / 사무 간접(1)
포상금	· 최우수상: 1,000만원 / 팀 · 우수상: 500만원 / 팀	· 150만원 / 팀
Incentive	· 인사상 가점(과제 리더 대상) - 직급 승격 시 1.5점 가점 · 특별 휴가(과제 팀원 대상) - 최우수상: 특별 휴가 3일	· 인사상 가점(과제 리더 대상) - 직급 승격 시 1점 가점

이어지는 [그림 Ⅰ-31], [표 Ⅰ-33]~[표 Ⅰ-35]는 국내 70% 이상 기업들이 추진했던 6시그마 경영혁신 중 '평가, 포상, 보상의 개요', '기업별 평가체계 비교', '기업별 포상체계 비교', '기업별 보상체계 비교'를 각각 나타낸다. 참고하기 바란다.

[그림 Ⅰ-31] 평가, 포상, 보상의 개요

평가
(MBO 혁신성과)
	▪ 계층별 MBO 평가 체계 (혁신성과) 재정립
	   - 챔피언 : 경영혁신 (임원) 과제 (70%) + 혁신 Infra (20%)
	   - 팀장 : 경영혁신 과제 (70%) + 혁신 Infra (30%)
	   - 팀원 : 경영혁신 과제 (100%)
	
	▪ 과제 형태별 평가 기준 차별화
	   - 임원 과제 : 경영혁신 Audit (3차) 실시
	   - 개별/Quick과제 : 과정 평가 (40%) + 완료 평가 (60%)

포상
(경영혁신 Expo)
	▪ 과제 형태별 포상 방식 재정립
	   - 임원 과제 : 올해의 챔피언 (챔피언 대상)
	   - 개별/Quick과제 : A상 / B상 (팀장/팀원 대상)
	
	▪ 성과 유형별 포상 기준 차별화
	   - 재무성과 및 체질개선 효과 과제를 구분해 각각 별도 포상
	     (재무성과 과제 : A상 / 체질개선 효과 과제 : B상)
	
	▪ 포상금 外 비금전적 Incentive 다양화
	   - 인사상 가점 外 특별 휴가 및 사외 교육/연수 기회 확대

보상
(재무성과 확정)
	▪ 재무성과 과제 대상의 사후 보상 기준 정립
	   - 평가 검증을 통한 재무성과 확정 시점에 보상 실시
	   - 재무성과 금액별 보상금 차등 지급 (50만원 ~ 300만원)

[표 Ⅰ-33] 기업별 경영혁신 평가체계 비교 예시

구분	대상	항목	시기	주관 조직
S사	▪과제 - 챔피언 과제 - BB/GB 과제	▪재무성과/ 체질효과 ▪수행과정/ 완료결과	반기	▪챔피언과제 : 평가위원회 ▪BB/GB과제 : 챔피언/MBB/FEA
	▪인사 - 임원 MBO평가 연계 - 과제수행자 (BB)	▪챔피언 과제/ 혁신 Infra 예외고과	1회 / 년	▪임원MBO : 본사경영혁신 과제수행자 : 본사경영혁신/인력개발
L사	▪과제 - 본사과제 - 본부과제 - 부문과제(직제)	▪R&D / MFG / TQ영역Base → 개발/원가/품질/마케팅 /역량개선(조직문화포함) 테마 구분	1회 / 년 (일부 본부는 년 2회)	▪본사 : 경영전략 ▪본부 : 경영혁신실 ▪부문 : 부문혁신
	▪인사 - 상근 TFT 과제 수행자	▪전사과제 : 전사 HR관리 ▪본부과제 : 본부 HR관리 → 고과 반영 및 인재Pool 등록	1회 / 년	▪본사 : 경영전략 ▪본부 : 경영혁신실
P사	▪과제 - BB/GB/QSS	▪재무/비재무 성과	분기	▪전사 사무국 / FEA
	▪인사 - 과제 수행자		반기	▪전사 사무국

[표 Ⅰ-34] 기업별 경영혁신 포상체계 비교 예시

구분	대상	항목	시기	주관 조직
S사	▪과제 - 챔피언 과제 - BB 과제 - GB 과제	▪R&D / 제조 / 사무간접 - 등급 : 1~6등급 - 시상금(BB): · 팀1억원 한도 · 개인 1000만원 한도 - 시상금(GB): · 상품권 5만원 상당	▪올림피아드 : 1회 / 년 (BB, 전사 : 해외 + 국내) ▪챔피언데이 : 반기 (BB, 국내 Only) ▪시그마 데이 : 반기 (GB, 사업팀 자체)	▪본사 경영혁신 (BB) ▪사업팀 경영혁신 (GB)
L사	▪그룹포상 - 스킬올림픽 ▪본사포상 ▪본부포상 ▪부문포상	▪그룹 - 등급별 상금 + 여행상품권 ▪본사 - 현 수립 중 ▪본부 - 등급별 (대상/금상/은상/동상) 상금 + 여행상품권	▪1회 / 년	▪본사 : 경영전략 (수립중) ▪본부 : 경영혁신실→본부장 ▪부문 : 부문혁신→부문장
P사	▪전사 우수 과제	▪전사 Festival 평가 - 부부 동반 해외 여행	▪반기 ('02~'03) / 1회/년 ('04~)	▪전사 사무국

[표 Ⅰ-35] 기업별 경영혁신 보상체계 비교 예시

구분	대상	항목	시기	주관 조직	비고
S사	▪인사상 - 입직 고과 - Belt 자격 인증 ▪금전적 - 재무성과 과제 (BB/GB 과제) - 예외 고과 적용에 따른 연봉 조정	▪B 고과 이상 ▪승격시 가점 부여 (MBB 3 / BB 2 / GB 0.5) ▪재무성과의 1% 한도 - 팀 최대 1억원 - 개인 최대 1,000만원 ▪S, A, B 고과에 따른 연봉상향	▪만기 ▪승격시 ▪만기 (6월/11월) ▪매년 2월	▪경영혁신→인사 ▪FEA→경영직원 ▪경영혁신→인사	▪보상금 배분 : 개인별 기여도에 의거 차등 지급
L사	▪인사상 - Belt 자격 인증 - 인사고과 반영 ▪금전적 - 과제 성과 - 과제 수행 활동비	▪고과 반영 및 인재 Pool - BP 우수상 과제 ▪인센티브 지급 : 인당 500만원 또는 성과금액의 1% 이내 ▪MBB : 240만원/년 ▪L화학은 BB 50만원/월 ▪활동비 지급 : 경비 (투자가 필요한 경우도 지원)	▪1회 / 년 (MBB) ▪반기 (BB/GB) ▪매월 ▪그룹 결산대회는 년1회	▪전사 사무국 (MBB) ▪본부 사무국 (BB/GB) ▪부문 : 부문 인센티브 지급 ▪본부 : 본부 인센티브 지급 ▪본사 : 현재 수립중 ▪그룹 결산대회 : 등급별 상금 및 여행상품권 지급	▪보상금 배분 : 개인별 기여도에 의거 차등 지급 ▪투자가 필요한 경우 투자비도 지원함
P사	▪인사상 - Belt 자격 인증 ▪금전적 - 성과평가 우수 과제 - 과제 수행 활동비	▪승격시 가점 부여 (BB 4 / GB 2) ▪재무/비재무 우수 과제 등급별 500만원 한도 ('06년 이후 폐지) ▪팀 활동비 : 30만원 (BB/QSS 과제 수행팀)	▪만기 ▪만기 ▪과제 수행시	▪전사 사무국 ▪전사 사무국 / FEA	▪보상금 배분 : 과제 리더(BB/GB)가 팀원의 5 배수지급 후 잔액을 팀원에게 균등 분할 지급

6. 과제선정

6.1. 개요

앞서 언급한 변화관리는 소프트웨어적인 면이 강한 반면, 과제활동은 하드웨어적인 면이 강하다. 경영혁신을 추진하는 목적은 이를 통하여 기업의 경쟁력을 향상시키고 제품이나 서비스를 고객에게 제공함으로써 단기, 중장기적인 성과를 지속적으로 창출하는 것이다. 이러한 경영혁신활동을 추진하는 매개체는 '과제'이다. 과제란 문제를 해결하는 과정이자 그 결과라 할 수 있다(천대윤, 2008). 특히 문제해결을 기반으로 한 경영혁신활동은 '프로세스 개선 방법론'이나 '제품(또는 프로세스) 설계 방법론' 등의 로드맵을 따르는 과제들을 중심으로 실행된다. 이런 의미에서 올바른 과제선정은 모든 경영혁신활동의 출발점이며 경영혁신활동의 성패를 좌우한다(서철호, 2000). 이는 비단 문제해결을 기반으로 한 경영혁신활동만의 문제는 아니다. PI 활동에서도 To Be Process를 설계하기 전 문제점을 개선하기 위해 이슈 및 문제를 도출하여 개선하고, TPM 활동에서도 '개별 개선'이라는 범주를 설정하여 과제활동을 추진한다.

여기서 '문제(Problem)'는 해결을 필요로 하는 이슈, 과업 또는 주제 등으로 불리기도 한다. 경영혁신의 과제로서 적합한 문제는 너무 쉬운 것도 안 되고, 너무 어려워 해결책을 찾는 것이 불가능한 것도 안 되고, 이미 해결책이 나와 있는 것도 안 된다. 문제는 도전적이며, 복잡한 것이며, 기회가 포함되어 있는 것이어야 하며, 긴급하고 중요한 것이어야 하고, 다양한 해결책들이 제시될 수 있는 것이어야 한다. 문제의 형태는 단일문제 형태와 복수문제 형태가 있다(천대윤, 2008). 조직의 단일 프로젝트는 조직 전체의 관점을 대변하는 단일 문제이며 후원인은 일반적으로 CEO 한 사람이다. 이러한 과제는 회사에 따라서는 그랜드 챔피언 과제, TOP 과제 등으로 불린다. 개별 복수 프로젝트는 구성원 각자의 개별 문제들로 구성된 복수 문제이며, 각 문제마다 후원인은 각각 다를 수 있지만 통상 과제 유형에 따라 임원 과제, Mega 과제 등으로 불린다. 이때 임원은 한 명이고 그 밑에 여러 명의 팀장이나 그룹장이 배치되는 경우가 대부분이다. 시간, 돈, IT 그리고 인력 등의 자원이 허용될 수만 있다면 회사의 경영전략과 연계된 과제활동은 다다익선(多多益善)이라고 말하고 싶다.

'과제'는 영어로 Project 또는 Task 정도로 번역한다. 개인, 회사 또는 국가 등이 추진하는 규모와 범위에 따라서 그 의미가 달라진다. 경영 중점 과제, Mega 과제, 전략 대과제, 챔피언 과제 등으로 불리는 굉장히 큰 규모의 과제에서부터 빠르게 처리할 수 있는 Quick성 과제, TPM에서의 개별 개선 과제 또는 제안 성격의 즉 실천 과제까지 다양한 형태로 존재한다. 기업이 아니더라도 과거 정부에서 이슈가 되었던 대운하 건설과 같은 국책 과제에서부터 각 정부 부처의 시책까지 이 모두를 과제라 부른다. [그림 Ⅰ-32]는 국내 모 회사의 과제분류 기준을 보여준다.

[그림 Ⅰ-32] 과제의 분류

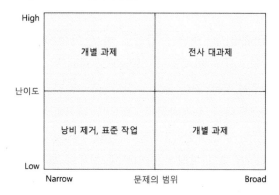

특히 경영혁신활동에 있어서 과제란 개별목표를 달성하기 위한 구체적인 방법(How to do)을 뜻하는 것으로 기업이나 해당 본부, 부문의 전략과 연계된 과제, 돈이 되는 과제, Cross Functional 과제, 중요하면서 시급한 것 등을 최우선 과제로 삼는다. 또한 국내에서 선도적으로 경영혁신을 도입한 기업들도 단위과제 자체는 성공했지만, 과제선정 시 전략과의 일관성을 고려치 않아 전략적 효과를 거두지 못하고 결과적으로 실패하는 사례 또한 적지 않았다. 따라서 경영혁신이 지속성을 유지하고 경영성과에 기여하기 위해서는 과제의 체계적 발굴과 전략적 일관성 확보와 연계를 통한 올바른 과제선정이 중요하다(김성도 외, 2007). 특히, 문제해결을 기반으로 한 경영혁신활동은 주로 과제 형태로 수행되는데 빠른 시간 안에 많은 효과와 이익을 가져다주기 때문에 가장 큰 매력으로 작용한다.

하지만 중요하지도 않고 적합하지도 않은 과제의 추진은 조직원의 혁신에 대한 열정적인 몰입을 이끌어내지 못함으로써 경영혁신에 대한 회의 및 저항을 불러오며 결국에는 의도된 성과를 도출하지 못하는 결과를 초래한다. 문제해결을 기반으로 한 경영혁신활동은 도전적인 목표지향적 과제의 선정과 전략의 실행력을 뒷받침해줄 수 있는 강력한 전사적 혁신체계의 통합적 시스템화 구현을 목표로 한다. 따라서 전략이나 방침이 모호하거나 없는 조직이 무리한 경영혁신을 전개하다보면 도중에 중단하는 경우가 빈번하다. 프로젝트 과제선정 초기단계부터 개별과제 성과중심에서 전략목표달성으로 목표를 재설정해야 하며, 이를 위해 과제선정과 경영계획 프로세스와의 연계성을 확보하고 과제의 성과를 극대화하기 위한 활동에 초점을 맞추어야 한다(이원창, 2006).

6.2. 경영혁신 과제선정

앞에서 논의된 것처럼, 경영상의 목적을 달성하기 위해 경영혁신을 추진하는 기업은 그 활동을 과제 형태로 실행하여 소기의 성과를 달성하고자 한다. 경영혁신 과제는 경영혁신 전반의 프로세스 중에서 어떤 내용을 가지고 경영혁신을 수행할 것인가를 판단하고 결정하는 단계에서 선정한 테마이다. 이 단계에서 과제의 선정이 잘 되었을 때에는 기업경영에 많은 도움이 되지만, 그렇지 못한 경우에는 경영혁신 추진의 결과가 경영목표와는 상관없이 별개의 성과로 나타날 수도 있다(서영주 외, 2001).

그러므로 경영혁신 과제는 회사의 비전, 목표, 경영전략 및 사업계획과 연계하여 경영목표를 달성할 수 있도록 선정되어야 한다. 그래야만 기업의 목적을 달성하는 수단으로써의 효과가 있다. 과제의 결과가 경영성과에 효과적으로 기여하기 위해서는 먼저 올바른 과제선정이 매우 중요하며, 문제해결을 근간으로 한 경영혁신활동이 생명력을 갖고 지속적으로 그 효과를 발휘하기 위해서는 지속적으로 핵심적인 과제 발굴 및 실행이 필요하다(서철호, 2000). 물론 이러한 과제를 선정하는데 있어서 가장 중요한 요소는 VOC — 내부, 외부고객, 경영층, 그리고 이해당사자들의 요구 — 라 할 수 있다. 기업은 이 세 가지 부문에서 필요로 하는 사항들을 파악하고 충족시키기 위해 항상 주의를 기울여야 하며, 이렇게 파악된 요구사항들을 충족시킬 수 있는 방향으로 과제를 선정하여야 한다.

서철호(2000)는 과제를 선정할 때 유념해야 할 원칙으로 다음과 같은 항목을 제시하고 있다.

■ 전사적 최적화를 위하여 전략목표와 연계성이 있어야 한다.

- 고객의 소리에서 출발하여 고객만족에 기여할 수 있어야 한다.
- 품질향상에 초점을 두어야 한다.
- 다수가 공감할 수 있고 문제해결이 절실히 요구되는 것이어야 한다.
- 개선효과가 크리라 기대되며 측정 가능해야 한다.

이러한 원칙은 이미 여러 기업에서 충실히 지켜지고 있고 현장에서의 과제 선정 활동에 대한 본질을 잘 요약한다. 경영혁신 과제를 선정할 때 기업의 전략과 목표에 연계하여 과제를 선정하면 경영혁신 과제는 전사적으로 목표에 대한 방향성을 갖게 된다. 그 결과 모든 경영혁신 과제가 기업목표를 향하여 일관성 있게 수행될 수 있다. 반면에 경영혁신 과제가 잘못 선정되면 나머지 활동들이 아무리 훌륭히 수행된다 하여도 기업이 애초에 원했던 결과를 기대할 수 없게 된다. 이렇듯 문제해결을 기반으로 한 경영혁신에 있어서 경영혁신 과제를 선정하는 일은 경영혁신의 모든 수행절차상 출발점이 되며, 기업이 원하는 결과를 가져올 수 있도록 올바른 방향을 제시하기 위한 가장 중요한 작업이 된다(같은 논문, 2000). 따라서 기업은 올바른 경영혁신 과제를 선정하기 위해 최선의 노력을 기울여야 한다. 이렇듯 과제의 선정은 향후 경영혁신 활동의 방향 및 성과를 가늠하는 중요한 척도임에도 불구하고 문제해결을 기반으로 한 경영혁신활동에서 과제선정의 중요성 및 대안을 제시한 연구결과물을 찾기는 매우 힘들다(서영주 외, 2001). 따라서 필자의 다양한 경험과 현장 노하우 그리고 여러 분야에서의 연구결과를 조합하여 과제를 선정하는데 있어서 최적의 방법론을 정리하여 이번 장에서 제시하고자 한다.

6.2.1. 과제를 선정할 때에는 SMART한 접근이 필요하다

SMART를 소개하기에 앞서 매니페스토 운동을 언급하지 않을 수 없는데, 매니페스토(Manifesto)는 선거운동으로부터 나온 사회학 용어로서, 라틴어의 '손(Manus)'과 '치다(Fendere)'가 합성되었다는 설이 유력하다. '손으로 치다' → '손으로 느껴질 만큼 명확히 하다' → '명확히 나타내 보이다'로 파생되어 지금의 뜻이 된 것으로 보인다. 정치적인 의미로 사용된 것은 1848년 마르크스와 엥겔스의 『공산당 선언』에서 쓰인 'Manifest'에서 유래했지만, 현재 일반적으로 쓰이는 의미는 『이탈리아 공산당 선언』에서 사용된 이탈리아어의 'Manifesto'이다. 일반적인 선거공약과는 다르게 매니페스토는 구체적인 시책, 실시 기한, 수치 목표를 명시한 사후검증 가능한 명확한 공약으로, 평가기준으로는 공약의 검증가능성(Measurable), 구체성(Specific), 달성가능성(Achievable), 타당성(Relevant), 기한 명시(Time-bound) 등 다섯 가지다. 첫 글자를 따서 '스마트(SMART)'라고 부르며, 이를 지수화해서 공약을 평가한다(위키피디아, 2009).

선거에서 최초로 사용된 기록은 1834년 영국 보수당이 당의 선거방침으로 사용하면서부터이다. 또한 1997년 영국 노동당의 토니 블레어가 매니페스토 10대 정책을 구체적으로 제시해 집권에 성공함으로써 널리 알려지게 되었으며, 일본에서는 영국을 롤 모델로 1998년 통일지방선거 때에 처음으로 매니페스토 개념을 도입하였다(김미경, 2008). 한국에서는 2006년 5월 지방선거를 계기로 시민단체를 중심으로 선거 후보자들이 내세운 공약이 구체적이고 실현이 가능한지 평가하자는 매니페스토 운동이 전개되었는데, 이러한 움직임은 한국정치의 고질병인 지역주의, 연고주의에서 벗어난 한 단계 높은 선거문화와 정치문화로의 발전을 가져올 것으로 기대되었고 어느 정도 성과를 낸 것으로 기록되고 있다(같은 논문, 2008). 공약이라는 게 사실 향후 당선되었을 때

해나가야 할 시책, 과제라고 본다면 경영혁신활동에서의 과제선정과 다를 바 없다는 점에 착안하여 문제해결을 기반으로 한 경영혁신 전문가들이 최초로 한국형 방법론을 재정립하던 시점에 과감히 도입했을 것으로 추측된다. 지금 매니페스토 운동의 일환으로 추진되고 있는 SMART 운동은 문제해결을 기반으로 한 경영혁신 과제선정에서 가장 대표적인 준거의 틀로 작용하고 있다.

6.3. 과제선정 방법론의 다양한 접근

문제해결을 기반으로 한 경영혁신활동에 있어서 과제를 선정하는 방법에 대한 연구 활동을 고찰해 보면 다음과 같다. 서철호, 안병진(2000)은 과제의 목적은 경영성과와 고객가치를 창출하는데 있으며 고객의 요구, 기업의 방침과 전략, 현장의 문제 등이 과제선정의 중요한 원천이 된다고 강조하고 있다.

먼저, 과제를 선정하는데 있어 고객을 위한 가치창출이라는 경영혁신 과제 추진의 최종목표를 달성하기 위해서는 다음과 같은 질문에 답을 생각해보는 것이 효과적이다(같은 논문, 2000).

- 나의 고객은 누구인가?
- 나는 고객에게 무엇을 제공하는가?
- 내 고객의 핵심적인 문제는 무엇인가?

또한 최근 기업들의 경영혁신은 프로세스 혁신을 기본으로 하기 때문에 현장 문제도 테마 선정의 중요한 원천이 된다. 과거의 기업들은 제품 불량으로 인한 재작업비용, 폐기비용, 검사비용 등과 같은 겉으로 드러난 가시적인 비용을 주로 관리하였지만, 최근 기업경영에서는 사이클 타임 증가에 따른 비용 및 매출감소와 매출기회 상실로 인한 비용, 회사 이미지 손상에 따른 비용 등 겉으로 드러나지 않는 비용까지도 개선의 대상으로 삼는다. 이와 같은 품질비용의 절감은 재무적 성과와 연결되기 때문에 제조부문에서는 품질비용에 초점을 맞추어 프로젝트 테마를 발굴하는 것이 효과적이다(같은 논문, 2000). 한편 양정모(2008), 최광학(2007) 등은 AHP를 이용한 과제선정 방법론을 제시하고 있고, 서영주(2001) 등은 TP 전개를 이용한 과제선정 방법론을 언급하고 있다. 또한 김갑주(2008) 등은 제약이론을 적극적으로 수용하여 Thinking Process 를 활용한 과제도출을 제안하고 있다. 또한 권문환(2000)은 과제선정에 기존 신제품 설계에 주로 적용해오던 QFD와 효율성 평가에 적용해오던 DEA(Data Envelopment Analysis)를 이용한 과제선정 방법을 제시하였다. 또 김동준(2003) 은 기업의 경영전략과 연계하여 BSC와 COPQ(Cost of Poor Quality) 분석을 이용한 과제선정 방안을 제시하였다. 그 외에 김성도 등(2007)은 문제해결을 기반으로 한 경영혁신 방법론은 과학적이고 체계적이며 통계학적이지만 과제 선정에 있어서는 아직까지도 직관적이며 비과학적으로 행해지고 있다고 보았다. 또 기존 SMART 분석에 의한 과제선정에서 최종적으로 우선순위를 부여할 때 개인별, 부서별로 과제가 편중되는 현상을 지적하면서 BSC와 AHP를 결합하여 가중치의 합리성과 평가의 공정성을 고려하고자 하였다. 필자는 [그림 Ⅰ-33]~[그림 Ⅰ-35]와 같이 전략으로부터 과제를 도출하고, MBO 평가절차와 연계시키는 전체 과정을 체계적으로 현장에 적용해 본 경험이 있다. 그림 내 흐름과 설명을 관찰해보기 바란다.

[그림 Ⅰ-33] 전략-과제선정-평가 연계 개략도 예시

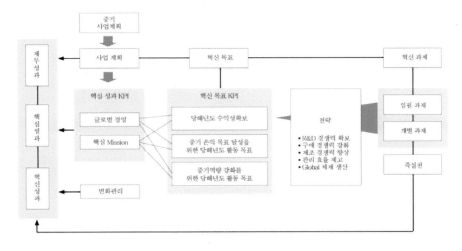

[그림 Ⅰ-34] 전략-과제선정-평가 연계 상세도 예시

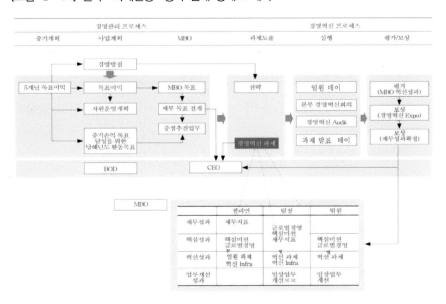

[그림 Ⅰ-35] 전략-과제선정 연계 개략도 예시

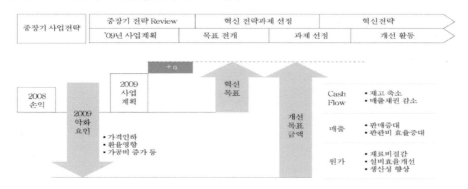

6.3.1. 과제선정 방법론

위에서와 같은 문헌적 고찰 및 실무, 컨설팅 경험을 종합해보면 [그림 Ⅰ-36]과 같이 세 가지 정도의 과제선정 방법론을 제시할 수 있다. 이는 회사가 지향하는 바와 가치사슬의 특성에 따라 다를 수 있지만 반드시 경계가 명확한 것은 아니다. 또한 회사마다 비슷하면서도 기업의 특성을 반영하여 다르게 정의를 내리고 사용하지만 크게 봐서는 이 범주 안에서 모든 과제선정 방법론의 설명이 가능하다.

대부분 국내 기업들의 경우 목표 전개형 과제선정을 선호한다. 여기서 목표 전개형은 서영주 등(2001)이 언급하고 있는 TP(Total Productivity) 전개와 유사한데 이는 삼성그룹에서 90년대 초반부터 지속적으로 추진해 온 방식이기도 하다. 이원창(2006)은 국내 유수의 IT 업체인 P사의 예를 들면서 Big Y 전개 방식을 논하고 있는데 이는 엘지전자에서 과제를 선정하는 개념이기도 하다. 이 또한 마찬가지로 큰 의미에서 목표 전개형 과제선정 방법으로 분류할 수

있다. 과제선정 방법론은 전적으로 과제의 규모, 경영전략 연계성, 목표의 도
전성과 긴밀하게 연결된다.

[그림 Ⅰ-36] 과제선정 방법론

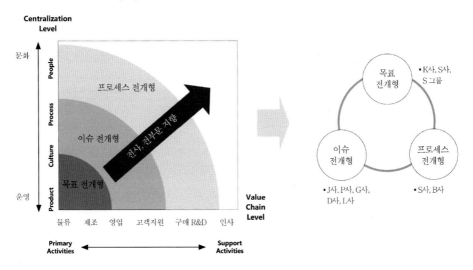

한편, 필자가 최근에 컨설팅 했던 모 회사의 경우는 이슈 전개형 방법론을
취하고 있는데, 워크아웃이 활성화된 회사의 경우 적합한 방법으로 볼 수 있
다. 이 접근법은 최근 경영혁신 과제가 대형화, Cross Functional한 경향이 대
세를 이루면서 다양한 회사에서 유연하게 적용되고 있다. 한편 국내 유수의
대기업에서는 프로세스 전개형 방법론을 적용하고 있다. 이 방법은 기본적으
로 전사적인 프로세스 전개능력이 있는 회사 또는 부문에 유리하다. 따라서
보다 진화한 방법론이긴 하지만 회사의 역량이 받쳐줄 때에만 그 효과를 극대
화할 수 있다. 필자의 경험에 의하면, 이 방법론을 적용하여 워크숍을 진행하
게 되면 참석자들은 매우 힘들어하지만 워크숍이 끝난 후 산출물에 대한 만족

도는 가장 높았다. 이는 이 방법론이 전략, KPI 그리고 기능별 프로세스의 핵심사항을 모두 자세히 관찰하여 핵심적인 사항 또는 이슈를 과제화하는 장점이 있기 때문이다.

6.4. 목표 전개형

목표 전개형 과제선정 방법론이란 회사의 경영전략상의 목표를 달성하기 위해 계층 내 상하조직 간 목표를 계층적·합리적으로 전개하는 접근법이다. 주로 전체 최적화, 중점지향, 정량화, 개별목표화 관점으로 전개함으로써 개별 수준까지의 목표를 설정할 수 있다. 이 방법론은 회사마다 CTQ Tree 전개형, TP 전개형, Big Y 전개형 등으로 다양하게 불리고 있다. 여기서 CTQ란 고객 및 사업전략, 낭비요인으로부터 효율 및 가치창출을 위해 파악된 주요 상품 또는 서비스 특성으로 경영활동에 영향을 주는 중요인자를 말하는 것이고 과제의 CTQ는 단위과제의 성과를 달성할 수 있는 품질특성을 의미한다.

여기서 잠시 기업의 사업계획 수립절차를 살펴보자. 먼저 외부환경, 그리고 현재의 기업현황에 대한 분석과 경영전략의 수립이 이루어지면 그에 따른 구체적인 중장기 경영목표를 수립하고 설정된 경영목표를 기준으로 현재와의 차이를 분석한다. 이어 그러한 차이를 극복하기 위한 전략과제들을 추출해낸다. 다음으로는 각 사업장별로 이러한 기업의 전략과제들을 달성하기 위한 종합목표들을 수립하게 되며, 이 종합목표를 달성하기 위하여 각 부문이 해야 할 목표를 구체적으로 세분화하고 세부적인 하위목표들을 설정하는 목표 전개를 실시한다.

서영주 등(2001)은 'CTQ 방식'과 'TP 방식'을 구분하여 설명하고 있는데, 'CTQ 방식'은 경영목표와 연계성이 적고 프로젝트 건수가 적합한지에 대한 검증력이 부재하고 프로젝트 간에도 최적화된 배치가 될 수 없음을 문제점으로 지적하면서 'TP 전개형'의 장점을 다음과 같이 제시하고 있다. 즉 기업의 중장기 사업계획과 연계성이 높기 때문에 경영목표달성을 위한 적합한 방식이며, 이때 종합목표의 설정을 그 출발점으로 보고 있다. 또 목표 전개를 통해 개별목표와 개별목표의 종합목표에 대한 기여율 산정이 가능하고, 따라서 목표와 대책수립의 정확도가 높아진다고 보고 있다. 마지막으로 대책 중에서 로드맵으로 해결할 과제와 타 기법을 적용할 과제를 구분할 수 있다는 장점을 제시하고 있다. 하지만 최근 기업에서는 이를 구분하여 설명하기보다 BSC 관점에서 경영전략 목표를 설정하고 그를 달성하기 위한 KPI를 하위수준으로 전개한 다음, 이를 달성하기 위한 목표설정 및 목표와 과제를 연계하는 수순을 따르고 있다. 따라서 'CTQ 방식'과 'TP 방식'의 구분은 현재 경향으로는 의미가 퇴색하고 있다. 따라서 본문에서는 'CTQ - Y Tree 전개방식'과 'TP 전개방식'을 별도로 구분하지는 않을 것이다.

목표 전개형 방법론은 목표 전개를 통하여 임원의 목표가 어떻게 달성되는지 그 구조를 파악하고, 어느 부분을 어느 정도 좋게 하면 임원의 목표치 향상에 기여하는지 추적이 가능하다. 이는 문제해결을 기반으로 한 경영혁신활동의 성숙기 진입 회사에 적합한 과제선정 방법론으로, '핵심 성과지표(KPI)'로부터 하위로 지표 전개를 통해 과제를 선정하기 때문에 KPI의 상하관계가 명확하다. 따라서 하위전개가 용이한 제조부문 등에 적합한 방식이다. 주로 톱다운 형태의 임원 목표달성을 위한 과제방식으로 널리 활용되고 있으며 MECE(Mutually Exclusive Collectively Exhaustive)한 관점에서 목표 전개표를 보완하기 위해 보텀업의 형태로 목표 전개를 검증하기도 한다. 서영주 등(2001)에 의하면 [표 I - 36]에서처럼 목표 전개에 의하여 경영전략과 연계된 과제를 도출하고 이를 '문제해결 방법론 로드맵'을 통해 해결하게 되면 33~64%의 시그마수준 향상이 있음을 부품업종인 국내 대기업 사례를 통해 밝히고 있다.

[표 Ⅰ-36] 문제해결 수행 결과(서영주 등 2001)

구 분	적용 전 시그마 수준	적용 후 시그마 수준	향상률
설계영역	3.6 σ	4.8 σ	33%
제조영역	3.5 σ	4.9 σ	40%
사무영역	2.8 σ	4.6 σ	64%

　　목표 전개형 과제도출 방법론은 사업전략의 정합성이나 타당성이 떨어지는 경우 KPI의 전략목표 연계성이 미약하며, 그에 따라 실제 과제의 추진은 성과 성취도가 낮은 과제가 도출되는 경우가 종종 있다. 결과적으로 사업부 단위 임원들의 직접 참여도가 낮아 보텀업 형태로 진행되는 사례가 다수 발생하고 일부 담당자와 부서 중심으로 진행되다보니 혁신의 성과가 낮은 악순환이 발생할 가능성이 있다. 따라서 사업계획으로부터 성과지표를 하달 받고 이에 대한 차이분석이 완료되면 과제선정위원회와 같은 고위 경영진이 참여하는 Steering Committee를 두고 도전적인 목표를 직접 하달하는 방식을 취하는 것이 가장 바람직한 방법이다. 서영주 등(2001)은 목표 전개형 과제선정 프로세스를 [그림 Ⅰ-37]과 같이 제시하고 있다. 이를 이해하기 쉽게 간략히 표현한 것이 [그림 Ⅰ-37]의 오른쪽 순서도이다. 본문에서는 [그림 Ⅰ-37]의 오른쪽 그림과 같은 순서에 따라 설명하겠다. 지표를 전개하고 이를 과제의 도출과 연계해야만 진정한 목표 전개가 끝났다고 볼 수 있다. 목표 전개 방법은 종합목표를 달성하기 위하여 하위목표를 어떻게 구분해야만 구체적이고 세부적으로 전개될 수 있는가를 고려하고, 예상되는 전개방법과 검토항목을 종합목표에 연계시켜 사전에 정해놓은 평가기준에 따라 결정한다(서철호, 2000). 상, 하위 지표의 목표치 간 정합성 검증이 끝난 지표는 현 수준과 목표수준을 파악한 후 이를 만회하기 위한 극복대책으로서의 과제선정 작업에 돌입해야 한다. 과제 후보들은 마찬가지 평가절차를 거쳐 수행해야 할 과제선정을 완료하게 된다.

[그림 Ⅰ-37] 목표 전개형 과제도출 프로세스

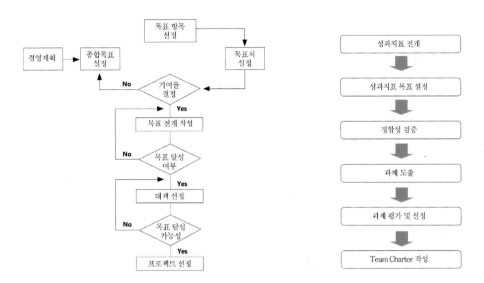

필자의 경험에 의하면 목표 전개를 추진할 때에는 다음의 사항에 유의한다. 먼저 목표 전개는 부서별 워크숍을 통해 수행해야 한다. 만약 목표 전개가 일부 사람들만 모여서 진행된다면 공감대 형성이 안 되기 때문에 나중에 과제를 추진하는데 많은 애로사항이 발생한다. 또 임원과 그룹장(팀장)이 주도적으로 목표 전개의 전 과정에 참석하는 솔선수범을 보여야 팀원들이 적극적으로 참여하게 된다.

그리고 목표 전개를 할 때에는 실질적인 과제가 나올 때까지 구체화시켜야 한다. 너무 상위의 지표나 목표가 나왔을 때에는 과제도 두루뭉술해지는 경향이 있어 나중에 실행에 옮겼을 때 역시 많은 애로사항이 생기게 된다. 또 독불장군식의 진행은 절대금물이며 상하, 좌우간의 커뮤니케이션이 생명임을 명심하기 바란다. 대부분 한국 기업의 정서상 '계급장 떼고' 워크숍을 진행하는 게 어려운 현실이고 '목소리 큰 사람'이 주도하는 것을 부정할 수 없지만 외부 컨설턴트나 사내 문제해결 전문가 등 퍼실리테이팅 스킬이 검증된 사람들을 퍼실리테이터로 초빙하여 전체 워크숍을 진행하는 것도 좋은 방안이다.

[그림 Ⅰ-38] 목표 전개형 과제도출 개념도 예시

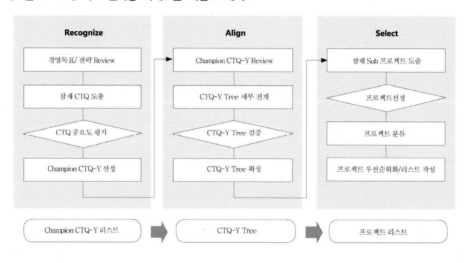

[그림 Ⅰ-39] 상위목표의 전개 예시

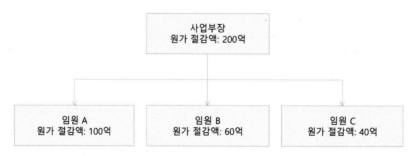

앞에서도 언급했지만 목표 전개는 반드시 중점주의를 지향해야 한다. 목표를 전개한다는 것 자체가 경영상의 모든 이슈를 '망라'해서는 안 되고 핵심이슈, 고질문제 등을 중점적으로 전개해나가야 한다. 당연한 말일는지 모르지만 지표는 정량적으로, 즉 측정이 가능하고 수치로 표현이 가능한 것을 뽑아내야 하며 [그림 Ⅰ-39]에서와 같이 하위목표의 합이 상위목표와 같도록 정합성에 신중을 기해야 한다.

6.4.1. 성과지표 전개

네이버 용어사전(2009)에 의하면 성과지표(Performance Indicator, 成果指標)란 '개인 또는 조직의 성과를 측정하는 데 사용되는 척도'를 말한다. 이러한 성과지표를 선정할 때에는 다음과 같은 점을 유의하여야 한다. 먼저, 성과지표가 회사의 전략적 목표를 대표하는지 따져봐야 한다. 즉 성과지표는 전략목표달성 여부를 확인하는 척도이기 때문에 성과지표를 통해 구성원 간의 전략적 의사소통이 원활하게 이루어져야 하고, 회사의 전략목표를 달성하기 위한 실행 방향성을 제시하며 구성원들을 촉발할 수 있는 동기부여의 수단이 되어야 한다. 또한 최고경영자, 주주 및 고객의 요구사항을 반드시 반영하여야 한다. 지표의 개수는 많아서는 안 되고 회사의 상황에 맞게 가급적 핵심지표만으로 구성하는 것이 바람직하다. 그리고 지표는 신뢰할 수 있고, 반복적으로 측정 가능해야 하며 최대한 수치화할 수 있어야 한다.

다만 성과를 직접 측정할 수 없는 경우에는 대안적으로 성과와 관련된 특성 및 정보를 나타낼 수 있는 측정지표를 통해 성과를 측정할 수 있다. 마지막으로 성과지표는 조직 내에서 통제 가능한 업무의 지표를 선정하는 것이 바람직하다. 예를 들어, '협력사 Level 향상률'이라는 성과지표가 있다면 이는 '측정하고자 하는 성과의 세부요소(협력사)' + '측정하고자 하는 성과 전략목표에서 도출되는 요소(Level)' + '측정하고자 하는 성과의 측정방법 및 측정값의 단위 (향상률)'로 구성됨을 알 수 있다. 그렇지만 통상 성과의 세부요소는 거의 나타나지 않는다. [표 Ⅰ-37]은 잘못된 성과지표명과 수정한 지표명들의 예를 함께 기술하고 있다.

[표 Ⅰ-37] 바람직한 성과지표명

구 분	잘못된 성과지표명 예시	수정 성과지표명 예시
절대 숫자	기술개발 제품 우선구매 이미지 제고 실적	기술개발제품 구매액 이미지 제고 홍보활동 건수
퍼센트	규제 준수 공사비 관리 적정성	규제 준수율 공사관리비 예실 차액률
비 율	계획예방정비 공기 준수	계획예방정비 공기 준수율 계획예방정비 공기(기간)
등급 및 순위	혁신평가 수준	정부 혁신평가 등급

그렇다면 성과지표를 전개한다는 것은 무얼 의미하는 것일까? 성과지표를 전개한다는 것은 하위지표로의 분리기준을 설정하고 분리기준별로 구성항목을 정하는 일련의 행위를 의미한다. 상위목표를 달성하기 위한 하위목표들을 설정할 때에는 판매, 생산, 지원 등 기능별, 부서별 각 부문이 달성해야 할 목표에 대해, 하향 전개 시 상황에 맞는 다양한 분리기준이 사용될 수 있다. 다시 말해, 아래 그림과 같이 원가구성별, 제품별, 공정별, 설비별, 부문별, 단계별, 특성요인별, 원인별, 지역별, 업무기능별, 품목별 등 상위목표들을 어떤 요인들로 분해할 것인가를 고려해야 한다(서철호, 2000). 대부분의 회사에서는 전사 전략을 부서별 또는 사업장별로 전개하고 있다. 예를 들어 수익성 향상이라는 전사 차원의 전략이 수립되었다면 이를 달성하기 위하여 판매부서에서는 매출

향상, 생산부서에서는 생산성 향상과 비용 절감, 개발부서에서는 고부가가치 상품의 개발 등 각 부서의 특성과 상황에 맞는 각각의 하위 전략목표들을 수립하게 된다. 또한 생산부서의 생산성 향상이라는 목표를 달성하기 위하여 각 공정에서는 직행률 향상, 불량률 감소, 설비고장 감소, 작업 Lead Time 감소 등과 같은 구체적인 세부목표들을 수립하게 된다.

때로는 전사 차원의 전략으로부터 각 단계별로 전개되어 수립된 구체적인 세부목표들을 기반으로 과제가 선정될 수도 있다. 회사에서 해당 프로세스를 개선하고자 한다면 먼저 자신의 현재 위치(As Is 또는 Baseline)를 정확하게 파악하여야 한다. 기업의 모든 개선활동은 먼저 그들이 직면한 환경과 그들의 능력에 대한 평가, 분석을 통한 전략의 수립에서 시작된다(같은 논문, 2000). [그림 Ⅰ-40]은 전개 레벨별로 확정된 분리기준에 대한 예시도이다. 사실 현실에서는 [그림 Ⅰ-40]과 같은 단순한 목표 전개는 보기 힘들고 [그림 Ⅰ-41]에서 제시된 것처럼 복잡한 형태로 전개해야 하는 경우가 대부분이다. 목표 전개 시 참고하기 바란다.

[그림 Ⅰ-40] 하향 전개의 다양한 분리기준

[그림 Ⅰ-41] 전개 레벨별 분리기준 확정 예시

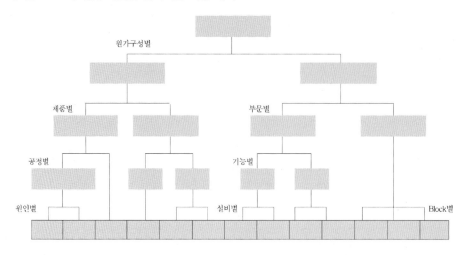

이렇게 하여 종합목표를 달성하기 위한 구체적인 개별목표들이 정해졌다면 각각의 개별목표들에 대하여 어떻게 목표치들을 배분할 것인지를 결정하기 위한 기준을 수립하고 이러한 평가기준에 따라 목표치의 배분비율을 결정한다. 이어 종합목표를 달성하는데 있어서 각 개별목표들이 얼마나 기여할 것인지를 나타내는 기여율을 계산한다(같은 책, 2000). 기여율 계산은 실제에서는 많이 사용되지 않기 때문에 본문에서는 별도로 언급하고 있지 않지만 필요로 하는 분들은 아키바 마사오(1995)의 책을 참조하기 바란다. 더불어 하위 분리기준의 적정성에 대한 평가는 [표 Ⅰ-38]의 평가표를 이용할 수 있으나 너무 복잡해질 경우에는 생략하고 참석자 간의 합리적 판단에 따라 결정해도 무방하다. 판단기준 또한 절대적으로 고정된 것은 아니다. 상황에 따라 얼마든지 가감이 가능하며 가중치는 AHP 등을 활용하여 부여할 수도 있고 마찬가지로 참석자들의 합리적인 판단으로 정할 수도 있다. AHP 등의 정성적 기법은 매우 중요하고 유용하므로 용법에 대해 자세히 알아둘 필요가 있다.

[표 Ⅰ-38] 하위 분리기준의 적정성 평가기준 예시

(3:적합, 2:보통, 1:부적합)

판단기준	가중치	분리기준		
		제품별	부문별	업무기능별
현상파악 용이도	0.3	2	3	1
목표할당 용이도	0.4	3	2	2
과제도출 용이도	0.2	2	1	3
성과파악 용이도	0.1	1	3	2
계	1	2.3	2.2	1.9

- 현상파악 용이도: 목표가 어떻게 달성되는지 한눈에 파악하기 쉬운가?
- 목표할당 용이도: 하위목표로의 할당이 쉬운가?
- 과제도출 용이도: 좋은 과제(재무성과, CF과제)가 잘 도출될 수 있는가?
- 성과파악 용이도: 과제 성과파악이 쉬운가?

다음으로는 상기와 같은 분리기준별로 구성항목을 설정해야 하는데 분리기준별로 도출된 구성항목들에 대한 성과지표가 아래의 내용을 만족하는지 확인해야 한다.

- 데이터 수집이 가능한가?
- 객관적이며 근거가 있는가?
- 평가할 의미가 있는가?
- 성과지표에 대한 정의가 명확한가?
- 실제적으로 평가할 수 있는가?

[그림 Ⅰ-42] MECE의 개념도

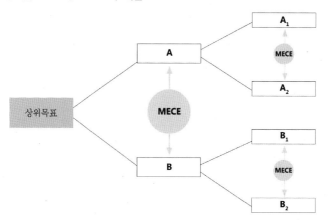

특히 이 단계에서는 [그림 Ⅰ-42]에 나와 있는 것처럼 MECE(Mutually Exclusive and Collectively Exhaustive)의 사고방식에 따라 Tree 형태로 분해해야 한다. 즉 동일 레벨(Level)에 있는 지표끼리는 ME(Mutually Exclusive)해야 하고, 하위수준의 합은 상위수준을 설명할 수 있어야(CE) 한다. 여기서 '합'이라는 표현을 썼는데 이는 단순히 산술적인 합을 의미하는 게 아니라 하위에 있는 지표들이 모이면 상위수준의 지표를 논리적으로 설명할 수 있어야 한다는 뜻이다. 때로는 지표의 성격에 따라 차이나 곱 또는 나누기, 더 나아가서 복잡한 함수식으로 표현될 수도 있다. MECE라는 개념 또한 워낙 중요하기 때문에 좀 더 공부를 하고 싶은 독자라면 맥킨지의 전략적 문제해결 방법론, 로지컬 씽킹 등 다양한 관련 책들을 일독하길 적극 추천하는 바이다.

앞에서 전체 최적화 사고와 중점지향의 사고를 언급했는데 이는 성과지표를 선정할 때 적용된다. [그림 Ⅰ-43]의 예에서 알 수 있듯이 각 공정의 원가율을 비교해 봤을 때 전체에서 차지하는 비중이 상대적으로 매우 낮은 '세척' 및 '포장' 공정은 목표를 할당하는 항목에서 제외하고 파레토 원리에 의해 전체의 80% 이상을 차지하는 '충진', '살균', '건조' 공정에 목표를 할당하는 식으로 전개해야 한다. 물론 이 과정에서도 참석자의 공감대를 형성하는 과정은 분명히 거쳐야 할 것이다.

[그림 I-43] 목표 할당공정 선택 예시

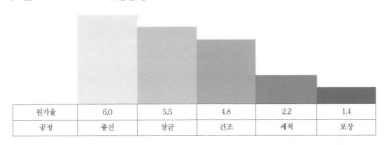

원가율	6.0	5.5	4.8	2.2	1.4
공정	충진	살균	건조	세척	포장

6.4.2. 성과지표 목표설정

선정된 성과지표의 목표를 설정하는 단계이다. 맨 먼저 앞서 중점지향으로 선정된 구성항목의 기준 시점을 정하고, 그 데이터가 관리되고 있는 시스템에서 추출하여 정리한다. 이 과정에서 데이터의 신뢰성 확보를 위해 이상 데이터가 있는지 파악하여 제거한다. 끝으로 수집된 데이터와 해당 성과지표의 산출식을 이용하여 성과지표의 현 수준을 계산한다.

현 수준이 설정되면 다음 단계는 목표를 설정해야 하는데 누가 보더라도 당연하고 납득이 가도록 합리적인 목표치를 할당하는 게 핵심 포인트이다. 따라서 다음 사항에 유의하여 목표설정 작업에 착수하기 바란다. 우선 각 부분의 금액, 수량, 시간 등에 관한 구성비를 검토해서 파레토의 원리에 따라 구성비율이 큰 부문에 목표를 할당한다. 그리고 해결하기 쉬운 부분부터 목표치를 할당해야 하는데 이는 어렵고 힘든 부분은 지표에 대한 검토를 보다 더 심도 있게 하든지 아니면 별도로 또는 이월해서 다뤄야 하는 등 고려가 필요하기 때문이다. 또 부서, 공정, 제품 등 다른 동종의 대상과 비교해 뒤져 있는 부분에 목표를 할당하고 고객이 긴급히 요구하는 항목부터 할당한다. 한편 다른 부문에 응용할 수 있고 공통성이 있는 방법의 개발 등은 관련된 영역에 파급효과가 큰 부분에 목표를 할당하여 전체 최적화 및 성과 극대화를 꾀하도록 한다. 마지막으로 현시점이 아닌 시간의 경과와 함께 좋은 영향이 나오리라 생각되는 부분을 집중적으로 연구하여 이러한 지표에 목표를 할당한다면 중장기 전략과의 연계성도 확보할 수 있다.

[표 Ⅰ-39]는 어느 공장의 각 라인별 '원가절감액'이 성과지표로 확정된 예이다. 표에서 현 수준을 파악하고 내부 합의에 의한 목표치를 할당하게 되면, 차이금액과 향상률 그리고 전체 원가절감액에 대한 각 라인의 원가절감액 기여도가 나온다. 이처럼 목표설정이 끝난 후 하위목표의 상위목표에 대한 공헌도인 기여율을 계산할 수 있으며, 기여율이 큰 목표 항목에 대해서는 중점 관리가 필요하다.

[표 Ⅰ-39] 성과지표 목표설정 및 기여도 산정

성과지표	비가동 시간(Hrs)			향상율 (%)	기여도 (%)
	현상치	목표치	차이		
A 라인 원가절감액	40	35	5	12.5	33.3
B 라인 원가절감액	25	20	5	20	33.3
C 라인 원가절감액	15	12	3	20	20
D 라인 원가절감액	8	6	2	25	13.4
계	88	73	15	-	100

6.4.3. 정합성 검증

일반적으로 상, 하위목표 간의 산술적인 검증은 다음과 같이 세 가지 방법을 사용한다.

- 단순한 합의 관계 ― 상위목표는 하위목표의 합
- 가중합 관계 ― 상위목표는 가중치를 고려한 하위목표의 합
- 승수 관계 ― 상위목표는 하위목표의 곱

또한 이를 그림으로 표현하면 [그림 Ⅰ-44]와 같다.

[그림 Ⅰ-44] 정합성 검증

정합성 검증이 끝나면 목표를 전개하는 작업을 끝냈다고 볼 수 있다. 하지만 목표 전개도가 완성되면, 올바른 목표 전개가 이루어졌는지 [표 Ⅰ-40]에 있는 체크리스트를 이용하여 목표 전개도를 한 번 더 점검해보길 바란다. 평가를 통해 각 항목 중 한 항목이라도 3점 이하의 항목이 생기면 목표 전개의 품질에 대해 재고해봐야 한다.

[표 Ⅰ-40] 목표 전개 체크리스트

No	평가 항목	평가				
		1	2	3	4	5
1	목표치가 정량적인가?					
2	목표치가 혁신적인가?					
3	이해관계자들과 충분한 토론을 거쳤는가?					
4	상위목표와의 정합성은 맞는가?					
5	구체적이고 세부적으로 전개되었는가?					
6	목표별 책임자가 명확한가?					
7	목표에 대한 부서원들의 반응은 긍정적인가?					
8	목표가 전체를 볼 수 있도록 전개되었는가?					
9	원인분석을 거쳐 중점 지향적으로 전개되었는가?					

끝으로 상위목표를 달성하기 위한 구체적인 개별목표 항목을 선정하고 각 항목별로 목표치를 배분한 후, 종합목표가 어느 단계와 순서를 거쳐 어느 의사결정에 입각하여 개별목표에 이르렀는지를 나타내주는 목표 전개 일람표를 작성한다. [표 Ⅰ-41]에 주어진 것처럼 템플릿을 활용하면 쉽게 정리할 수 있다. 이러한 과정을 통하여 각 개별목표들이 설정된 후에는 시책선정을 통하여 개별목표를 달성하기 위한 구체적인 방법을 검토하고 실행계획을 수립한다. 이렇게 선정된 각 개별목표를 달성하기 위한 시책들은 경영혁신 추진과제 선정의 주요 원천이 된다(같은 논문, 2000).

[표 Ⅰ-41] 목표 전개 일람표 예시

지표구분	Level 1(임원 목표)			Level 2			Level 3		
	지표명	현수준	목표	지표명	현수준	목표	지표명	현수준	목표
장기성과지표									
단기성과지표									

6.4.4. 과제도출

[그림 Ⅰ-45] 과제도출 프로세스

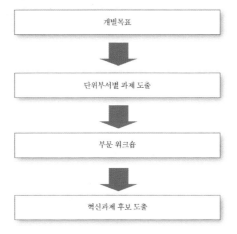

다음으로는 목표 전개를 통하여 도출된 개별목표를 달성하기 위한 구체적인 방법을 검토하여 경영혁신 추진을 위한 과제를 선정하고, 과제 간 선후관계 조정 및 업무부하를 적절히 배분하여 과제추진 계획을 수립한다. 경영혁신 과제도출 프로세스를 간단히 요약하면 [그림 Ⅰ-45]와 같다. 먼저 확정된 개별목표를 달성하기 위한 경영혁신 과제를 단위 부서별 과제도출과 부문 워크숍을 통하여 핵심적인 사업방향에 부합하는 과제를 도출한다. 경영혁신 과제의 유형은 시급도, 중요도, 비용대비 효과 등 적합한 기준을 가지고 검토한 후 임원과제(회사에 따라서는 Mega 과제, Big Y 과제 등으로 불리기도 한다.), 개별 과제, Quick성 과제 등으로 분류할 수 있다. 하지만 이때의 과제 유형에 대한 구분은 각 사의 특성을 반영하여 얼마든지 달리 부를 수 있다.

이때, 복표 전개도를 참고하여 단위 부서별로 제약 없이 가능한 한 많은 경영혁신 후보과제를 도출한 후 유사한 과제를 묶고, 묶은 과제들을 검토한 후 브레인스토밍을 통하여 추가로 과제를 도출할 수도 있다. 과제도출이 끝나면 단위 부서별로 경영혁신 후보과제 리스트를 작성한다. 단위 부서별 과제 리스트가 집계되면, 부문별 워크숍을 통해 전체 최적화 관점에서 전체 개별목표들의 달성이 잠정적으로 확인될 때까지 추가 도출 및 경영혁신 추진과제 후보를 확정한다. 과제는 개별목표를 대상으로 도출하되 그것이 어려울 경우에는 상위목표를 대상으로 과제를 도출할 수도 있다. 이때 [그림 Ⅰ-46]과 같은 개별목표와 과제와의 관계 매트릭스를 통해 상관성 및 중복 여부, 누락 여부를 파악하고, 목표와 과제와의 정합성을 검증한다.

[그림 Ⅰ-46] 개별 목표와 과제의 정합성 검증

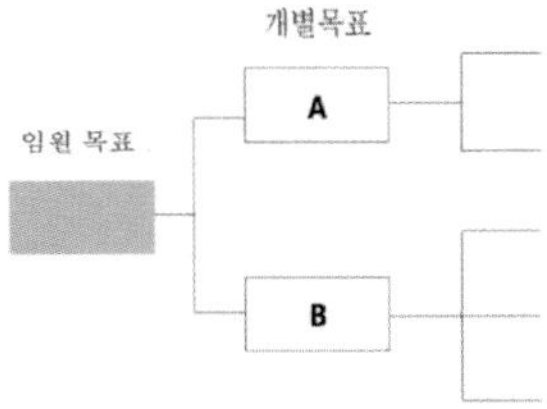

| | 실행과제 | | | | | | | |
개별목표	가	나	다	라	마	바	사	아
a1	○	◎			◎		◎	
a2	◎	○			○	◎	◎	
b1			◎	○				○
b2			◎	○				◎
b3			○	◎				◎

(임원 목표 → A → a1, a2 / B → b1, b2, b3)

[그림 Ⅰ-47] 경영혁신 과제도출 템플릿 예시

Level 1 (챔피언 목표)				Level 2			Level 3			실행과제			
지표구분	지표명	현수준	목표	지표명	현수준	목표	지표명	현수준	목표	실행과제명	성과지표명	현수준	목표
장기성과 지표													
단기성과 지표													

6.4.5. 과제 평가 및 선정

도출된 과제들 중 목표달성에 기여가 큰 과제 위주로 중점 평가하고 선정하되, 효과 및 효율 관점에서 충분히 검토한 후 최종 과제를 선정한다. 이는 추진 과정상의 문제점과 추진 후 성과까지의 모든 종합적 검토를 포함한다는 의미이다. 여기서 효과를 분석한다는 것은 시급성과 잠재적 영향도를 두 축으로 하는 매트릭스에 과제를 연계하여, 영향이 크고 시급한 과제를 1차로 선정하는 것을 의미한다. 효율 분석은 실행 용이성과 예상투자액을 축으로 하는 매트릭스에 과제를 연계하여, 실행 용이성이 높고 투자금액이 적은 과제를 2차로 선정하는 것을 의미한다.

[표 Ⅰ-42] 선정된 과제의 효과 및 효율 분석

실행 과제	효과분석		선정 여부	효율분석		선정 여부
	영향도	시급도		투자 금액	실행 용이성	
A						
B						
C						
D						

[그림 Ⅰ-48] 효과/효율 분석 개략도

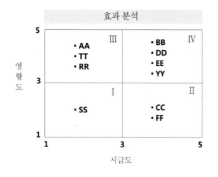
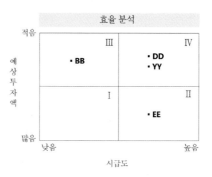

이외에도 재무효과, 고객가치, 실행기간, 실행 용이성 등을 고려하여 도출된 과제를 선정하기도 하며, 필자가 컨설팅 했던 모 기업의 경우에는 혁신성, 도

전성, 적용성, 연계성, 실행성 등으로 분류하여 과제의 선정 여부를 결정하기
도 하였다. [표 Ⅰ-43]~[표 Ⅰ-47]에 있는 기준들을 참조하기 바란다.

[표 Ⅰ-43] A사의 과제선정 프로세스

	1 Step Strategy	2 Step Scorecard	3 Step Baseline	4 Step Focus	5 Step Funnels	6 Step Selection
주요 Output	▪ 전략 명확화 - 사업부 전략	▪ KPI 구체화 : KPI 항목 ▪ Goal 정리 : 고객관점에서 KPI 평가	▪ 사업역량 구체화 ▪ 핵심프로세스 선정 - Process Mapping전개 ▪ 핵심 Process 검증	▪ 핵심 Process와 KPI 대비 : Big Y 도출	▪ 핵심 Process와 Project제안 : Project후보 List ▪ Project Structuring : Big Y별 Project전개 ▪ 우선순위 결정 : 개선지수	▪ 투입인원 결정 : 담당 임원 : 개별과제 선정 ▪ 사업부의 연간 Project계획 구체화 ▪ 선정된 프로젝트 예상 효과 및 평가
	예비조사 단계			Work-out 단계		사후관리
	전략진단 및 구체화 Workout 준비			전사 Work-out 하위 Work-out		프로젝트 검토

[표 Ⅰ-44] 목표 전개 및 과제선정 사례

[표 Ⅰ-45] 과제선정 Criteria 예시(1)

평가 항목	항목 설명	점수 부여 기준
재무효과	잠재적 과제 후보에서 일어날 수 있는 개선 작업들이 재무성과에 대한 영향도는 큰가?	높은 재무성과가 기대됨: 9점 어느 정도 재무성과 발생 기대됨: 3점 재무성과에 대한 영향이 크지 않음: 1점
고객가치	잠재적 과제 후보가 고객만족도 및 충성도를 제고하는 데 얼마나 기여할 수 있는가?	높은 고객만족도의 향상이 기대됨: 9점 어느 정도 고객만족도 향상 기대됨: 3점 고객만족도 향상 기대가 크지 않음: 1점
실행기간	과제수행이 주어진 기간 내에 실행과 성과 확인이 가능한가?	4개월 내 실행 및 성과 확인가능: 9점 4개월 내 실행은 가능하나 성과 확인 불투명: 3점 4개월 이상 소요되고 성과 확인 불투명: 1점
실행 용이성	현 수준 파악 및 성과 측정은 용이한가?	고객요구수준 또는 Best Practice 수준 비교가 가능하며 일정 기간(4개월) 내 과제수행가능: 9점 고객요구수준 또는 Best Practice 수준 비교가 가능하나 일정 기간(4개월) 내 과제수행 어려움: 3점 현 수준 파악 및 수준 비교가 어려우며 일정 기간(4개월) 내 과제수행 어려움: 1점
합계	(재무효과＋고객가치＋실행기간＋실행 용이성) 각 점수들의 합	
과제선정 여부	합계 점수 및 해당 부문 임원 및 팀/실장 의견을 반영하여 실행과제 최종 선정(◎: 선정, ×: 미 선정)	

[표 Ⅰ-46] 과제선정 Criteria 예시(2)

과제명		모니터링 프로세스 수립을 통한 경쟁력 제고	CTQ	부문 법무담당	심사결과 (채택)/기각 / 보완

구 분		정 의	평가		비 고
			평점	기술 (서술형)	
혁신성	+	▪Zero Base 에서 혁신마인드를 내포한 새로운 방향성을 제시하는가?	3		
도전성	+	▪목표가 선진·경쟁사 수준 이상인 과제	3		
	△	▪목표가 사업계획 수준이하로 선정된 과제인가?			
적용성	+	▪Y의 측정이 명확하고 개선 전·후 평가가 분명한 과제	2	추가 검토 필요 - 특히 검증율, 감지율 등	
	△	▪Y가 정량적으로 측정하지 못하는 과제인가?			
		▪개선기간이 1st Wave를 벗어난 기간을 설정하였는가?			
연계성	+	▪부문 내 핵심 Key Issue를 해결하는 과제인가?	4		
	△	▪핵심 CTQ가 아닌 해결하기 쉬운 과제인가?			
		▪이상요인에 의해 일시적으로 나타난 문제 해결 과제인가?			
실행성	+	▪하위 과제들의 단순 취합이 아닌 개선, 실행을 통한 시너지 추구	3		
	△	▪계획(전략) 수립, F/Up 등을 목표로만 추진하는 과제인가?			
		▪외부 환경에 의해 성과가 크게 좌우될 가능성이 있는 과제인가?			
총 평			총점	15 점	

※ + 항목은 평점, △항목은 체크
 • + 항목: 1점 이하 항목이 있거나, 총점이 14점 미만이면 Reject (5:탁월, 4:우수, 3:보통, 2:미흡, 1:매우 미흡)
 • △ 항목: 한 개의 항목이라도 체크되면 Reject

[표 Ⅰ-47] 바람직한 과제와 바람직하지 않은 과제

바람직한 과제	바람직하지 않은 과제
고객과 고객 요구사항과 관련이 있는 것 사업 전략과 연계되는 것 개선이 시급한 문제인 것 문제와 목표가 명확히 기술되어 있는 것 결함과 기회에 대해 명쾌하게 정의되는 것 Tools를 효과적으로 사용할 수 있는 것 데이터에 근거하는 것	고객과 관련성이 없는 것 사업 전략과 연계되어 있지 않은 것 시급성이 현저하게 떨어지는 것 초점이 없는 과제 해결책을 미리 알고 있는 것 Tools를 거의 사용하지 않았거나 없는 것 데이터 없이 일회성으로 진행된 것

선정된 과제에 대해서는 과제의 진행 상황을 추정할 수 있는 핵심적인 평가 지표를 개발하고 — 예를 들면, 고객만족, DPU, COPQ, 사이클 타임 등 — 현재의 성과수준(Baseline)을 파악하며, 야심찬 개선목표(Stretch Goal)를 설정한다. Stretch Goal이라는 개념은 GE의 잭 웰치에 의해 정립되었다. 그는 생산성 향상을 위해 기존의 업계 수준을 목표로 설정하는 대신 현재 상태에서 실현 불가능할 정도의 목표를 세운 뒤 과감하게 도전해 달성시킬 목적으로 'Stretch Goal'의 개념을 만들었다. 즉 스트레치는 종래의 방식을 개선하는 것이 아니라 전혀 새로운 혁신적인 방법을 통해 생산성을 비약적으로 끌어올리지 않으면 달성할 수 없는 목표이다(울리치 외, 2002). 목표에 도달할 수 있는 방법을 알고 있으면, 이미 'Stretch Goal'이라 할 수 없다. 또, 'Stretch Goal'은 기본 목표에 값을 추가하는 것만으로 달성 가능한 목표가 아니다. 따라서 일단 'Stretch Goal'을 설정한 후에는 모든 지원과 툴을 제공해야 한다(커, 1995).

6.4.6. 팀 차터 작성

과제에 대한 세부 실행계획을 수립하기 전에 과제의 선행관계를 조정할 필요가 있다. 즉 조직 단위당 혹은 일정별 업무 부하량을 조정하고 과제별 과제유형, 수행 방법론, 수행기간, 추진리더 및 팀원을 선정한 후 [표 Ⅰ-50]과 같이 팀 차터를 작성한다. 팀 차터(또는 '과제 기술서')는 팀에서 집중적으로 활동해야 할 항목들을 포함하며 비즈니스 목적과 일치시키는 기능을 갖고 있다. 아울러 문제가 무엇인지 명확히 함으로써 비즈니스 개선 기회를 강조하는 측면과 개선의 목적과 목표를 명확히 하는 효과가 있다. 또한 초기 업무계획을 확립하고 추진리더를 포함한 전 팀원들이 책임사항을 명확히 함으로써 향후 커뮤니케이션을 위한 도구로 유용하게 사용할 수 있다.

각 칸에 들어갈 내용을 간단히 설명하면 다음과 같다(양식 [표 Ⅰ-49] 참조). 먼저 '과제선정 배경기술(Business Case)'에는 과제가 회사의 비즈니스 관점에서 왜 수행할 필요가 있는지를 서술한다. 또한 회사의 전략들 중 어느 것과 직접적인 관계가 있는지를 표현한다. 현재 수행하고자 하는 과제가 이전에 수행 완료한 과제의 연속선상에 있거나, 상위과제의 하부과제를 수행하는 경우에는 전체 과제는 무엇이고, 현재 수행하는 과제는 그중에서 어느 부분을 어느 수준까지 개선 또는 개발하는 것인지를 명시한다. '문제 기술(Problem Statement)'에는 과제를 수행함에 있어 업무적·기술적으로 어떤 문제가 예상되는지를 과제목표와 자연스럽게 연결되도록 서술하고 가능하면 정량적으로 기술한다. 여기에서는 '어떻게 문제를 해결해야겠다'보다는 '무엇이 문제이다'라는 관점으로 표현하는 게 적절하다.

'목표 기술(Goal Statement)'에는 과제를 대표하는 성과지표를 선정하여 현 수준과 목표를 명시하고 상위과제가 있을 경우 전체 과제의 목표는 무엇이고,

현재 수행하는 과제의 목표는 무엇인지 구분하여 명시한다. 재무과제의 경우 재무효과 발생시점을 명시한다. '범위 기술(Project Scope)' 칸에는 SIPOC 관점에서 과제대상 프로세스의 이름과 시작점, 끝점, 그리고 대상 제품을 명시한다. 즉 과제에서 포함하는 부분과 포함하지 않는 부분을 명확히 하는 단계이다. 제품개발 과제인 경우 어느 수준까지 개발할 것인지 — 구상 설계, Lab. Test, 양산 적용 등 — 명시하는 게 좋다. 프로젝트의 성공가능성을 높이려면 팀의 자원을 집중하여 개선에 필요한 프로젝트 범위를 명확히 해야 한다.

[표 Ⅰ-48] 잘된 과제범위와 잘못된 과제범위

잘된 과제범위	잘못된 과제범위
· 사업과 관련된 명확한 목적이 있다. · 팀의 권한 내에 있고 필요한 외부 자원을 이용할 수 있다. · 이용가능한 데이터가 있고 고객에 대한 영향이 크다. · 성과를 계산하기 쉽다. · 4~6개월 이내에 과제의 완료가 가능하다.	· 팀원들에게 도움이 되지 않는 일이 추가된다. · 과제의 범위가 너무 넓다(예: 세계의 기아 문제) · 고객과 기능에 끼칠 영향이 아주 적다. · 개선방안을 찾아내는데 걸리는 시간이 너무 길다. · 투자가들의 지원이 없다.

'팀원 기술(Team Selection)'에는 과제수행 내용에 적합하고, 실제 팀 활동을 수행할 수 있는 멤버들로 구성된 조직도를 임원, 프로세스 오너와 함께 명기한다. 마지막으로 '일정 기술'에는 전체 일정을 간단히 명기한다. 특히 CTQ와 과제내용이 명확한 과제는 Define/Measure Phase를 최소화하고, 분석과 개선/개발단계가 충실하게 이루어지도록 계획을 수립한다. 나중에 시간에 쫓기지 않도록 과제 리더는 시간관리에 집중적인 관심을 기울여야 한다.

[표 Ⅰ-49] 팀 차터(또는 과제 기술서) 작성 템플릿 예시

과제명		과제분류	
과제선정 배경 기술		문제 기술	
목표/효과 기술		범위 기술	
팀원 기술		일정 기술	

[그림 Ⅰ-50] 팀 차트(또는 과제 기술서) 작성 사례

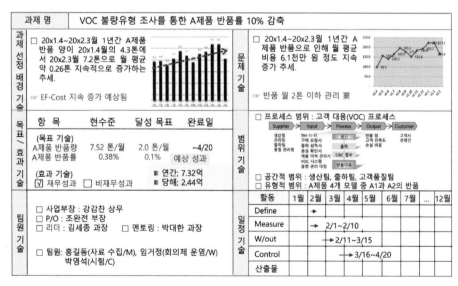

이처럼 과제를 선정하기 위해서는 마치 '프로세스 개선 방법론'의 Improve Phase에서 최적대안을 선정하는 것과 유사한 절차를 밟게 된다. 기업의 문제해결 전문가들에게서 가끔 받는 질문이 있다. "아니, 위원님, 이런 도구들은 개선단계에서 사용하는 것 아닙니까? 왜 과제를 선정하는 단계에서 사용하는 건가요? 로드맵과 맞지 않잖아요?" 나는 이런 질문을 받을 때마다 종종 할 말을 잃곤 한다. 도구 위주의 문제해결 방법론 전파가 경영혁신의 전체적인 맥락을 이해하는데 많은 악영향을 끼친 게 아닌지 내심 반성하게 된다. 문제해결의 테두리 안에서 소개되는 많은 도구들은 과거부터 현재까지 존재해왔고 도구 자체로도 많은 영향력을 행사한다. 이들은 대부분 '정성적 도구'들로 주로 매트릭스 형태와 트리 형태로 활용된다. 자세한 내용은 「Be the Solver_정성적 자료 분석(QDA)」편을 참고하기 바란다. 본문에서는 과제를 도출하고 선정할 때 유용한 몇 가지 분석 방법들만 간단히 소개한다.

과제선정 시 가장 많이 사용할 수 있는 방법은 COPQ(Cost Of Poor Quality) 분석, VSM(Value Stream Map) 분석, QFD(Quality Function Deployment) 분석 등이 있고 사내의 핵심 KPI의 추이를 모니터링함으로써 과제도출을 용이하게 할 수도 있다. 'COPQ 분석'은 프로세스의 품질을 Cost 관점에서 세분하여 분석함으로써 갭을 확인하고 중점적인 부분을 개선대상으로 삼는 것을 말하며, 'VSM 분석'은 [그림 Ⅰ-51]과 같이 프로세스의 Speed를 분석하여 개선 포인트를 찾고자 할 때 유용하다. End to End 프로세스를 대상으로 프로세스 Speed, 가치 업무 비율(PCE) 측정을 통해 개선과제를 도출한다.

[그림 I-51] VSM 분석 예시

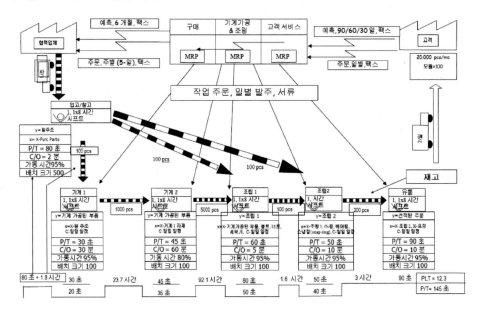

'QFD 분석'은 [그림 I-52]와 같이 고객의 요구사항과 우리의 기술수준, 품질특성 간의 연관관계를 도식화하여 개선 포인트를 파악하는 방법이다.

[그림 Ⅰ-52] QFD 분석 예시

No 요구품질	IMPORTANCE	1 좌석 각도조정 용이도	2 내구성	3 좌석 머리대	4 좌석 장치 조절	5 SEAT BACK CENTER 강도	6 HEADREST 강도	7 S/BELT BUCKLE ANCH 강도	8 SEAT PULSATING	9 SEAT 응답 내구	10 RECLINER LOCK 강성	11 SLIDER LOCK 강성	12 H/ADJ 조작 내구	13 SEAT 제어 분포	14 LAYOUT CHECK	15 SEAT 강성	16 SEAT PAD-FRM 마찰력	17 SEAT 이완력	18 내하중	19 내피로	20 내환경	21 SEAT RECLINER 조작성	22 H/ADJ 조작성	23 SEAT SLIDER 조작성	24 HEADREST 조작성	25 조립 M/HOUR	26 WEIGHT 중량	고객평가 1 2 3 4 5	기획 품질	LEVEL UP RATIO	SALES POINT	절대 중요 도
1 차체에 견고하게 고정될것	5.0	7	7					3																		1	1	4	4	1.0	1	5.0
2 좌석등받이가 견고할것	4.0		3	7	3	3		1																				3	3	1.0	1	4.0
3 좌석안장이 견고할것	4.0		3	3				1																				3	4	1.3	1	5.3
4 머리지지대가 견고할것	5.0				7				3																1			3	3	1.0	1	5.0
5 S/BELT BUCKLE이 견고할것	3.0				7		1																					3	3	1.0	1	3.0
6 SEAT내구 강성이 양호할것	5.0			3			7	3	1	1																		3	5	1.7	1	8.3
7 RECLINER 물림이 견고할것	5.0			1			3		7												3							3	4	1.3	1	6.7
8 G/RAIL 물림이 견고할것	5.0	1		1	3				7													3	3					3	3	1.0	1	5.0
9 H/ADJ 조작내구가 견고할것	3.0							7															3					3	3	1.0	1	3.0
10 착좌시 걸림이나 빠짐이 없을것	5.0							7	3			1																3	5	1.7	1	8.3
11 봉제품의 마모 없을것	4.0						7						1	1	1													3	4	1.3	1.2	6.4
12 CORNER'G시 물림이 없을것	5.0								3	3			1															3	5	1.7	1.2	10.0
13 착좌면이 충분할것	3.0								3	3																		3	4	1.3	1	4.0
14 승하차시 용이할것	3.0								7																			3	3	1.0	1	3.0
15 머리지지대가 멀지 않을것	3.0									7											3							3	4	1.3	1	4.0
16 진동을 흡수할것	2.0									7																		3	3	1.0	1	2.0
17 PAD 마찰음이 없을것	3.0																											3	3	1.0	1	3.0
18 작동부위 마찰음이 없을것	5.0									1		7		1	1													3	4	1.3	1	6.7
19 봉제품의 뜯림이 없을것	2.0							7					3															3	3	1.0	1	2.0
20 내열성이 우수할것	3.0													7															4	1.0	1	3.0
21 내한성이 우수할것	3.0														7														4	1.0	1	3.0
22 RECLINER 조작이 용이할것	3.0	1		1				3							1	1	7											3	4	1.3	1	4.0
23 H/ADJ 조작이 용이할것	3.0	1		1					1						1	1	7											3	4	1.3	1	4.0
24 G/RAIL 조작이 용이할것	4.0	1		1				3							1	1		7	1									3	4	1.3	1.2	6.4
25 H/REST 조작이 용이할것	2.0								1									7										3	4	1.3	1	2.7
26 장착이 용이할것	3.0								1																7	3			3	5	1.7	1	5.0
27 WEIGHT이 가벼울것	3.0	1		3	3																				3	7			3	5	1.7	1	8.3
DIFFICULTY	조직 기술	3	3	3	3	3	3	3	1	1	5	5	3	5	1	5	3	3	1	1	1	3	3	3	1	1	3					131.1

이외에 일상적으로 관리하고 있는 회사의 KPI를 모니터링하다 KPI 지표에
이상치가 발생했을 경우 이를 개선하기 위해 과제화할 수 있고, VOB(Voice of
Business, 지시 사항), 제안 및 개선 아이디어 등 주요 이슈는 사안에 따라 즉
시 과제화할 수 있다.

6.5. 이슈 전개형

이 방법론은 중점 개선영역의 도출을 사업전략(KPI)과 고객, 내부역량 이렇

게 세 가지 관점으로부터 출발하여 이슈트리 전개를 통해 과제화 과정을 진행하며, KPI 전개가 쉽지 않은 사무 간접 부문, 즉 인사, 총무, 재무, 자금 등의 기능에 적합한 모델이다.

[그림 I -53] 이슈 전개형 과제도출 개념도

Step 1. 전략확인	▪ 혁신비전/중장기전략 ▪ 전사/본부전략 ▪ 성과지표	➡	▪ 비전 및 중장기 전략목표 달성을 위해 본부의 전략과 내부역량 분석의 결과와 비교 확인 ▪ 전사/본부 전략과 성과지표와의 연계성 평가를 통한 핵심 전략 선정
Step 2. 중점개선영역 도출	▪ 핵심 이슈 ▪ 중점개선영역	➡	▪ 핵심 전략별 이슈 파악을 통한 본부별 잠재적 중점개선 영역 도출 ▪ 본부별 워크숍을 통한 중점개선영역 확정
Step 3. 혁신과제 선정	▪ 고객핵심요구사항 ▪ 핵심 프로세스 ▪ 6시그마과제	➡	▪ 중점 개선영역별 고객핵심요구사항/핵심프로세스 분석을 통한 잠재적 혁신 과제 도출 ▪ 잠재적 6시그마과제에 대해 재무영향/고객가치/전략일치/실현능력/개선기회 등의 평가를 통한 혁신 과제 확정

본문은 경영전략 및 고객관점의 톱다운 방식과 프로세스 및 내부역량 제고 관점의 보텀업 방식을 동일한 비중으로 다룬다(양방향 접근). 즉 전략연계성 확보를 위한 톱다운 방식과 시급한 현업이슈 및 고객 요구사항의 해결을 위한 보텀업 방식을 병행해서 추진한다. 구체적인 추진 프로세스는 [그림 I - 54] 와 같다.

[그림 Ⅰ-54] 이슈 전개형 과제도출의 톱다운(Top—Down), 보텀업(Bottom—Up) Approach

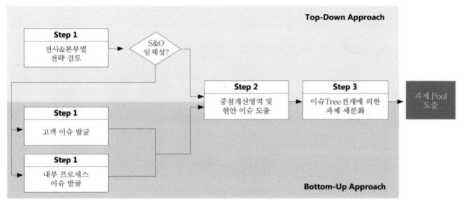

*S&O: Strategy & Operation

이슈 전개형 과제선정 프로세스를 간단히 서술하면, 먼저 BSC 관점에서 전략목표를 설정하고, 전사, 기능, 본부별 KPI를 선정한다. 다음으로는 선정된 KPI 달성을 위한 갭을 확인하고 이슈트리를 전개한 후 갭을 극복하기 위한 과제를 도출·분류한 뒤 우선순위화 한다. KPI로부터 과제를 도출하는 프로세스는 목표 전개형과 유사하기 때문에 별도의 설명은 생략한다.

톱다운 형태의 접근은 다음과 같이 진행된다. 먼저 회사의 경영전략을 철저히 검토해야 한다. 즉 전사 및 본부(회사에 따라서는 공장 단위일 수도 있음)의 중장기 전략을 이해하고 전략에 따른 전사 및 본부 경영목표, KPI 그리고 단기 전략과제를 확인한다. 이를 통해 전사와 부문 간, 각 부문 간 전략적 연계성을 파악할 수 있다. 다음 단계에서는 경영전략 검토를 통한 전략적 이슈, 즉 개선 영역을 도출한다. 또한 도출된 개선 영역을 적절한 평가를 통해 우선순위화하여 중점 개선 영역을 확정한다([그림 Ⅰ-55], [그림 Ⅰ-56] 참조). 세 번째 단계는 과제의 세분화인데 Issue Tree 전개를 통해 후보과제를 도출하고 문제 기술서를 작성한다. 즉 추진과제의 우선순위화와 과제가 확정되고 과제를 수행할 팀이 꾸려지게 된다([그림 Ⅰ-57] 참조).

[그림 Ⅰ-55] 1단계

[그림 Ⅰ-56] 2단계

[그림 Ⅰ-57] 3단계

한편, 보텀업 방식의 과제도출은 다음과 같은 절차를 거치게 된다. 먼저, 내외부 고객을 세분화하여 타깃 고객을 선정하고 이들로부터 VOC 조사를 통하여 핵심 요구사항을 파악하게 된다. 이를 바탕으로 현업의 개선 필요 사항을 도출하기 위한 브레인스토밍을 실시한다. 2, 3번째 단계는 톱다운형 전개방법론과 마찬가지로 중점개선 영역 도출 및 과제세분화 단계를 거치고 이 과정이 완성되면 과제 Pool이 완성된다.

이슈 전개형 방법론은 사전에 다양한 관점의 검토가 필요하나 충분한 활동시간을 할애하지 못해 보텀업 과정에 치우친 과제도출이 이루어질 경우 향후 과제를 충실히 수행하지 않을 가능성이 높다. 이로부터 낮은 성과 과제 위주의 활동이 되거나 추진과제의 효과 검증이 이루어지지 못하는 경우가 발생할 수 있으니 조심해야 한다. 즉 경영혁신활동에서 자주 쓰이는 Mega 과제, 임원 과제 도출 등에 매우 유용하나 경영진의 적극적인 관심이 없거나, 경영혁신 사무국, 문제해결 전문가들이 Top의 충분한 관심을 이끌어내지 못했을 때 용두사미로 끝나는 경우를 종종 보게 된다. 이럴 경우 향후 과제를 추진하는 리더나 멘토링하는 컨설턴트, 문제해결 전문가 모두 과제를 위한 과제, Paper 양산 등으로 매우 곤혹스러운 입장에 처하게 된다. 충분한 논리적 근거를 가지고 Top의 적극적인 관심을 이끌어내야 한다는 점을 명심하자.

보텀업 형태의 이슈 전개형 과제도출은 [그림 Ⅰ-58]을 보면 좀 더 이해가 빠를 것이다. 사례 회사에서는 차년도 경영혁신 과제를 도출하기 위해 당해연도 10월부터 과제도출 작업을 진행했었다. 먼저 실이나 본부(또는 공장 단위)별로 사업계획 수립, 중장기 경영전략 달성 등과 관련된 제반 이슈를 모두 도출하는 워크숍을 약 1주간 진행하였다. 여기서 이슈 및 현안 문제를 모두 도출하였고, 이를 이슈트리 형태로 그룹핑하는 과정을 거쳐 중요도 및 긴급도 측면에서 정리된 이슈를 내부 평가과정을 통해 2×2 매트릭스에 배치하였다. 그 결과 여러 이슈 중에서 핵심적인 이슈를 선정하게 되었고 이를 CSF(Critical Success Factor)화하고 관련 지표를 선정하여 해당 부문의 잠재과제로 선정하였다. 이렇게 선정된 잠재과제는 컨설턴트, 사무국 그리고 해당 부문 사내 전문가들의 평가를 거쳐 최종적으로 확정하게 되었고, 확정된 과제는 과제 기술서를 작성한 뒤, CEO에게 경영회의체나 혁신 데이 등 회의체를 통해 보고함으로써 과제선정 작업을 마무리하였다. 이 과정에서 과제평가 기준이나 과제 기술서의 양식은 회사가 추진하는 방향이나 중점사항에 맞게 수정 설계되었다. 이러한 과정을 거쳐 선정되면 잡음이 없게 되고, 보다 중점적이고 전사적인 이슈를 담을 수 있는 과제를 발굴하게 된다. 이슈 전개형 과제도출을 할 때에는 워크아웃이 반드시 필요하다. 다음 장에서 자세히 설명하겠다.

[그림 Ⅰ-58] 이슈 전개형 과제도출 사례

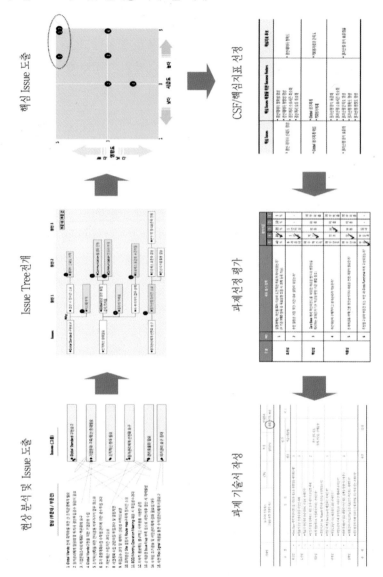

6.5.1. 워크아웃 추진 배경

1981년 잭 웰치(John F. Welch, Junior)가 GE의 회장으로 취임할 당시 GE는 160여 개의 다양한 사업을 거느린 거대 기업이었고 조직운영은 방만하며 대단히 관료적이었다. 그는 방대하게 구성된 사업과 관료적인 조직운영 방식으로는 다가 오는 급격한 변화의 시대에 생존하기 어렵다고 판단하고 과감한 개혁을 단행하였 다. 먼저 하드웨어적인 변화로 구조조정과 사업 재정비를 통해 시너지 효과가 없 고 통합원칙에 어긋나는 사업을 처분하거나 인수합병을 통해 세계시장에서 1등 아 니면 2등의 사업만을 유지하는 핵심 역량 위주로 사업을 재편성하였다. 다음에는 소프트웨어적인 변화로 새로운 GE의 기업문화를 구축하기 위한 노력을 기울였다. 워크아웃 프로그램을 도입하여 실행하기 시작하였던 것이다(울리치 외, 2002).

그는 이 과정에서 기업 내부의 저항과 사회적 비난에 부딪혔지만 워크아웃을 통 해 구성원들에게 활기를 불어넣는 한편, 그들의 두뇌를 활용할 수 있는 조직문화 를 구축하였다. 이로부터 GE 내부의 벽을 무너뜨리고(Boundaryless) 모든 사람들 이 참여하는 열린 기업문화를 탄생시켜 GE 사람들의 생각과 행동 방식을 바꾸어 놓는 계기를 만들었다. 그는 워크아웃을 모든 조직에 확산시키기 위한 수단으로 미국 뉴잉글랜드 지방의 전통적인 마을회의에서 유래한 전형적인 미국의 토론문화 인 '타운 미팅' 방식을 적극 도입했으며, 단순화(Simplification), 신속성(Speed), 그 리고 자신감(Self-confidence)은 그 모토가 되었다. 1989년에 시작된 워크아웃은 GE의 열린 기업문화의 바탕이 되었으며 그 바탕 위에서 열린 학습조직, 베스트 프랙티스 프로그램이 정착되었고, 널리 알려진 '변화 가속 프로세스(Change Acceleration Process)'가 전사적으로 실행에 옮겨졌다. 이처럼 워크아웃은 모든 변 화를 신속하게 흡수할 수 있는 GE 기업문화의 토양이 되었다. 오늘의 새로운 GE 가 탄생하게 된 것도 기업의 하드웨어인 구조 조정과 함께 기업 소프트웨어의 새 로운 기업문화 구축이 동시에 성공적으로 추진되었기 때문이다(이희균, 2004).

6.5.2. 워크아웃의 기본 사상

'워크아웃(Work - Out)'은 원래 "일(Work)을 몰아낸다(Out)."는 뜻이다(울리치 외, 2002). 조직을 더 빠르고 심플하게 만들기 위해 불필요한 활동을 없앰으로써 모든 직원들이 문제해결 프로세스에 더 적극적인 참여자가 되도록 하는 것을 목적으로 시작하였다. 즉 조직 전체 또는 부문의 주요한 사업이슈에 대하여 여러 기능의 관련 실무 책임자들이 모여 핵심 문제에 대한 획기적인 해결방안을 도출한다. 그리고 이에 대해 실행 역할과 책임을 명확히 하여 구체적인 실행계획을 수립하고 스폰서에게 보고하여 즉석에서 의사결정을 한 후 실행에 옮기는 프로세스이다. [그림 Ⅰ - 59]에서 보는 것처럼 벽 없는 조직을 만들고 업무를 단순화하여 조직의 스피드를 향상시키는 새로운 관점을 제공한다. 지금은 세계 유수의 기업 및 공공기관에서 문제해결의 핵심 기법으로 적용하고 있다.

[그림 Ⅰ-59] 워크아웃의 기본 사상

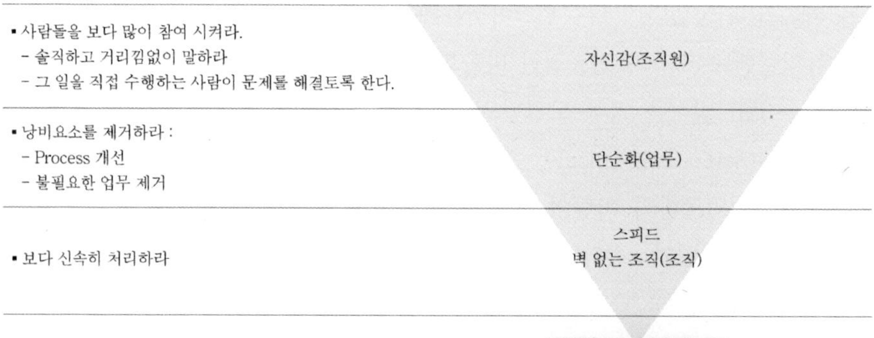

- 사람들을 보다 많이 참여 시켜라.
  - 솔직하고 거리낌없이 말하라
  - 그 일을 직접 수행하는 사람이 문제를 해결토록 한다.

자신감(조직원)

- 낭비요소를 제거하라 :
  - Process 개선
  - 불필요한 업무 제거

단순화(업무)

- 보다 신속히 처리하라

스피드
벽 없는 조직(조직)

새로운
패러다임 창출

GE는 워크아웃을 GE에 내재화시킴으로써 혁신활동이나 e – commerce와 같은 다른 중요한 핵심 전략들을 실행에 옮길 수 있는 강력한 기반을 가질 수 있었다(같은 책, 2002). 워크아웃은 많은 기업들, 특히 대기업 군에서 피부로 느끼는 관료주의를 타파할 수 있는 촉진제이기도 하며 또한 벽 없는 기업문화를 만들어가는 데에도 도움을 준다. 이처럼 관료화된 조직의 낭비를 제거하고 조직의 근원적인 문제들을 해결하기 위한 워크아웃의 접근방법은 그 간결함과 신속성으로 인해 2000년대 이후 한국의 많은 기업에서 도입, 적용함으로써 경영혁신활동의 주요 흐름으로 자리매김하였다.

6.5.3. 워크아웃의 필요성

워크아웃의 주요 의제는 참석자들이 브레인스토밍을 통해 조직 내에 개선을 요하는 문제들을 찾아내 개선방안을 제시하거나 또는 경영자가 기대하는 요구 사안들에 대한 해결방안을 찾아내는데 초점을 맞추었다(이희균, 2004). 예를 들어 결재를 맡기 위해 하지 않아도 될 대기가 발생하거나, 결재과정에서 재작업이 생길 수도 있다. 또한 명확하지 않은 지시에 의해 일에 혼선과 비부가가치가 발생하며 다단계 결재로 인한 업무의 지연 또한 낭비요소로 작용한다. 마찬가지로 일상적인 정보의 공유를 위한 회의가 빈번히 발생하기도 한다. 이처럼 조직이 비대해질수록 비부가가치적인 요소가 늘어나게 된다. 이러한 관료적인 조직의 일상 업무 과정 속에 비효율적인 문제들의 해결방안을 찾아내 개선하기 위한 도구로 RAMMPP 매트릭스를 이용한다. RAMMPP는 보고서 작성(Reports), 승인절차(Approvals), 각종 회의(Meetings), 성과 측정(Measures), 주요 정책(Policies), 업무관행(Practices)의 앞 글자를 따서 붙인 말이다. 이 매트릭스는 조직의 일상적인 일을 여섯 가지로 분류하여 참가자들에게 각 항목에 대해 분석하고 평가하여 비효율적인 것들을 제거 또는 개선할 수 있는 방법을 찾아낼 수 있도록 한다. 이 매트릭스를 사용함으로써 구성원들은 스스로 개선 가능성을 검토하여 직접 개선점을 찾아내고 문제들을 신속히 해결함으로써 뭔가를 성취했다는 자신감과 권한을 갖게 된다는 것을 느끼도록 해준다(같은 논문, 2004). 또 필자가 경험한 바로는 다양한 의견을 제시하고 토론을 하다보면 의견 차이를 좁힐 수 있게 되고 결국에는 서로에게 배우는 것에 익숙해지는 좋은 효과가 생겨난다. 이러한 과정을 통해 자연스럽게 오픈 마인드가 되고 조직의 수평적 관계가 원활해짐을 느낄 수 있다.

[표 Ⅰ-50] RAMMPP 매트릭스

	관리				
	자신	부서	사업부	회사	외부
보고서					
승인					
회의					
측정					
정책					
관행					

[개선가능성]
1. 없애도 되겠는가?
2. 부분적으로 없애도 되겠는가?
3. 하부로 권한위임이 가능하겠는가?
4. 횟수를 줄이는 것이 가능하겠는가?

5. 덜 복잡하면서 시간을 줄이는 방법으로 할 수 있겠는가?
6. 관련된 사람 수를 줄일 수 있겠는가?
7. 더 생산적인 기술을 사용하여 처리하는 것이 가능하겠는가?
8. 다른 방법이 있는가?

6.5.4. Boundaryless

또한 워크아웃이 목적하는 바를 달성하기 위해서는 기능 간, 계층 간, 지역 간 대화를 방해하는 제약들이 제거되어야 한다. 잭 웰치는 이러한 장벽의 제거가 바로 GE가 목표로 하는 생산성을 향상시킬 수 있는 유일무이한 길이라고 주장했다(슬레터, 1994). 고객이나 공급업자들과도 대화 단절이 발생하기는 마찬가지이다. 즉 고객이나 공급업자들을 중요한 사업의 동반자로 생각하기보다는 원가절감의 대상, 판매가를 내려야 하는 흥정의 상대로만 생각하기 때문에 대화의 벽이 생기는 것이다. 따라서 워크아웃에서는 조직 내 상호 교류가 없던 사람들이 한자리에 모여 문제를 도출하고 함께 해결하는 방법을 배우며 또 관리자와 직원들이 현안에 대해 직접 대화를 함으로써 직원들에게도 경영에 참여한다는 생각을 갖도록 해준다. 더불어 고객과 공급업자들도 기업 가치 사슬의 중요한 상대라는 것을 인식하도록 하는데 역점을 둔다(이희균, 2004). 즉 워크아웃은 언제나 좀 더 빠르게 좀 더 나은 방법으로 해결해야 한다는 점을 염두에 두고 장애물을 제거하는데 필요한 일련의 혁신적인 방법을 실행할 수 있게 만들었다(슬레터, 1994).

6.5.5. 워크아웃의 특징

　이희균(2004), 울리치(2002) 등에 의하면 GE에서 수행된 워크아웃의 특징을 다음과 같이 정리할 수 있다. 먼저, GE는 워크아웃을 통해 초기의 성공체험에 초점을 맞추었다. 이 결과 모든 구성원들이 접근하기 용이한 문제들부터 공략하도록 유도하여 직원들 스스로 업무를 조금씩 개선해나갈 수 있도록 동기를 부여하였다. 둘째, 최고 경영자의 솔선수범과 지속적인 경영혁신에 대한 메시지 전달로 새로운 경영혁신활동에 수반되는 조직 및 개인의 갈등과 저항을 잠재울 수 있었고, 더 나아가 몰입과 헌신을 이끌어낼 수 있었다. 셋째, 성공체험을 할 수 있도록 조직 내에서 흔히 볼 수 있는 개선 요소들을 발굴하고 개선하였으며, 발굴하고자 하는 의지를 조직에 심어주고 이를 통해 지속가능한 경영혁신이 되게 하였다. 넷째, 공급망 전반의 변화와 혁신을 조직목표와 연결시켰다는 것이다. 이는 모든 문제가 비단 조직 내부의 문제로만 국한해서는 근원을 해결할 수 없다는 본질적인 해결책을 제시하고 있다. 다섯째, 변화와 혁신을 주도하는 최고경영자가 의지와 신념을 갖고 기업 비전과 가치를 끊임없이 사람들에게 전파하고, 이를 실현하기 위한 구체적인 계획을 행동으로 옮기는 관리자들의 리더십과 이를 적극적으로 받아들이는 구성원들의 참여를 통해 워크아웃을 조직문화로 체화시켰다는 점이다. 마지막으로, 실무적인 관점에서 봤을 때, 워크아웃을 시작하기 전에 책임자는 참석자들에게 워크아웃에서 다루어야 할 사안의 구체적 내용과 달성목표를 제시하여 효율적인 회의진행이 되도록 방향을 정해주었다. 그리고 채택된 해결방안에 대해서는 그 실행과정을 정기적으로 모니터링할 수 있는 지표들을 사용하여 누구나 결과를 알 수 있게 하였다. 이처럼 전 조직의 전 방위에 걸친 문제들을 해결하려는 의지와 몰입하는 태도는 워크아웃이 GE의 경영혁신을 성공적으로 이끄는데 튼튼한 디딤돌 역할을 하였다.
　또한 워크아웃은 다음 [표 Ⅰ-51]에서 알 수 있듯이 기존의 워크숍과 여러 측면에서 다른 특징을 보여주고 있다. 워크아웃에 참여하는 사람들이 범위가 불확실하거나 목표가 모호하게 설정된 과제를 실행했다고 하자. 이 경우 산출되는 성과의 측정에 대해 공감대가 형성 안 되고 사후관리가 부족하다면 워크아웃의 많은 효용성은 상실되고 만다. 특히 스폰서의 확실한 의사결정이 없을 경우 기존의 워크숍, TFT 활동과 다를 바가 없다. 워크아웃을 회사 전체의 이슈에 대해서 사용하든지 또는 개별 과제의 개선을 위해 사용하든지 이 점을 간과해서는 안 된다.

[표 Ⅰ-51] 워크아웃과 워크숍과의 차이점

	워크아웃	워크숍
참가자	주제와 관련하여 지식과 스킬을 갖춘 담당자 사업부 단위의 다기능 복합 팀	주제와 관련한 부서장 및 팀원
주제	사전미팅을 통해 선정된 주요 사업 이슈들 (스폰서 개입)	현안 문제 영역들(대개는 세분화되어 있지 않음)
진행	전문 퍼실리테이터(Facilitator) 진행(워크아웃 프로세스와 기법 사용)	자체 토의 진행자(일반적인 문제해결 프로세스 사용)
결과	90일 단위의 구체적 실행계획 수립	일반적인 해결방안 수립
스폰서	실행계획에 대해 즉석에서 의사결정 (Yes/No, 유보/검토) 실행에 책임을 지고 지원	코멘트 및 지시
Follow-up	실행계획에 따른 모니터링 90일 경과 후 평가 실시	주관부서 중심으로 회람 실행계획의 구체화 시도

6.5.6. 워크아웃 실시 절차

워크아웃은 어느 기업에서 적용하든 대체적으로 프로세스가 동일하다. 각각의 이슈에 대해 가장 잘 알고 있는 조직 내부의 사람들을 한곳에 모아 창의적인 해결방안을 도출하고, 사람들에게 권한을 위임하여 그 해결방안들을 실행하도록 하는 것이 바로 워크아웃의 공통적인 프로세스이다. 또한 워크아웃은 고객이나 공급업자들과 기업의 직원들이 한자리에 모여 함께 사업을 할 수 있는 혁신적인 방법을 개발하는 데에도 이용된다.

워크아웃은 한마디로 'Listening + Acting On'으로 정의할 수 있으며, 정형화된 브레인스토밍, 아이디어 우선순위화, 실행계획 전개과정을 거쳐 진행된다. 즉 관련 프로세스의 대표적인 관계자들이 일상 업무를 떠나(Off - Site), 경영진으로부터 의사결정 권한을 받아(Empowerment) 전문적인 퍼실리테이터(Facilitator)의 진행하에 자유로운 토론 과정을 거친다. 도출된 개선안에 대해 타운 미팅 스폰서로부터 즉석에서 답을 얻고(Direct Communication), 실행 팀이 개선안을 Follow Up(Speed)하는 특징이 있다(울리치, 2002). 구체적인 실행 프로세스는 [표 Ⅰ-52]를 보면 보다 명확히 알 수 있다. 본문을 접하는 대부분의 리더 여러분께서 자사의 과제를 선정하는 작업이나 과제의 개선단계를 지도한 경험에 비추어 볼 때 지금까지의 실시 절차가 그리 낯설지는 않을 것이다.

[표 Ⅰ-52] 워크아웃 실시 절차 예시

Pre-meeting (사전 준비 미팅)	워크아웃 Session (토론)	Follow-up Meeting (사후 관리 미팅)
▪ 주요 사업이슈 도출 　- 스폰서의 제시 　- 핵심 리더들의 의견수렴 ▪ 주제의 구체화/명확화 　- 스폰서/주제별 리더/Facilitator의 참여 　- 필요 시 2회 이상 미팅 　- 목표 설정 ▪ 주제별 참가자의 구성 　- 10명 내외 　- 실무책임자로 구성	▪ 스폰서의 참여 　- 기대목표 발표 　- 참가자 동기부여 ▪ Team Start-up 　- 팀 빌딩 게임 　- 운영원칙 설정 ▪ 문제 해결 　- 고객요구 확인 　- 문제영역 선정 　- 주요원인 분석 　- 해결방안 도출 ▪ 실행계획서 작성 ▪ 발표 및 의사결정	▪ 정기/비정기 모니터링 　- 스폰서에게 보고 　- 지원 요청 ▪ 성과공유·확산 ▪ 보상

Level 1	Level 2	비 고
설 계	주제 선정 스폰서 선정 기획 팀에 위임(필요시) 참가자 선정기준	
준 비	자료수집 주제 재점검, 일정표 확정 참가자 선발 및 통보 퍼실리테이터(Facilitator) 선정 준비사항	무엇이 문제인가? 문제의 근본원인은? 문제의 가장 중요한 국면과 개선영역은?
실 시	워크아웃 개요 스폰서 기대 발표 문제점 도출 및 선정 근본원인 분석 토의 해결방안 도출 및 선정 제안서 작성 타운미팅(Town Meeting) 실시 정리	
Follow Up	실행계획 정리(1주) 중간점검 미팅(3주) 진행상황 게시(1개월~)	홍보 관리번호 부여 개선안 실행책임자 개선안 점검 이슈 확인 문제 해결 결과 홍보 성공 축하

6.5.7. 퍼실리테이터(Facilitator)

워크아웃을 진행할 때 사내 컨설턴트(또는, 문제해결 전문가)는 퍼실리테이터의 역할을 충실히 하여야 한다. 퍼실리테이터란 워크아웃이나 과제를 진행하는 팀이 목적하는 바를 효율적으로 달성할 수 있도록 팀 및 팀 구성원들의 의사결정 과정, 문제해결 과정, 학습과정을 촉진하고 도와주는 사람을 말한다 (천대윤, 2008). 즉 문제해결 전문가로 팀의 '자원'이 팀 활동의 주제에 초점을 맞출 수 있도록 조타수 역할을 해야 한다. 그리고 'What to do'보다는 'How to do'를 집중적으로 지원하고, 개방적이고 상호 간에 지지하는 팀 분위기를 유지하게 만들며, 문제해결을 위해 필요로 하는 각종 도구에 대한 조언을 아끼지 않는 조력자로서의 역할을 다해야 한다. 때에 따라서는 팀원들을 교육시키는 역할도 해야 하며 문제해결과 의사결정을 위한 피드백과 가이드를 제공할 수 있어야 한다. 또는 팀원들의 의견을 적극적으로 인내심을 가지고 경청해야 한다. 말하는 것보다는 듣는 것을 좋아하는 태도를 고수해야 한다. 그리고 이를 통해 나온 의견을 정리할 수 있는 훌륭한 커뮤니케이션 스킬을 갖추어야 함은 물론이다. 이와 같이, 워크아웃이나 과제를 진행하면서 퍼실리테이터는 경영혁신 과제의 성공을 위해 매우 중요한 역할을 한다. 하지만 퍼실리테이터는 전문가 역할이나 가르치는 역할을 해서는 안 되고 팀원들이 상호 협력하여 과제를 성공적으로 수행할 수 있도록 하는데 초점을 맞추어야 한다. 즉 물고기를 밥상에 얹어주는 게 아니라 물고기를 잡는 법을 알려주는데 최선을 다해야 한다.

팀 활동의 발전단계별 퍼실리테이터의 역할은 [표 Ⅰ-54]와 같이 정리할 수 있다(같은 책, 2008). 경영혁신 과제를 추진하는 리더는 전체적인 활동 분위기를 장악하고 실질적인 지원을 해줄 수 있는 능력을 반드시 함양해야 한다.

또한 퍼실리테이터의 촉진방식을 [표 Ⅰ-55]와 같이 세 가지로 나눌 수 있는데 어떤 한 방식이 다른 방식들보다 우세하다고 단정할 수는 없으며 상황에 따라 적절한 방식을 선택하여 사용하고, 어떤 촉진방식이라도 과유불급(過猶不及)임을 잊지 말아야 한다(같은 책, 2008). 필자의 경험에 의하면, 경영혁신

과제를 추진하는데 있어 계층적 방식을 주로 사용하게 된다. 과제 리더가 퍼실리테이터 역할을 수행해야 하기 때문이다. 간혹 컨설턴트가 개입할 경우에는 협동적 방식과 자율적 방식을 혼용해서 과제를 이끌어가기도 한다. 또한, 퍼실리테이터는 워크아웃이나 과제활동에 참가하는 사람들의 유형을 [표 Ⅰ-56]~[표 Ⅰ-58]에 나와 있는 것처럼 잘 파악하여 대응해야 한다.

[표 Ⅰ-54] 발전단계별 퍼실리테이터의 역할(천대윤, 2008에서 인용)

발전 단계	주요 역할
형성 (Forming)	과제활동의 적응 지도(오리엔테이션) 팀원들 사이의 친숙함, 신뢰 증진 팀에 대한 이해, 헌신 증진 필요성 기본 규칙(Ground Rule) 설정 성찰 및 피드백
동요 (Storming)	팀 과제 및 목표에 대한 저항과 갈등 극복 팀원들의 역할 및 책임 분담 팀원들의 감정과 갈등 조정 팀원 개인적 지향과 팀 요구 사이의 갈등 조정 성찰 및 피드백
정상 (Norming)	팀 과제 및 목표의 구체화, 명확화 팀의 결속력, 응집력 증진 열린 마음으로 정보교환과 자유로운 의견 표출 표준, 역할의 발전 및 준수 성찰 및 피드백
성취 (Performing)	구조적 쟁점 해결 역할, 구조의 유연화와 과제수행 지원 팀 응집에너지 더욱 결집, 과제의 원활한 수행 해결책 개발 및 목표달성 성찰 및 피드백
종결 (Adjourning)	과제수행 결과 보고서 작성 및 제출 문제해결과 학습역량에 대한 성찰과 피드백 임무완수로 팀의 해산과 팀원들의 연민 해소 지원

[표 Ⅰ-55] 퍼실리테이터의 촉진방식(천대윤, 2008에서 인용)

방식	내용	부작용
계층적 방식	• 촉진인 자신이 기획 구상하고 결정함 • 촉진인 자신이 전적으로 책임지고 팀의 학습과정을 지시하고 통제함 • 따라서 목표, 프로그램 등 모든 주요 결정은 촉진인 자신이 내림	• 너무 지나치면 팀 구성원들이 수동적 의존적이 되고 적개심과 저항을 초래할 수 있음
협동적 방식	• 촉진인은 팀 구성원들과 협동, 협상하여 기획하고, 결과물도 협상에 의해서 결정됨 • 촉진인은 팀 구성원들과 함께 권력과 책임을 공유함 • 따라서 팀 구성원들과 협동하여 추진함으로써 목표를 제시할 수는 있으나 팀원들이 제시한 목표들을 함께 고려하고 협동하여 최종적으로 결정함	• 너무 지나치면 팀 구성원들의 자율성을 해치게 될 수 있음
사율적 방식	• 촉진인의 의사결정을 팀에 위임함 • 팀 구성원들이 자율적으로 자신들의 나이갈 길을 결정하고 방향을 판단하도록 함 • 따라서 촉진인은 간섭을 배제하고 단지 그러한 자율적 활동이 가능한 환경을 창조하기만 함	• 너무 지나치면 팀 구성원들이 자유방임과 혼란으로 흐르게 될 수 있음

[표 Ⅰ-56] 참가자의 행동에 대한 대응 기술(1)

행동	해석	퍼실리테이터의 대응 행동
말을 너무 많이 한다.	지식이 많거나 너무 적극적일 수 있다.	냉소적인 태도를 보이지 않는다. 어려운 질문을 던져 템포를 늦춰 준다. 가능하면 참가자 중에서 그 사람을 다루게 한다. 팀 활동 시 플립차트/회의록 작성 역할을 부여한다.
너무 비판적이고 공격적인 태도를 보인다.	호전적인 성격을 가진 것으로 해석할 수 있다.	흥분하여 이성을 잃고 논쟁하지 않도록 침착하게 행동한다. 발언권을 다른 사람에게 넘겨서 진행한다. 휴식시간에 개인적으로 만나 무엇이 문제인지 이야기해 본다.
다른 사람의 발언에 참견하는 듯한 모습을 보이며 지나치게 남을 도와주려고 한다.	진심으로 도울 마음을 가지고 있거나, 다른 사람을 제외시키려는 동기를 가지고 있을 수 있다.	질문을 다른 사람에게 던짐으로써 그의 행동을 통제한다. 감사를 표시하고 다른 사람들도 참여시킬 것을 제안한다. 그로 하여금 플립차트에 요약, 정리하게 한다.

행동이나 주의 산만	팀 활동 주제에 대해 관심이 없거나 다른 생각 때문에 주제에 집중하지 않는다.	짬이 생겼을 때 발언에 대해 감사를 표시하고 개연성 있는 부분만을 지적한 뒤 진행한다. '흥미롭다'고 얘기한 후 의제를 적어놓은 곳을 가리키면서 주제에서 벗어났음을 알린다. 최후의 보루: 눈길을 주지 않거나 시계를 쳐다본다.
성격이 다른 사람 간의 충돌	두 사람 이상의 팀원들 사이에 충돌이 발생한다.	차이가 있는 것으로 얘기하는 부분을 적어 보게 한 후 그 차이를 최소화하도록 한다. 토의제에 관심을 집중시키도록 한다. 토론에 다른 참가자를 끌어들인다. 그러한 행동을 삼가 달라고 지적한다.
편견과 지나친 고집을 보인다.	주제에 대해 찬동하지 않거나 선입관을 가지고 있다.	참가자의 관점을 얘기하고 팀이 그의 생각을 잡아 주도록 한다. 차후에 그 점에 대해 더 심도 있게 얘기해 볼 것을 제안한다. 참가자에게 이 순간만큼은 팀의 관점을 수용할 것을 제안한다.

[표 Ⅰ-57] 참가자의 행동에 대한 대응 기술(2)

행 동	해 석	퍼실리테이터의 대응행동
주제에서 빗나간 얘기를 한다.	요점을 놓쳤다.	명확하게 Facilitation하지 못한 점에 대한 책임을 시인한다. 플립차트 등 시각 자료를 활용하여 요점을 다시 지적한다.
참가자들이 서로 잡담을 한다.	주제에 관련된 것이거나 관련 없는 개인적인 대화일 수 있다.	얘기하는 사람을 지명하여 쉽게 답할 수 있는 질문을 한다. 한 사람을 호명하여 최근에 한 코멘트를 반복한다. 그러고 나서 그의 의견을 듣는다. 회의실 안을 돌아다니는 편이라면 잡담하고 있는 사람 뒤에 가서 있되 팀이 눈치채지 못하도록 한다.
표현력이 부족하다.	자신이 생각하고 있는 것을 정확한 언어로 표현하지 못하고 있다.	"~을 하시려는 것이죠?" 하고 단정적으로 말을 하지 말라. 오히려 "제가 한번 반복해 보겠다."라고 얘기한 다음에 좀 더 이해하기 쉬운 표현으로 말한다. 이해가 쉽게 될 수 있는 단어를 사용하되 원래의 생각을 최소한 변화시키는 방향으로 한다.
코멘트를 틀리게 한다.	토의의 흐름을 놓쳤거나 주제를 제대로 이해하지 못하고 있다.	팀원들 앞에서 무안함을 주기보다는 신중히 대처한다. "무슨 말씀인지 이해하겠습니다. 그런데 그것은~하지 않을까요?"
퍼실리테이터의 의견을 물어본다.	퍼실리테이터에게 주의를 집중시키려고 하거나 진짜 퍼실리테이터의 의견을 구하는 것일 수 있다.	원칙적으로 문제해결을 피해야 한다. 그러나 팀이 문제를 해결할 수 있도록 인도할 수는 있다. 어느 한편에 서지 말아야 한다. 다른 팀원이 그 질문에 대답하게 한다.

참여에 소극적이다.	지루해하거나 불안감을 느 끼거나 자만심을 가지고 있다.	팀원에게 의견을 물어서 흥미를 유발하도록 한다. 그 옆에 있는 사람에게 발언하게 한 후 소극적인 사람에게 로 넘어간다. 그 사람이 말할 때면 진지하고 은근히 칭찬한다.

[표 Ⅰ-58] 유용한 행동과 방해되는 행동

유용한 행동	방해되는 행동
팀의 요구를 파악하도록 돕는다. 관심사와 문제점을 표면화한다. 모든 사람이 토의에 참여하도록 돕는다. 적극적인 자세로 경청하고 시선접촉을 효과적으로 한다. 적절한 보디랭귀지와 목소리의 높낮이를 조절한다. 유용한 활동을 다양하게 사용한다. 코멘트해야 할 시점과, 요점을 논할 시기를 안다. 유머를 적절히 사용한다. 논점을 풀어 설명하고 요약하여 준다. 시기적절하게 피드백을 제공한다. 속도와 시간배분을 검토한다. 과정(Process)을 관찰하고 조정한다. 능숙하게 갈등을 조정, 관리한다. 비평을 수렴하고 활용한다. 문제해결을 위한 접근을 한다. 조용하고 유쾌하고 확신에 찬 모습을 보인다. 낙관적·긍정적 태도를 취한다. 개방적 태도를 유지한다. 핵심적인 질문들을 한다. 정확한 메모를 한다. 과정(Process)에 초점을 맞춘다. 규칙적으로 구성원들에게 절차에 관한 결정기회를 준다. 융통성을 허용하고 필요하면 해결방법을 변경하기 위한 명확한 계획을 가지고 있다.	팀의 요구에 부주의하다. 구성원들의 관심사를 검토하지 않는다. 경청하지도, 주목하지도 않는다. 토의를 주재한다(특히 내용을). 일방적으로 회의를 진행한다. 중심 이이디어에서 벗어난다. 이슈를 과소평가한다. 메모를 소홀히 한다. 갈등이 분출되게 한다. 중심인물이 되려 한다. 방어적이다. 개인적 싸움에 말려들어 사람들을 의기소침하게 한다. 소수 사람들의 장악을 허용한다. "우리가 어떻게 하고 있죠?"라는 질문을 하지 않는다. 토의를 구성하기 위한 대안적 방안을 갖고 있지 못 하다. 집단이 구심점에서 벗어나도록 방관한다. 좋은 이미지를 주지 못한다. 중단시켜야 할 시점을 모른다. 문제해결 방법을 제시한다. 독단적으로 의견을 제시하고 결론을 도출한다. 혼자만 아는 단어/전문용어를 자주 사용한다.

팀원들의 참여를 촉진시키기 위해서는 다음 사항에 유의하기 바란다.

- 동의하지 않더라도 몸짓으로 반대의사를 보이지 않는다.
- 활발한 토론을 위하여 자유 해답식 질문을 하라.
- 긍정적인 말로 문제점들을 정리하라
- 그룹 내에서 내성적인 사람들을 확인하라.
- 외향적인 사람들이 토론을 독점하지 않도록 하라.
- 그룹의 상급자들이 토론을 독점하지 않도록 하라.
- 모든 구성원의 참여를 필요로 하는 회의 진행 절차를 사용하라.
- 냉담하게 침묵하는 사람들을 괴롭히는 것이 무엇인지를 확인하라.
- 리더십을 순환시켜라.

또한 다음 [표 Ⅰ-59]와 같이 프로세스와 내용에 초점을 맞추는 형식에 따라 퍼실리테이터는 역할을 달리하게 된다. 내용에 대한 퍼실리테이터 역할을 수행하고자 할 때에는 해당 과제에 대한 전문지식과 권위를 가지고 있는 것이 역할 수행에 도움이 되고, 과정에 대한 퍼실리테이터 역할을 수행할 때에는 반드시 전문적 지식을 가질 필요는 없다. 사내 문제해결 전문가들은 해당 공정/부문의 지식을 토대로 프로세스 퍼실리테이터를 할 수 있다.

[표 Ⅰ-59] 프로세스 Facilitation과 내용 Facilitation

프로세스 Facilitation	내용 Facilitation
·상호작용에 초점 ·지원/구조를 제공 ·질문/명료화 ·영향력을 이용 　－그룹지식을 활용 　－공감대 형성 　－그룹원 간 압력을 이용 　－그룹의 규범을 이용 　－피드백 제공 　－의사결정을 공유	·주제에 초점 ·방향을 제공 ·이야기 　－조언/해답 제공 　－결과 평가 　－인풋(Input) 통제 　－방향 제공 　－접근법에 대한 의사결정

6.6. 프로세스 전개형

앞에서 기술한 목표 전개형 과제도출 방법론은 대표적인 톱다운 형태의 방법론으로서 수직적으로 하향 전개함에 따라 상위목표/지표와 하위목표/지표의 연계성 및 중요성을 파악하는 데는 강점이 있다. 그러나 수평적인 프로세스의 흐름을 따라가며 핵심 이슈를 세분화하는 데는 그리 유용한 방법론이라 할 수 없다. 즉 방침전개를 하거나 KPI의 상세전개 등에는 유용하지만 이런 툴로는 Cross Functional 과제가 누락될 개연성이 농후하기 때문에 프로세스를 횡단하는 흐름을 감안한 과제도출 방법론이 필요하게 된다(조영철, 2008). 여기에 부합하는 방법론이 프로세스 전개형 과제도출 방법론이며, 이를 통하여 고객 관점에서 아웃풋(Output)을 정의하고, 이와 관련된 핵심 프로세스를 면밀히 분석하여 경영혁신 과제를 도출할 수 있다. 이 전개 방법은 조직의 경영전략 및 목표를 달성하기 위해 직간접적으로 가장 큰 영향력을 가진 핵심 프로세스를 정의한 후, 프로세스의 효과성과 효율성을 측정하는 핵심지표 생성과 검증을 통해 과제도출 과정을 진행한다. 이 방법론은 KPI 전개가 난이한 사무 간접 부서의 과제선정에 적합하다. 구체적인 과제선정 프로세스는 아래와 같고 [그림 I - 60]은 과제도출 개념도이다.

전략목표, 성과지표의 생성 및 합의 ▶ 핵심 프로세스의 생성 ▶ 프로세스 오너 확인 ▶ 각 프로세스의 핵심지표 생성과 검증 ▶ 지표관련 데이터 수집 ▶ 과제도출(기능/본부) ▶과제분류 및 우선순위화

이 방법론이 효과를 발휘하기 위해서는 핵심 프로세스의 선정이 무엇보다 중요하며, 그에 따라 기능부서 관점보다 고객 관점에서 프로세스를 정의하는

것이 관건이라 할 수 있다. 기능부서 관점에서 프로세스를 작성하게 되면 프로세스 오너가 불명확해질 수 있고 현재 조직체계와 혼선이 발생할 수도 있다. 반면에 고객 관점에서 핵심 프로세스를 선정하게 되면 조직은 있으나 이를 수행할 프로세스 자체가 없는 경우, 프로세스는 있으나 주인이 없는 경우도 고려해야 하기 때문에 전체적인 조망이 가능하게 되고 프로세스의 지속적인 관리에까지 영향을 미치게 된다.

[그림 Ⅰ-60] 프로세스 전개형 과제도출 개념도

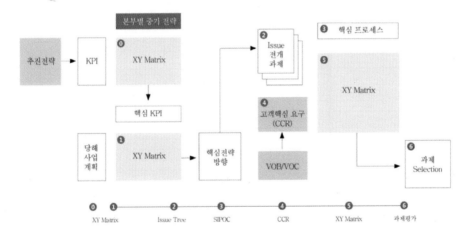

[그림 Ⅰ-61] 프로세스 전개형 과제선정 사례

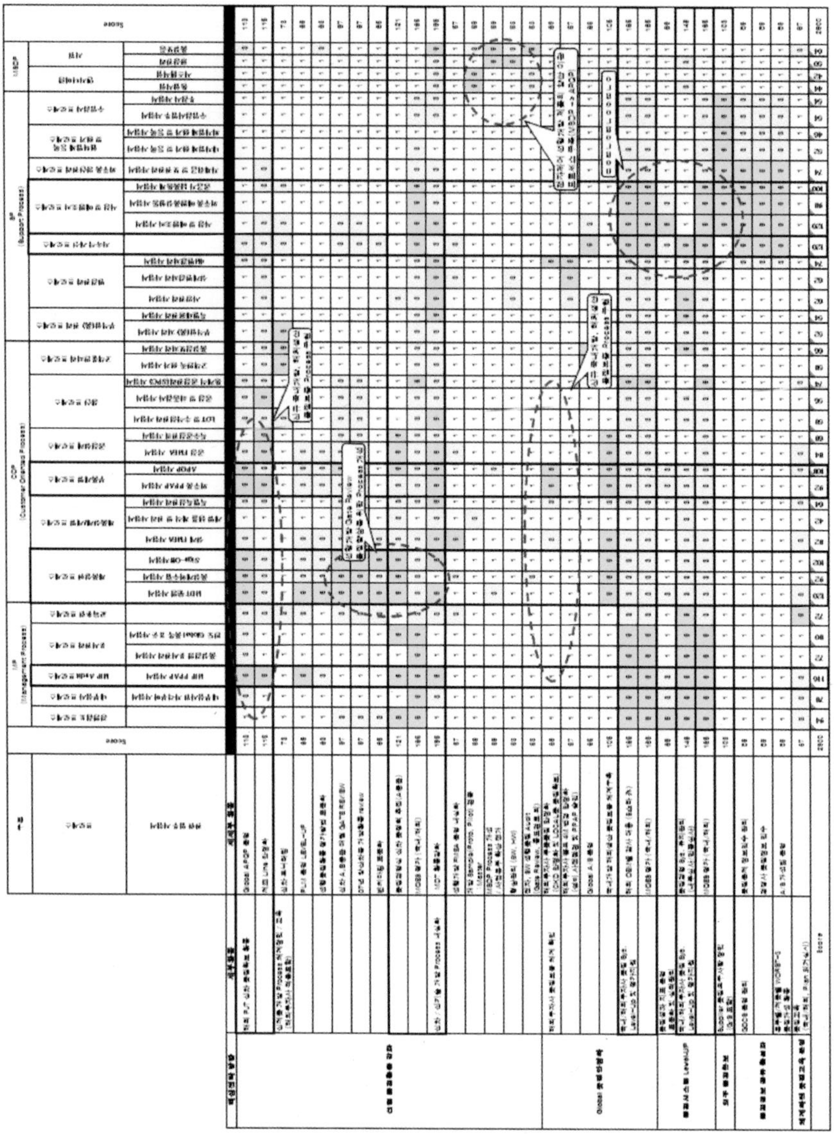

[그림 Ⅰ-61]은 필자가 컨설팅 했던 국내 유수 대기업의 품질부서에서 과제를 선정하기 위해 프로세스 전개형을 채택하고 실행한 사례이다. 이때 주로 사용한 기법은 '신 QC7 도구' 중 하나인 매트릭스 도법의 확장된 형태로서 우리에게 많이 익숙한 'QFD' 또는 'X-Y 매트릭스'와 유사한 도구이다. Y-축에는 사전에 경영방침이나 중장기 전략으로부터 검토된 핵심 이슈들이 도출되어 있고, X-축에는 핵심 프로세스를 나열하여 상호 관련성을 검토하게 된다. 경영방침이나 전략으로부터 핵심 이슈를 도출하기 위해서는 앞에서 언급한 워크아웃 형태의 일련 작업이 필요한데 이때 퍼실리테이터로서의 역할을 문제해결 전문가가 해줘야 한다. 또한 반드시 스폰서 역할을 할 수 있는 임원이나 선임 팀장을 참석시켜 계획만 세우고 마는 단순한 회의로 끝나는 것을 방지해야 한다. 이러한 전략으로부터 이슈를 도출하는 과정도 합의를 거칠뿐더러, 새로운 아이디어를 정제해 최종 선정하는 과정을 마무리할 수 있다. 이때 임원이 솔선수범하고 합리적 의사결정을 통해 혁신추진의 의지를 밝히는 게 무엇보다 중요하다.

모든 기업 활동은 '핵심 프로세스'와 '지원 프로세스'라는 두 가지 형태의 프로세스로 구성되어 있다. '핵심 프로세스'는 기능의 경계를 넘어 외부 고객에게 전달되는 최종 제품과 서비스를 창출해내는 일련 활동을 말하며, '지원 프로세스'는 기업 내부에서 '핵심 프로세스'의 성과에 영향을 미치는 모든 활동을 의미한다. 또한 모든 프로세스는 여러 하부 프로세스들로 분해할 수 있다. 다음에 소개할 '프로세스 매핑' 기법은 가장 핵심이 되는 프로세스를 파악하고 이 프로세스를 구성하고 있는 하위 프로세스들을 명확히 밝히며 더 나아가 현재의 프로세스에 대한 문제점을 발견하고 개선방향을 제시하는데 매우 유용하다(서철호, 2000). 따라서 이러한 '프로세스 매핑'이 의미를 가지려면 해당 부문의 전 프로세스를 아무 의미 없이 나열해서는 안 되고 관련 표준에 대한 깊은 이해를 토대로 규정, 규칙, 그리고 지침 등을 해당 부문 전문가들이 깊이 있게 검토한 후 프로세스의 선후 관계를 명확히 하여 전개해 나가야 한다.

　이제 X – 축과 Y – 축이 확정되면 팀원 전원이 모인 상태에서 멀티보팅(Multi – voting)을 실시한다. 이때의 멀티보팅은 핵심 이슈나 핵심 프로세스를 알아보기 위해서라기보다 핵심 이슈와 프로세스와의 상관관계를 점수화한 다음 이 중에서 점수가 높은 영역을 대과제화 하는데 주된 목적이 있다. 따라서 매트릭스 내에 있는 점수 분포를 보고 팀원들의 합의와 통찰력을 발휘하여 향후 추진해야 할 과제후보를 선정한다. [그림 Ⅰ – 61]에서는 후보 과제를 선정하는 사례를 보여준다.

　이렇게 선정된 과제는 다른 과제선정 방법론과 마찬가지로 적절한 과제선정기준 — 시급성, 중요도, 실행 용이성, 파급 효과 등 — 을 확정하여 최종 과제를 선정하게 된다. 이 방법론은 전략을 전개하여 이슈를 도출하거나 표준류에 대한 연구를 통하여 프로세스를 전개하는 등에 있어 팀원들이 매우 어려움을 피력하나 일단 한 번 경험하면 사내 지식자산이 되고 팀원 모두가 지적으로 함양되는 느낌을 받게 된다. 또 팀원 간의 합의를 거친 과제선정이 되다 보니 나중에 과제를 추진하는데 있어 굉장히 많은 지원과 몰입을 경험했던 것으로 기억된다.

　다음으로는 프로세스 전개형 과제선정 방법의 핵심 기법이라 할 수 있는 '프로세스 매핑'에 대해 간단히 알아보자.

6.6.1. 프로세스 매핑

　프로세스를 효율적으로 관리하기 위해 특정 업무의 흐름을 도식화한 것을 '프로세스 맵(Process Map)'이라 하며, '프로세스 맵'을 작성하여 프로세스의 비효율적인 면을 개선하고자 하는 방법이 '프로세스 매핑'이다. 프로세스 매핑은 6시그마나 PI, BPR을 비롯한 다양한 과제활동을 하는데 매우 중요한 도구이다. 따라서 본문에서는 Anjard(1996, 1998), 서철호(2000) 등을 참조하고, 필자가 다년간 컨설팅 했던 경험을 바탕으로 간단히 '프로세스 매핑' 절차를 설명할 것이다.

① 프로세스 세분화

해당 프로세스에 소속되어 있는 하위 프로세스를 파악하여 최소 활동 단위까지 업무관계를 세분화한다. 프로세스 맵은 업무개선을 목적으로 한 것이지만, 최하 단계의 맵은 실무에서 활동지침으로도 활용할 수 있으며 상위단계의 맵은 업무의 역할분담과 관리지침으로 활용될 수 있다. 현업에서 공정관리 시 사용하는 QC 공정도나 관리계획서 등을 보면 대부분 기업에서 프로세스 매핑을 깊이 있게 활용하고 있음을 알 수 있다. 프로세스 맵의 작성을 위해 선정된 특정 프로세스는 다른 프로세스와 비교적 관련이 적어야 하며, 프로세스 맵을 작성할 때는 프로세스에 관련된 업무담당자들이 모여서 현행 업무의 흐름 및 문제점 등을 파악해야 한다. 이렇게 작성된 프로세스 맵을 통해 현행 업무의 전체적인 흐름을 확인할 수 있어야 하며, 그 속에는 부서별 업무내용이 일목요연하게 정리돼있어야 한다. 프로세스 맵을 효율적으로 작성하기 위해서는 먼저 다음과 같은 점에 유의하여 프로세스를 세분화한다.

- 작성하고자 하는 프로세스의 영역을 명확히 한다.
- 조직 내 기능부서 간 프로세스의 구성 여부 및 관련 여부를 명확히 한다.
- 대상 영역을 분해하여 프로세스를 스테이지, 스텝, 액티비티(Activity) 순으로 세분화한다. 여기서 액티비티는 프로세스 맵을 작성하고자 하는 영역에서 최소단위 업무인 태스크로 이루어진 단위이며, 스텝은 액티비티로 구성되어 있는 독립적인 단위업무의 레벨(level)을 의미한다. 특정 프로세스의 세분화된 이러한 업무관계도를 프로세스 블록 구성도라고 하며, 각 업무단계에서 사용하고 있는 양식이 있으면 열거하고 양식들의

사용 목적, 활용 관계, 형식 등을 파악해둔다.

② 프로세스 맵의 작성
프로세스 블록 구성도에 따라 다음 사항들을 고려하여 프로세스 맵을 작성한다.

- 프로세스 블록 구성도의 각 액티비티별로 업무를 정의하고 각 액티비티에서 수행하는 업무인 태스크를 파악한다. 또한 관련 규정 및 정보, 업무의 흐름, 사내 정보시스템과의 관계를 파악하여, 태스크들의 관계와 업무흐름을 도식화한 업무흐름도를 작성한다.
- 업무흐름도 및 프로세스 블록 구성도에 사이클 타임과 같은 품질관련 지표값을 추가하여 프로세스 맵을 완성한다.
- 작성한 업무흐름도 및 프로세스 블록 구성도를 실제 현장에서 확인, 검증한다.

③ 프로세스 기술서의 작성
프로세스 기술서는 프로세스 맵상에 나타난 내용을 구체적으로 알 수 있도록 하고 도식화가 갖고 있는 한계를 보완하기 위해 작성한다. 프로세스 기술서에는 프로세스 맵상의 단위활동에 대한 설명, 그에 따른 세부사항 등을 기입한다. 이러한 프로세스 기술서를 작성할 때의 유의사항들은 다음과 같다.

- 단위활동들에 대해 실제 프로세스가 운영되고 있는 활동별 내용을 명확히 표현한다.
- 가시화 단계에서 작성한 업무기술서 내용을 바탕으로 전체 프로세스 관점에서 단위활동들의 목적과 운영내역을 기술한다.
- 자기 부서만이 아니라 관련 타 부서의 담당자 업무기술서를 참조하여 기술한다.

위와 같은 절차에 따라 프로세스 맵이 완성되면 프로세스 맵 및 기술서를 분석하여 프로세스의 문제점을 파악하는 단계를 수행하게 된다. 완성된 프로세스 맵과 기술서를 분석하면 다음과 같은 성과물을 얻을 수 있다.

- 프로세스에 포함된 고객
- 프로세스 맵과 실제 수행절차, 시간 또는 방법상의 차이 인식
- 프로세스 전개에 따른 주요 현안과제
- 현행 프로세스에 대한 측정지표 및 측정수준
- 현행 프로세스에 대한 기대수준
- 프로세스 효율화를 위한 개선안

위와 같은 목적을 달성하기 위하여 프로세스 맵을 분석할 때는 다음과 같은 사항들을 유념한다.

- 프로세스의 아웃풋(Output)을 향유하는 고객은 누구이고, 고객의 기대사항 및 요구사항은 무엇이며 프로세스가 그 성과를 제공해주고 있는가?
- 현행 프로세스에서 나올 수 있는 최대 아웃풋은 무엇인가?
- 프로세스에 투입되는 인풋(Input)이 프로세스에 어떠한 영향을 미치고 있으며 기준 이하의 아웃풋을 제공하고 있지는 않은가?
- 프로세스에 과다한 단계들은 없는가?
- 프로세스에서 중복 실시되는 단계는 없는가?
- 프로세스에서 누락되거나 순서가 적합하지 않은 단계는 없는가?
- 프로세스 각 단계의 업무가 전체 프로세스의 업무에 가치를 부여하고 있으며, 제거되어야 할 단계는 없는가?
- 프로세스에서 업무의 흐름에 병목현상이 발생하거나 비능률적인 부분은

없는가?

[표 Ⅰ-60] A사의 후보 과제 목록 양식

성과 지표	현수준	목표 수준	과제명	선정여부
			•	
			•	
			•	
			•	
			•	
			•	
			•	
			•	

Tip
- 성과지표 : 비전/전략과 연계된 실별 전략목표를 달성하기 위한 핵심 성과지표
- 현수준 : '08년 연간 (또는 지표에 성적에 따라 기간설정 달라질 수 있음) 실적을 명기
- 목표수준 : '09년 목표수준을 명기
- 과제명 : 과제명은 과제의 핵심 활동을 나타내야 하고, 과제가 어떤 목표를 달성하려는 것인지를 명확히 알 수 있게 해야 함.
  즉 『OO의 중요한 OO역량을 어떻게 개선하여 OO 수준으로 개선함』 형식으로 작성

특히 프로세스상에서 실제로 무엇이 어떻게 수행되고 있는가, 문제점은 무엇인가 등을 이해하기 위해서는 프로세스 맵을 통해 파악한 업무흐름에 따라 추적·관찰하고, 담당자와의 토론을 행할 수 있다. 이를 위해서는 다음과 같은 점에 유의할 필요가 있다.

- 프로세스 맵, 기술서 등을 숙독해야 한다.
- 무엇을 중점적으로 확인하고 질문할 것인지 결정한다.
- 프로세스 맵을 업무수행 단계별로 직접 추적한다.
- 프로세스 맵 또는 관련업무 기술서와의 차이가 발생한 경우 담당자에게 질문하거나 메모한다.
- 파악된 문제점 및 개선안, 요약 정리된 사항 등은 프로세스 맵상의 담당

자에게 제시하여 공감대를 형성해야 한다.

이상과 같은 절차를 통하여 현행 업무에 대한 프로세스 맵을 분석하면 선정된 CTQ와 연관이 있는 핵심 프로세스를 파악할 수 있게 되고, 그 결과 프로젝트 테마가 구체화된다. 잠재 과제리스트를 작성하고 과제를 체계화·구조화하며 최종 추진과제를 선정·평가하는 작업은 모두가 동일하므로 본문에서의 설명은 생략한다.

[표 Ⅰ-61] 과제선정 방법론별 개념과 특징 요약

방법론	개 념	특 징
목표 전개형	- 사업전략으로부터 과제화 과정을 통해 Value Drive Tree(CTQ-Y) 형태의 과제 Pool를 작성한 후 과제로 연계 - 주로 Top-Down 형태로 임원의 목표달성을 위한 과제 전개 방식으로 진행 - Tree의 보완 개념(MECE 관점)으로 Bottom-Up의 형태를 추가로 진행	경영혁신 성숙기에 진입한 회사에 적합한 과제선정 방법론으로, 핵심성과지표에 대한 하위지표를 전개하여 과제를 선정하는 방식 ☞사업전략 자체의 정합성/타당성 확보가 성공의 필수요소임
이슈 전개형	- 회사의 중점개선 영역(Big Y)의 도출을 사업전략(KPI)과 고객, 내부역량의 세 가지 관점으로부터 출발하여 이슈 중심의 Tree 전개를 통해 과제화 과정을 진행 - Top-Down(전략, 고객관점)과 Bottom-Up(프로세스, 내부역량) 형태의 양방향 접근 방법론을 동일한 비중으로 진행시킴	다양한 관점의 검토가 필요하나 충분한 활동시간 할애가 부족할 경우 Bottom-Up 과정에 치우친 과제도출 수행 가능성이 높음 ☞상위전략과의 연계성 확보 및 성과 명확화가 필수 요소임
프로세스 전개형	- 조직의 경영전략 목표달성을 위해 직간접적으로 가장 큰 영향력을 가진 핵심 프로세스를 정의한 후 프로세스의 효과성과 효율성을 측정하는 핵심지표의 생성과 검증을 통해 과제도출 과정을 진행 - 프로세스의 지속적인 관리를 포함	핵심 프로세스의 선정이 무엇보다 중요하며, 그에 따라 기능(부서)적으로 조직화된 관점보다 고객관점에서 프로세스를 정의하는 것이 성공의 관건임

· 다음은 국내 유수의 대기업을 컨설팅하면서 과제를 선정할 때 도전적이고 창의적이며 보
  다 혁신적인 과제를 선정하고자 하는 경영혁신 최고 책임자와 편지를 주고받은 내용이다.

· **과제의 혁신성과 참신성**

  현재까지 도출된 과제평가의 핵심은 아무래도 혁신성을 어떻게 판단할 것이냐일 것입
  니다. 과제의 혁신성을 판단하기 위해서 각 분야 전문가의 의견을 받아 판단을 유도
  했지만 향후 논쟁의 여지가 많을 것 같습니다.
  아직 '과제의 혁신성'에 대해서는 어떻게 접근해야 할지 정확한 개념정리를 못 하고
  있습니다만 이게 명확하게 정의되지 않는다면 향후 활동 진행과정에서 논란의 여지가
  있을 것으로 보입니다. 혁신성이라 함은 경영혁신활동의 알파요 오메가라고 볼 수 있
  습니다. 따라서 이러한 넓은 의미를 내포하고 있는 잣대를 과제선정의 기준으로 삼는
  데는 다소 무리가 있다고 생각됩니다. 오히려 도출된 과제가 비록 작지만 참신한 아
  이디어를 제시하고 구현하려는 노력이 엿보인다면 이를 재택하는 기준을 제시하는 게
  더 나을 듯싶습니다. 즉 지금의 딜레마는 혁신성과 참신성을 같은 수준에서 바라보고
  있기 때문에 생기는 것이 아닌지 감히 생각해 봅니다.

· **기존 과제선정 방향성과의 현실적 괴리**

  사무국에서 제시했던 과제선정의 방향성은 아래 세 가지입니다.
  1) 원가절감 효과가 큰 것
  2) 각 항목의 현 수준 대비 30% 이상 도전적 목표를 제시할 것
  3) Zero Base에서 출발하는 임원의 혁신의지가 내포된 것. 비록 가시적인 원가절감
     효과는 적더라도 변화와 개혁 의지가 높은 것

  위 세 가지 원칙은 1) 또는 2)를 도전적 목표설정의 기준으로 하고 3)을 과제선정
  방향으로 삼기로 하였습니다. 여기서 원칙 3)은 현재 논란의 대상이 되는 과제의 혁
  신성에 대한 사고의 단초를 제공하고 있습니다. 그래서 1), 2)에 해당하지 못하지만
  3)을 충족시키는 과제를 도출하였고 이러한 과제 또한 목표를 30% 이상 도전적으로
  설정하도록 유도하였습니다. 그러나 특히 사무 간접 부문은 원칙 1)에 위배되는 과제
  가 대부분이어서 원칙 2), 3)에 부합하는 과제를 선정하기 위해 노력했습니다. 하지만
  임원의 혁신의지를 작성된 기술서를 토대로 판단하기에는 다소의 무리가 있다고 여겨
  집니다.

· **혁신적인 과제와 혁신적인 목표의 관계**

고유의 혁신방법론을 구축하는데 있어서 기존의 문제해결 방법을 적용하는 데에는 다소 상충되는 면이 발견되고 있습니다. 즉 문제해결 활동에서는 개선(Improve)에서 근본문제를 해결하기 위한 혁신적인 아이디어를 창출하기 때문입니다. 과제를 선정하는 단계에서는 혁신적인 목표(Stretch Goal)를 설정하고 이 목표를 달성하기 위한 잠재 과제를 선정하게 됩니다. 이러한 과제를 재무 영향도, 전략과의 연계성, 과제의 규모 등 잣대를 가지고 임원이 주관이 되어 최종적으로 과제를 선정하게 됩니다. 즉 도전적 목표의 설정 유무는 과제선정의 기준이 될 수 있지만 과제의 혁신성은 과제를 진행하기 전까지는 알 수도 없고 혹 이미 알고 있다면 그건 바로 실행해야지 굳이 단계를 밟아가면서까지 과제활동을 할 필요는 없다는 모순에 빠지게 됩니다.

현재 워크숍을 진행하고 있는 아이디어 도출 방법론도 로드맵 전개상 Improve Phase에서 최적의 혁신적인 아이디어를 구현하기 위해 M, A Phase를 미리 진행하는 것입니다. 왜냐하면, 원가경쟁력 확보라는 회사의 정책이 이미 정해졌고 잠재문제도 원가절감을 위한 아이디어 도출로 명확히 규정되어 D, M Phase는 이미 진행되었다고 볼 수 있기 때문입니다. 따라서 과제선정단계에서는 혁신적인 아이디어(또는 과제)를 도출하기보다 지표를 전개했을 때 가장 우선적으로 해결해야 할 부분에 대해 혁신적인 목표를 제시하고 이를 달성하기 위한 향후 과제활동을 준비하는 단계라고 보는 게 타당할 것 같고 이는 지금까지 경영혁신을 추진했던 여러 회사의 사례이기도 합니다.

· **해결 방향**

첫째, 기존에 도출된 과제 중에서 도저히 과제로 인정할 수 없는 것들을 10~20% 색출하여 Drop시키고 나머지 과제는 학습효과 및 성공체험의 극대화라는 관점에서 보완·수정한 후 진행시켰으면 합니다. 이렇게 하면 일단 현업의 저항을 최소화할 수 있고, 전 임직원이 최대한 과제활동에 참여하는 효과를 얻을 수 있다고 생각합니다. 또한 작지만 강한 과제와 도전적이며 혁신적인 과제를 동시에 진행할 수 있게 됩니다. 그리고 과제를 진행하는 과정에서 과제진행이 어렵다고 판단되면 Drop을 시킬 수도 있기 때문에 리스크를 최소화할 수 있다고 판단됩니다.

둘째, 올 한 해의 경영혁신활동은 시범과제를 추진하는 단계로 규정하는 것입니다. 이미 각 분야 전문가로부터 의견을 청취한 사항이기 때문에 이를 존중하면서 혁신성이 3점 이상인 과제만 우선 진행을 시키는 것이지요.

이렇게 되면 연말에 있을 원가절감 평가에서 어떻게 차별성과 형평성을 골고루 가져가야 할지 고민해야 할 것 같습니다. 왜냐하면 몇몇 임원이 과제활동에서 제외될 가능성이 있기 때문입니다.

셋째, 올해는 임원별로 1개의 프로젝트만 추진하는 걸로 올해의 경영혁신활동을 한정 짓는 겁니다. 그리고 현재 선정이 안 된 임원은 어떻게든 5월 이내에 과제를 선정하여 승인을 획득한 후 추진하도록 하고 1개 프로젝트 이상을 추진하는 임원에게는 인센티브(Incentive)를, 1개 프로젝트만 추진한다든지, 5월 이후에 프로젝트를 추진하는 임원에게는 페널티(Penalty)를 부여하면 될 것 같습니다.

· 에필로그

혁신적인 과제란 기존과 다른 새로운 아이디어를 반영함으로써 현재의 사업 환경을 획기적으로 변화시킬 수 있어야 하며 이를 통해 미래의 성장 동력을 확보하고 고객을 감동시킬 수 있어야 하는 과제라고 봅니다. 그러나 이러한 과제의 도출 및 실행은 조직 내에 많은 학습과 역량 확보가 전제되어야 가능합니다. 즉 조직의 전략과 핵심역량을 확보해야 하고 이를 위한 벤치마킹이나 조직 내 전문가의 적극적 참여, 그리고 동종업계 전문가의 조언이 선행되어야 한다고 봅니다. 따라서 향후에는 경영전략과 연계된 혁신적 과제발굴을 염두에 두고 내년을 도모해야 할 것 같습니다. 물론 혁신 활동을 진행하는 과정에서 기준이 조금씩 변경될 수는 있습니다. 핵심은 얼마나 이러한 변경요인을 합리적·논리적으로 전사에 전파하느냐는 것이지요. 전에도 평가기준에 대해 명확한 기준을 제시해 주셨듯이 과제의 혁신성에 대한 판단에 있어서도 조직의 정서 및 문화를 반영한 좀 더 명확한 방향성이 제시되었으면 하는 생각을 하며 저의 소견을 가름하고자 합니다.

6.6.2. 과제도출 사례(1)

아래 템플릿들은 국내 유수의 기업에서 경영전략과의 연계성, 목표 전개, 과제 도출을 일목요연하게 추진할 때 적용된 예들이다. 단순하면서도 모든 사항들을 빠짐없이 포함하고 있어 본문에 실었으니 참조하기 바란다.

① 사업장 Goal & Objectives

사업장 G&O		단위	현 수준 ('01 실적)	목표수준 ('02 S/G)	중요도 (1~5점)
재무성과	○ 제조원가	억원			
	○ 세전이익	억원			
Product	○ 양품률	P	%			
		F	%			
	○ 가동률	P	%			
		F	%			
	○ DPM	P	%			
		F	%			
Process	○ 반품률	ppm			
	○ 품질사고	건			
	○ 성인화				
People	○ 전문가 양성	BB	명			
		GB	명			
		Mechanic				

② Company Y와 사업장 G&O 상관관계

사업장 G&O		중요도	Company Y					우선순위
			Y1	Y2	Y3	Y4	합계	
고객중심의 영업혁신								
프로세스 효율 생산성 향상								
미래성장 기반구축								
조직 / 문화혁신								
합계 (우선순위)								

③ CTQ Flow Down

경영방침 (Company Y)	사업장 CTQ (CTQ Level 0)	CTQ Level 1	CTQ Level 2	과제

④ 핵심 과제선정

사업장 CTQ	과제	평가				우선 순위	과제 구분	책임자
		중요도	긴급도	영향도	점수			
CTQ A								
CTQ B								
CTQ C								
CTQ D								

⑤ 과제 목록

NO	실시부서	과제명	과제 구분	목표	수행기간	예상성과 (발행기준)	리더명

7. 혁신 기획단계 주요 이슈 및 해결방안

경영혁신을 추진하다 보면 다양한 이슈와 접하게 된다. 이 장에서는 혁신을 기획하는 단계에서 만나게 되는 이슈들을 필자가 다양한 고객을 접하면서 경험한 사례를 중심으로 정리하고 해결책을 모색하고자 한다. 특히 본문에서 설명하는 제반 이슈들은 향후 혁신을 수행하고 사후관리 하는데 하나의 해결책으로 깊이 있게 다뤄지게 된다.

7.1. 경영혁신이 현장과 따로 논다

이는 주로 본사(또는 본부) 경영혁신 팀에서 경영혁신 기획물들, 예를 들면 마스터플랜, 변화관리 추진계획, 혁신 데이 어젠다 등을 무조건 톱다운 방식으로 내림으로써 혁신 주체인 현장 직원의 공감대를 얻지 못했을 때 나타난다. 이처럼 경영혁신의 실행이 현장과 별개로 움직인다고 구성원이 느끼는 상황은 가장 위험한 신호라고 보면 틀림없다. 여기서 주의해야 할 사항은 '현장'이라는 단어가 가지고 있는 함의이다. 통상 설비가 있고 현장 작업자가 분주하게 움직이는 곳을 '현장'으로 생각하는 경향이 있는데 문제해결을 기반으로 한 전사적인 경영혁신활동에서의 현장은 '전사' 그 자체이다. 즉 영업이 이루어지는 바로 그곳, 자금이 흘러가는 바로 그곳, 연구 활동이 활발히 벌어지는 바로 그곳이 현장이다. 따라서 경영혁신 팀에서는 항상 이러한 현장의 목소리에 귀기울이고 보다 적극적으로 경영혁신의 필요성을 전달하며, 과제활동, 변화관리 활동 등 제반 활동을 몸소 느껴보고 그 의미를 현장에 전달하고자 노력해야 한다. 필자가 컨설팅 했던 한 기업의 경영혁신 주관부서는 팀장을 비롯한 전 팀원이 일주일에 2~3일을 직접 현장에 찾아가 그곳의 생생한 목소리를 듣고 이를 경영혁신을 추진하는데 반영했었다. 매우 모범적인 사례일 뿐만 아니라 본인들도 전에는 경험하지 못했던, 그리고 예상하지 못했던 새로운 혁신에 대한 시각을 넓힐 수 있는 전환점으로 생각하게 되었다.

반면, 필자가 최근에 경험한 모 회사의 경우, 현장의 목소리를 무시하고 너무 강력하게 전개하는 바람에 역풍에 휘말려 좌초될 뻔한 사례도 있다. 물론 경영혁신은 초기에 강력한 드라이브를 걸 필요가 분명히 있다. 하지만 현장의 목소리나 분위기를 유도할 수 있는 경영진의 솔선수범과 경영혁신 팀의 자기 희생이 뒷받침되지 않고 일방적인 지시 형태로 혁신의 프로그램만 내려가게 되면 현장에서는 혁신에 대한 피로감을 호소하게 되고, 이는 분명히 강력한 형태의 저항으로 이어진다. 한편 예전에 몸담았던 기업체에서는 사장부터 말단 신입사원까지 "나부터 변하겠다."라는 말을 입에 달고 살았고 실제 변화를 몸으로 실천한 적이 있었다. 즉 하루 이틀 플래카드 걸고 몸에 슬로건을 착용하면서 현장직원들이 출근하는 시간에 맞춰 인사만 하는 수준에서 벗어나 조직 전체의 변화와 혁신에 대한 마인드가 일상이 되고 문화로 자리매김하면서 이후로 경영혁신을 추진하는 데 많은 효과를 봤던 예가 그것이다.

7.2. 전원참여는 구호뿐이다

경영혁신 초기에는 위기의식을 불어넣기 위해 소위 '위기극복 결의대회' 등을 전사적으로 진행하기도 하고 사장님이 전사 경영회의체를 활용하여 전원참여를 독려하기도 한다. 하지만 행사가 끝나면 더 이상 경영혁신은 나와 무관한 것이 되고 마는 게 현실이다. 특히 팀장급의 이탈이나 무관심이 끼치는 영향은 전사적인 경영혁신활동의 동력을 꺼뜨릴 정도로 파장이 크기 때문에 예의주시해야 한다. 이를 미연에 방지할 수 있는 방법은 다양한데 우선 팀장급이 일정한 역할을 할 수 있는 활동들을 기획하는 일이다. 예를 들면 '팀장 과제'를 만들어 본인이 직접 과제 리더로 과제를 수행해보면 나중에 프로세스오너로서 과제 리더들을 관리하는데 많은 도움이 된다. 또, '올해의 팀장' 등제도를 만들어 그해에 가장 큰 활동을 한 팀장을 선발하여 연말에 포상을 하는 것도 좋은 동기부여 수단이 될 수 있다. 하지만 전사 변화관리 차원에서전 팀장에게 돌아가며 방송을 통해 독후감을 발표하게 한다든지, 전 임원들에게 혁신 데이 중 본인이 생각하는 경영혁신, 변화와 혁신에 대한 소견을 발표하게 하는 일 등은 본인이나 소속 부서의 학습효과를 기대할 순 있지만 준비작업이 아랫사람에게 이관되어 업무가 과중해지고 '혁신은 문서업무가 많다'는 식의 불필요한 오해를 낳을 수 있다. 따라서 이런 발표 및 토론형 프로그램들은 초기에 강력하게 추진하기보다 어느 정도 혁신이 성숙했을 때 추진하는 것이 효과적이다.

한편, 이와는 반대로 본인의 성장을 위해 경영혁신에 적극적으로 참여하고싶어도 조직 논리에 의해 제외되는 구성원이 발생하기도 한다. 이들을 위해서는 'Quick성 과제' 등을 도입하여 단기간 내에 약속한 목표성과를 창출할 수있도록 해주는 게 바람직하다. 또, 전 사원에게 교육 기회를 언제나 열어둬야한다. 초기에는 외부 컨설턴트를 활용하기 때문에 어느 정도의 비용 부담은 피할 수 없으나 사내 전문가가 양성되게 되면 이를 만회할 수 있기 때문에 온·오프라인을 활용하여 전사적인 교육체계를 갖춰나가는 것이 바람직하다.

7.3. 저항세력이 곳곳에 산재해 있다

경영혁신활동을 하는데 있어서는 항상 갈등과 저항이 있기 마련이다. 전체 구성원의 20퍼센트는 변화와 혁신의 적극 가담세력, 50퍼센트는 관망세력 그리고 나머지 30퍼센트는 변화의 저항세력일 경우가 많다. 경영혁신이 성공하려면 이들 관망세력과 저항세력을 적극적으로 참여하도록 유도해야 한다(하버드 경영대학원, 2004). 특히 경영혁신을 기획하는 첫 단추부터 이들을 어떻게 끌어들일 수 있을지 경영혁신 팀이나 사내 전문가들이 주의를 기울이고 접근해야 한다. 이에 대해 제리슨(2008)은 다음과 같은 '활성화' 요소를 저항세력을 주도세력으로 만드는 요체로 간주하고 있다.

- 변화를 작은 단계로 나누어라
- 일찍 하는 보상
- 실수를 두려워하지 않게 하라
- 이끌어 주고 훈련시켜라
- 참여를 독려하라
- 부정적 감정에 공감하라
- 시작은 쉽게
- 변화 실행에 전념하라

이 중에서도 특히 실수해도 괜찮다며 구성원을 안심시키는 것이 중요한데, 실패해도 불이익이 돌아오지 않는다는 것을 알게 되면 구성원은 새로운 접근법을 시도하려고 한다. 실수는 배우는 과정의 일부라고 말하는 부서장을 신뢰할 수 있게 되면, 구성원은 스스로 해 본 적이 없는 일을 용기 있게 시도할 것이다(같은 책, 2008). 필자가 근무했던 회사에서는 실패사례 모음집을 사내에서 펴내고 경진대회를 개최한 적이 있다. 이렇게 함으로써 조직구성원들은 자진신고를 할 수 있는 계기가 되었고, 두 번 다시 실패하지 않겠다고 다짐하는 효과적인 변화관리 프로그램으로 발전하였다.

이보다 더 좋은 방법은 변화에 저항이 심한 구성원이나 팀에게 이들이 경영혁신의 장으로 한 걸음 들어오는 것 같아 보이면 미리 칭찬해주고 보상도 해주는 일이다. 처음에 실패하더라도 노력을 인정해주고 몇 번이고 다시 해보라고 격려해준다. 미리 보상해주면 경영혁신활동에 훨씬 긍정적으로 다가서기 때문에 두려움이라는 부정적 감정을 상쇄할 수 있다. 또한 쉽게 첫걸음을 내디딜 수 있게 해주면 구성원이 느끼는 부정적 감정과 장애물을 없앨 수 있다(같은 책, 2008). 이는 필자가 경영혁신 팀원으로 재직할 때나 컨설턴트로서 경영혁신을 지도하는 과정에서 수차례 목격했던 사실이다. 활성화 요소들이 복합적으로 그리고 시의적절하게 사용될 수만 있다면 의구심을 품고 두려워하면서 한편으로 저항을 하는 구성원의 감정 절벽을 뛰어넘어 변화와 혁신의 장으로 이끌 수 있다. 또 앞서 변화관리 편에서 언급한 J 곡선이 4단계를 지나 올라가기 시작할 때 활성화 과정을 이용해 자연스럽게 격려해 줌으로써 개인이 더 많은 성과를 올리도록 유도할 수 있다.

한편 마이클 비어 교수(하버드 경영대학원, 2004)와 존 코터 교수(2002)는 '효과적인 비전 제시'를 저항세력을 감소시킬 수 있는 방안으로 보고 있다. 존 코터 교수에 의하면 효과적인 비전은 희망찬 미래를 표현하고 있어야 하고, 필요할 경우 희생도 감수할 정도로 강력한 매력을 지녀야 하며, 실현가능한 현실성을 갖추어야 한다고 역설하고 있다. 또한 집중할 수 있고 융통성이 있으며 다양한 계층이 소통할 수 있도록 쉬워야 한다고 말한다. 이러한 비전은 경영진과 조직구성원들의 실행으로 이어져 구체적인 결과를 만들어 낼 수 있어야 하고 회사의 핵심가치와 일치하는 비전이 되어야 함을 강조하고 있다(같은 책, 2004). 필자의 경험으로는 허울만 좋고 당장의 실행과 연관성을 확보하지 못한 비전은 구성원의 공감대를 형성하는데 실패하고 결국 경쟁사에 뒤처져 회사가 문을 닫는다는 사실을 뼈저리게 느꼈다. 회사가 잘나갈수록 경영혁신에 매진해야 한다는 실무진의 아우성을 묵살하고 대표이사는 멋들어진 7대비전을 선포하고 실행부서를 만들었다. 그곳에서 거대한 조형물을 완성하고 매월 경영계획을 초과하는 부분에 대해서는 구성원에게 상품권을 지급하는 등 선심성 변화관리를 지속하였다. 결국 이 회사는 경쟁사에 뒤처지는 결코 있어서는 안 될 결과를 낳고 말았다. 구성원의 기대와 격리된 비전은 있으나마나 한 것이다. 이러한 의미에서 문제해결을 기반으로 한 경영혁신활동은 실행력을 극대화시킬 수 있는 하나의 커다란 변화관리 프로그램으로서 굉장히 유효하다고 할 수 있다.

7.4. 과연 재무성과 있는 과제가 능사인가

이 이슈는 회사에서 추구하는 전사적인 경영혁신의 목표와 연계되어 있다. 회사의 경영혁신 목표가 예를 들어 '글로벌 원가경쟁력 확보'라고 한다면, 과제를 선정할 때부터 재무성과가 있는 과제를 염두에 두고 업무를 추진할 수밖에 없다. 하지만 이러한 회사방침이 있더라도 중장기적인 재무성과를 확보하기 위한 다양한 연구개발과제, 조직원들의 능력을 함양하고 사무 간접 부문의 낭비를 근원부터 제거하는 과제, 사업계획에는 반영되지 않았지만 획기적인 창조적 아이디어를 내서 영업이익을 창출하는 과제 등 다양한 종류의 과제를 동시에 추진할 수 있도록 해야 한다. 당장의 재무성과만 강조하다보면 목표의 강제 할당 등을 할 수밖에 없게 되고 조직문화가 이를 수용할 수 있을 정도로 성숙하지 않은 회사에서는 또 다른 저항을 잉태하게 된다. 따라서 당해 연도에 재무성과를 창출할 수 있는 과제, 중장기적으로 회사의 체질을 개선하는 과제, 당장의 체질개선과 낭비를 제거하는 과제 등을 회사 상황에 맞게 적절히 정의내리고 동시에 추진하기를 권장하는 바이다.

7.5. 나 홀로 과제가 있다

이는 과제의 수행과 보다 관련이 있지만 과제를 선정하는 단계에서 팀 빌딩이 제대로 이루어지지 않고, 팀원 간의 역할에 대한 배분이 적절히 이루어지지 않으면 필연적으로 따르게 되는 과제수행의 부정적 결과이다. 따라서 과제를 선정하고 최초로 임원에게 보고하는 자리에서 반드시 팀원들의 역할을 명확히 제시하고, 과제 리더는 이들에게 적극적인 참여를 유도할 수 있도록 다양한 조치를 취해야 한다. 필자가 경험한 바에 의하면 대부분 과제활동은 초기에 팀원들의 무관심 속에서 출발하게 된다. 이럴 경우 팀 빌딩을 통해 전체적인 방향성을 공유하고 그날 바로 다양한 형태의 회합을 갖고 이 자리에서 팀원들의 의견을 경청하는 자세를 갖는 것만으로도 향후 과제진행에 커다란 도움이 된다. 즉 팀원들도 내심 하고 싶은 생각은 있지만 팀장 눈치를 본다든지, 아니면 진짜로 바쁘든지, 또는 컨설턴트나 리더가 제대로 교육을 시키지도 않고 전달도 안 해 주면서 자꾸 하라고 하니까 반발심이 생겼든지 중 하나다. 이를 해소해주기만 하면 일단 과제를 추진하는데 원동력이 될 수 있다.

또 다른 방법은 Measure Phase 이후로 특히 특별한 이슈, 예를 들면 현재 프로세스를 이해하기 위해서 Process Mapping을 한다든지, 잠재원인 분석을 위해 데이터를 수집하거나 벤치마킹, 또는 설문조사를 할 때 명확히 업무를 분장하고 이를 멘토링 시간에 팀원들이 발표하게끔 하는 것이다. 이렇게 상황을 만들어놓게 되면 처음에는 준비 없이 관행적으로 멘토링 시간에 참여하게 되는데 이때 멘토링을 진행시킬 수 없음을 알리고 ― 잘 알겠지만 실제로도 진행할 수가 없다 ― 멘토링을 그 자리에서 중단해버리게 되면 나중에는 각자가 맡은 일을 하지 않을 수 없게 된다. 마지막 방법은 워크숍을 많이 갖는 일이다. 실제 과제를 추진하게 되면 현업에서는 한 시간도 짬을 내기 어려운 게 사실이다. 따라서 과제 리더는 본인이 자기희생을 한다는 각오와 솔선수범하겠다는 자세를 가지고 임해야 한다. 현실적으로 잠재원인 변수를 발굴하는 과정과 개선대안을 창출하는 과정에서 워크숍이 중요한데 이것도 미리미리 과제 리더가 철저히 준비하여 팀원들이 워크숍에 참석해 아이디어를 내거나 평가만 할 수 있게끔 준비해주면 전원참여 속에 윤기 나는 팀 활동이 될 수 있다. 이와는 반대의 경우로 과제가 나 홀로 추진해도 될 만한 정도의 규모일 수도 있다. 이럴 경우는 회사의 과제선정 및 Drop 원칙을 먼저 정립하는 게 바람직하다.

7.6. 경영혁신 팀과 팀원의 역할은 명확한가

7.6.1. 경영혁신 팀의 역할

경영혁신 팀은 과제를 도출하는 엔진, 과제를 실행하는 엔진을 기반으로 효율적 조직운영, 문제해결 도구의 체계적인 학습을 통한 인적 역량강화라는 세 가지 엔진을 주체적으로 가동함으로써 회사가 추구하는 비전, 전략, 목표달성에 장·단기적으로 기여하는 조직이다. 직원들은 자신의 업무 이외에는 관심이 없고 자신의 업무 이외의 것에 대해서 뭔가를 하라고 하면 매우 싫어한다. 하지만 주관부서 입장에서는 직원들이 혁신에 참여하도록 유도하는 게 목표다. 이처럼 종업원들의 요구와 추진 사무국의 요구는 서로 상충된다. 이 때문에 직원들이 스트레스를 받게 된다. 하지만 직원들이 스트레스를 받지 않으면 혁신에 대한 관심이 점점 멀어진다. 경영혁신 팀은 직원들에게 지속적인 스트레스를 주는 것이 팀의 주요 업무여야 한다. 만일 경영혁신 팀이 혁신을 추진하는데 직원들이 그것에 대해 스트레스를 받지 않으면 혁신이 아닌 일상 업무일 가능성이 크다. 거꾸로 경영혁신 팀으로 인해 직원들이 스트레스를 받고 있다는 것은 경영혁신 팀이 일을 잘하는 것으로 평가받는다. 혁신 팀의 기능은 혁신업무를 주체적으로 추진하는 것이 아니고, 다리에 쥐가 날 정도로 경영현장을 뛰어다니며 객관적 사실을 수집 분석하여 이를 혁신추진의 주체인 각 부서에 서비스하고 지원, 협력하는 일이다. 변화와 혁신을 도모하려면 발이 닳도록 뛰어야 하고, 또한 혁신에 대한 전문성, 그리고 엄정한 객관성이 갖춰져 있어야 한다.

7.6.2. 경영혁신 팀원의 역할

우리 사회는 끊임없는 변화와 혁신으로 출렁인다. 기업도 그 물결을 피해 갈 수 없으므로 물결을 헤쳐 나가는 법을 찾고 실행에 옮기기 위해 경영혁신에 적합한 인재를 필요로 한다. 이러한 경영혁신 팀원들은 다음 역할을 수행함으로써 변화의 선도자 역할을 수행하여야 한다.

첫째, 상황에 대해 넓은 시야를 가져야 한다. 이는 앞으로 맞닥뜨릴 다양한 상황전개에 필수불가결인 요소이다. 계속적으로 상황을 주시함으로써 앞으로 해야 할 사항 등을 준비할 수 있다. 둘째, 주어진 요소들을 가지고 상황을 예측하는 일이다. 상황을 예측할 수 있어야 앞으로 발생할 수 있는 위험요소 등에 미리 대비할 수 있기 때문이다. 셋째, 신속한 상황판단이다. 상황예측을 하였다면 실제로 그러한 상황이 벌어질지 아니면 그렇지 않더라도 그런 상황에 대한 빠른 해석이 필요하다. 판단이 있은 후에 행동이 있는 것이므로 꼭 행하여야 할 요소이다. 넷째, 발 빠른 상황대처이다. 정확한 예측과 빠른 판단이 뒷받침되더라도 이에 따른 행동이 없다면 모든 수고는 물거품이 된다는 점을 명심해야 한다. 마지막으로 다섯째, 깔끔한 뒷마무리이다. 모든 변화와 혁신에 대해 철저히 대응했을지라도 앞으로 벌어질 수 있는 부작용이나 또는 실수가 없었는지 확인해야 한다. 자그마한 실수가 큰 대형 사고를 불러일으킨다. 끝까지 세심한 주의를 기울이는 일에 게을러서는 안 된다.

8. 혁신 기획단계 리뷰

　　　　　　　　지금까지 본 장에서는 필자가 다년간 경영혁신 업무에 몸담아 오면서 느끼고 배우며 가르쳤던 내용을 실무적으로 정리하려 노력하였다. 이러한 노하우는 경영혁신 추진모델과 전개모델로 집약되었으며 이를 크게 경영혁신을 이루는 축과 변화관리를 수행하는 축으로 구분하여 설명하였다. 이처럼 혁신 기획단계에서는 혁신성숙도 진단, 경영혁신 중장기 마스터플랜 그리고 당해 연도 추진계획을 수립하게 된다. 다른 한편으로는 변화관리를 어떻게 끌고 갈 것인지 세부 실천계획이 포함되어야 한다. 변화관리 프로그램은 혁신을 기획하는 단계에서 동시에 또는 선행해서 이루어져야 효과가 있다. 또 이 단계에서 가장 중점적으로 다뤄야 할 부문은 과제를 선정하는 일이다. 제대로 된 과제선정 여부는 향후 혁신활동의 양적·질적 향방을 좌우하는 중요한 요소이다. 과제선정 작업은 전사적으로 진행되며 경영혁신 팀 주관으로 행하는 게 바람직하다. 이와 함께 혁신활동을 가속화하기 위한 교육, 평가, 보상, 포상 등 제반 시스템을 이 시기에 설계해야 한다. 이어 다음 단원부터 '혁신의 수행'에 대해 알아보자.

혁신의 수행

9. 개요

                 대부분 문제해결을 기반으로 한 경영혁신을 과제수행과 멘토링만 존재하는 것으로 알고 있지만 과제성과를 제대로 창출하기 위해서는 경영혁신활동을 수행하는 과정상에 다양한 활동이 수반되어야 한다. 본문을 통해 문제해결을 근간으로 한 경영혁신활동 중 놓치기 쉬운 치명적인 사안들을 최대한 알기 쉽게 풀어 설명하도록 하겠다.

혁신의 본질은 실행이다

     "실행을 해야 완성이 된다. 결정을 하려면 실행을 해야 한다. 나무 위의 세 마리 개구리 중 한 마리가 뛰어내리려고 마음을 먹었다. 나무 위에는 몇 마리가 남았을까? 답은 세 마리이다. 실행을 하지 않는다면 변하지 않은 그대로이다."

     실행이란 문제해결을 위한 활동을 직접 행동으로 옮기는 과정이며, 더 나아가 문제해결을 위해서 선택된 대안을 직접 집행하여 그 성과를 파악하는 전체 과정을 의미한다(천대윤, 2008). 즉 실행은 현실의 문제 또는 이슈를 명확히 직시하고 그것에 체계적으로 대응하는 일련의 활동이다. 실행의 중요성과 방법은 아무리 강조해도 지나치지 않다. 근래에 경영혁신활동이 기업경영의 화두로 자리매김하면서 '실행력'에 대한 관심이 꾸준히 증가하고 있다. 최근 일본 경제산업성에서 발표한 자료에 따르면 일본의 기업인들이 생각하는 'CEO에게 요구되는 자질' 중에서 최상위를 차지한 것이 바로 '실행력'이었다. 도요타 역시 실질강건(實質剛健)의 경영철학을 근간으로 빠른 실행력을 구현하는 데 온 힘을 쏟고 있다. 한편 경영혁신을 말할 때 빼놓을 수 없는 GE의 전 회장 잭 웰치는 리더십 있는 사람을 구별해내는 방법을 '4E'로 제시했다.

Energy(활력), Energize(동기부여), Edge(결단력), Execution(실행력)이 그것이다. 본문에서 자주 인용되고 있는 『실행에 집중하라(2004)』의 저자인 래리 보시디는 이러한 잭 웰치의 경영철학을 가장 철저하게 실천하고 있는 경영자로 평가받는다. 그는 실행력은 조직문화를 대변하며, 시스템을 내포한다고 역설하고 있다. 즉 실행력이라는 것은 기업의 경영전략과 문화 속에 자연스레 스며들어야 한다. 또한 LG경제연구원이 발표한 'CEO의 성공조건 A to G(2004년 2월호)'를 보면 최근 각 기업에서 얼마나 실행력을 중요하게 생각하는지를 잘 알 수 있다. CEO가 갖춰야 할 7가지 자질 A부터 G 중에 'F'는 'Forceful Executor(말보다는 행동)'를 의미한다.

국내에서도 최근 들어 어느 때보다도 실행력에 대한 관심이 급격히 늘어나고 있다. 2000년대 초중반 당시 엘지전자의 모토는 Fast Execution이었다. 이는 실행력의 중요성을 방증하는 하나의 대표적인 사례라 할 수 있다. 특히 엘지전자의 전 CEO였고 우리나라에서 경영혁신이 활화산처럼 타오르는데 결정적인 역할을 했던 김쌍수 당시 부회장은 임직원에게 지속적인 혁신활동을 통한 '실행력' 강한 조직과, 적재적소에서 높은 성과를 창출하는 '실행력' 강한 인재가 모인 회사를 만들 것을 끊임없이 주문했다. 이처럼 실행을 강조하는 이유는 아무리 좋은 계획이 입안되었더라도 실천이 뒤따르지 않으면 아무 의미가 없기 때문이다. 따라서 혁신을 기획하는 단계에서부터 제대로 된 실행 안으로 이어질 수 있도록 혁신 팀원이나 사내 전문가들은 주의를 기울여야 한다. 지금 논의하고 있는 경영혁신활동은 실행을 중시한다. 여기서 말하는 실행은 기업 활동에 있어 전략과 목표의 일부여야 하며 과정과 결과 사이의 연결고리로서 기능한다(같은 책, 2004). 앞에서 언급한 것처럼 엘지전자는 'Fast Execution'이라는 전사적인 슬로건 아래 스피드 경영을 강조하였고, 이는 조직문화 곳곳에 스며들어 있었다. 결과적으로 이 회사는 혁신의 생활화·내재화된 조직문화로 자리매김하였고, 이슈나 문제가 발생하면 즉시 TF 팀을 구성해 내재화된 혁신 방법론을 체계적으로 적용함으로써 목표한 성과를 올릴 수 있었다. 반면, 필자가 최근에 컨설팅 했던 한 업체는 대표이사가 문제의 심각성 — 표준화의 부재— 을 간파하고 컨설팅을 받아 문제를 해결하고자 하는 시급성과 중요성이 부각되어 있음에도 추진 주체나 TF 팀원들이 바쁘다는 핑계, 업무 현안에 매달리는 등 여러 가지 장애를 극복하지 못하고 초반에 매우 지지부진했던 적이 있었다. 경영진의 실행 엔진과 실무자의 그것에 큰 격차가 존재함으로써 그만큼 초기 공감대 형성에 많은 에너지를 소모한 것이다.

많은 사람들이 실행은 하나의 전술이기 때문에 이처럼 사소한 일은 아랫사람들에게 위임하고 비즈니스 리더는 보다 더 중요한 현안 및 이슈에 집중해야 한다고 생각한다(같은 책, 2004). 하지만 이는 잘못된 생각이다. 실행이라는 것은 일종의 문화 또는 체계로 인식되어 경영혁신의 전략과 목표를 달성하기 위한 엔진으로 받아들여져야 한다. 경영혁신을 추진하는 리더 — 임원, 프로세스 오너 및 과제 리더 — 들도 스스로 실행정신을 갖춰야 하고, 적극적으로 참여해야 하며, 솔선수범하는 자세를 견지해야 한다. 모든 경영혁신활동의 리더들이 실행정신으로 무장해야 한다. 이렇게 되었을 때 비로소 조직에 기여하고 변화에 능동적으로 대처할 수 있게 된다(같은 책, 2004).

논의를 좁혀서 문제해결에 기반을 둔 경영혁신을 실행한다는 것은 직접 문제가 있는 현장에 나가서 관찰하고, 문의하고 해결을 위한 대안을 찾아가는 일체의 과정이라 할 수 있다. 여기서의 현장은 문제가 있는 바로 그곳이나 그것을 의미한다. 즉 공장의 특정 라인일 수도 있고 사무실에서의 ERP 시스템일 수도 있으며, 경영혁신 회의체 — 혁신 데이, 과제 발표 데이, 품질경영회의 등 —일 수도 있다. 또한 실행은 경영혁신활동에 참여한 사람들에게 자신이 제안한 전략을 직접 집행할 수 있는 권한을 부여하거나 CEO나 임원이 직접 직원들이 제시한 전략을 집행 — 실질적으로는 승인, 합의 과정 — 해야지만 의미가 있다. 자신들이 과제활동을 통하여 제시한 개선안의 집행이 보장되지 않을 경우 혁신활동에 참여한 사람들은 혁신과제와 변화관리 등 제반 활동을 게을리 하게 되고 효과가 발생하지 않게 된다(천대윤, 2008). 이처럼 문제해결을 기반으로 한 경영혁신은 실행을 통해서 배우고, 문제해결 능력을 배양시키게 되며 나아가서 조직 전체의 문제해결 능력을 증진시킴으로써 성과의 극대화를 지속가능한 상태로 만들 수 있다. 실행은 일회성 실천, 실천을 위한 실천을 의미하는 것이 아니라 지속적으로 성과를 내게 하는 기업의 문화이자 체계로서 자리매김해야 한다. 더 나아가 실행력이 보다 높아지기 위해서는 팀워크의 바탕 위에 문제에 대해 세세한 부분까지 직접 분석하고 개선 포인트를 잡아내겠다는 의지와 실천이 중요하다. 이것이 바로 실행(력)의 본질인 것이다.

10. 그라운드 룰 설정

필자가 경험한 바에 의하면 과제수행 초기에 기본적인 과제수행상의 규칙을 만드는 일은 향후 과제의 성패를 가름하는 굉장히 중요한 과정이다. 이 과정을 통해서 전 팀원들은 향후 프로젝트 팀이 가야 할 방향을 인지할 수 있고, 본인의 역할과 책임을 분명히 각인할 수 있기 때문에 팀플레이를 하는 데 매우 유용하다. 예를 들면, 회의 질서, 과제수행에 임하는 자세, 팀플레이 등 다양한 범주에서 프로젝트 팀 운영원칙을 설정할 수 있다(천대윤, 2008). 즉 회의에 늦게 도착하면 벌금내기, 커피내기 등을 가볍게 언급할 수도 있고, 과제에 무임승차자(Free Rider)는 절대 있어서는 안 된다고 으름장을 놓아도 된다. 또한 프로젝트 기간 내내 팀플레이를 한다는 것은 현실적으로 어렵기 때문에 반드시 참여해야 할 회의체, 예를 들면 잠재 원인변수 발굴을 위한 워크숍이라든지, 최적대안 선정을 위한 아이디어 창출 워크숍 등에는 반드시 참석하는 것을 명기할 수도 있다. 이렇게 문서화하지 않게 되면 팀원들의 구속력이 현저히 떨어지기 때문에 나중에 과제가 전개되고 있는 와중에 협조를 요청하기는 더더욱 어려워진다.

필자가 지도한 과제 리더 중에 가장 그라운드 룰(Ground Rule) 설정을 잘하고 또 이를 과제진행 전반에 걸쳐 꿋꿋이 실천한 리더가 있었는데, 그라운드 룰을 설정하면서 매 단계 완료 전에는 반드시 사업장을 순회하면서 워크숍을 실시하며, 매 단계 시작 전에는 반드시 컨설턴트와 함께 다음 단계에 대한 학습을 한다는 항목을 삽입했다. 이를 실천하다 보니 자연스레 과제의 품질이 좋아져 결과적으로는 그해 최고의 과제라는 영예를 안게 되었다. 반면 그라운드 룰 설정이 중요하다고 몇 번 강조했음에도 불구하고 "그냥 제가 다하죠 뭐" 하면서 지나쳤던 일부 과제 리더들은 팀원들, 특히 사업본부가 달라서 원격에 있는 팀원들을 모으는 데에만 매번 시간낭비를 하였고, 자연히 준비하는데 들어가는 공수가 만만치 않았기 때문에 핵심 사안에 대한 깊이 있는 논의는 할 수 없는 지경에 이르렀다. 결국 연말에 가서야 겨우 과제를 종결하는데 그치고 말았다.

[표 Ⅱ-1] 그라운드 룰 설정 예시

• 업무분장

구 분	역할 및 책임
임원	• 과제 실행에 대한 전반적인 책임 / 과제 방향 조정 및 단계별 승인
PO	• 개선안 적용 검토 및 실행 책임 / 과제 방향 조언 및 단계별 합의
과제리더	• 과제 수행 목표 달성 책임자 • 과제의 진척 및 성과 관리, 이슈 해결과 산출물에 대한 검토 및 확인 • 팀원 역할 분담 및 업무분장 관리
팀원	• 기능별 현황 및 Issue 조사를 통한 조직혁신 Issue 도출 • 단위업무 현황 분석 / 개선대상 업무 선정 • 타사 Benchmarking 실시 • 조직혁신 추진방향 도출 • 조직구조 및 업무 프로세스 개선(안) 수립

• 운영원칙

Mentoring	정기 Meeting	수시 Meeting	비 고
매주 수요일 08:30 ~ 10:30 17:30 ~ 19:00	매주 목요일 10:00 ~ 12:00	필요시 (W/Shop 병행)	• 전원 참여 • 매주 기능별 역할분담 / 과정관리

[표 Ⅱ-2] 팀 활동 기본 규칙 예시(천대윤(2008) 참조)

기 본 규 칙	

• 회의질서 존중
  - 휴대폰 사용금지
  - 타인비방 금지
  - 적극적으로 경청
  - 발언기회 공정 배분
	• 팀원 간 협력
	  - 약속시간 잘 지키기
	  - 늦는 사람 음료수 사기
	  - 매일 팀장에게 연락
	  - CoP 적극 활용하기

11. 리더의 자세

　　　　　　5천여 년 전에 고대 이집트에서는 왕이 되기
위한 조건으로 '단호한 권위', '모든 것을 통찰할 수 있는 능력' 그리고 '정의
로움'을 말하고 있고, 호머의 『오디세이』에서는 "리더는 부하들과 약간의 거
리를 유지해야 한다. 리더를 품위 없는 대중과 섞어놓으면 추종자를 잃게 된
다."(조성대 외, 2001)고 말하고 있다. 이렇듯 리더, 리더십은 인류의 오랜 관
심사 중 하나였다고 볼 수 있다.

11.1. 리더십의 일반적인 개념

　리더십이란 집단의 목표나 내부 구조의 유지를 위하여 성원(成員)이 자발적
으로 집단 활동에 참여하여 이를 달성하도록 유도하는 능력이다. 광의적으로
는 개인이나 집단의 목표를 달성하기 위하여 조정하며 동작하게 하는 기술로
도 볼 수 있다. 또한 이를 기업이라는 조직으로 논의를 좁혀 보면 조직목표의
달성을 위하여 구성원이 자발적으로 적극적 행동을 할 수 있게끔 몰입시키고,
동기를 부여하고 영향력을 미치는 일련의 창의적인 능력이라고 정의할 수도
있다(조성대 외, 2001). 리더십에 대한 다양한 정의는 [표 Ⅱ-3]을 참조하기
바란다.

[표 Ⅱ-3] 리더십의 다양한 정의(백기복, 2000 참조)

저 자	리더십의 정의
Webster 사전	어떤 과정에 있어 안내하고 방향을 제시함 하나의 통로(Channel)로서의 역할을 수행함
Bass (1990)	상황이나 집단 구성원들의 인식과 기대를 구조화 또는 재구조화하기 위해서 구성원들 간에 교류하는 과정임(따라서 리더란 변화의 주도자이다)
Hersey & Blanchard (1982)	주어진 상황에서 개인이나 집단의 목표달성을 위한 활동에 영향을 미치는 과정
Yukl (1998)	집단이나 조직의 한 구성원이 사건의 해석, 목표나 전략의 선택, 작업 활동의 조직화, 목표성취를 위한 구성원 동기부여, 협력적 관계의 유지, 구성원들의 기술과 자신감의 개발, 외부인의 지지와 협력의 확보 등에 영향을 미치는 과정
Nanus(1992)	꿈(비전)의 제시를 통하여 추종자들의 자발적 몰입을 유인하고 그들에게 활력을 줌으로써 조직을 혁신하여 보다 큰 잠재력을 갖는 새로운 조직형태로 변형시키는 과정
Katz & Kahn (1978)	기계적으로 조직의 일상적 명령을 수행하는 것 이상의 결과를 가져올 수 있게 하는 영향력
Jago (1982)	강제성을 띠지 않는 영향력 행사과정으로 구성원들에게 방향을 제시하고 활동을 조정하는 것 성공적으로 영향력을 행사하는 사람들이 갖는 특성들
Lord & Maher (1993)	특정 개인이 다른 사람들에 의해서 리더라고 인정받는(또는 지각하는) 과정. 일정한 직위를 가지고 있기 때문에 리더가 되는 것이 아니라 다른 사람들로부터 리더라고 인정받는 것이 중요
Bryman (1986)	어떤 사람이 공식적으로 리더의 직위에 임명되었을 때 발생

11.2. 경영혁신에서 요구하는 리더십

[표 Ⅱ-3]에서 보이는 것처럼 리더십이란 문화적으로 다르게 해석될 수도 있다. 즉 서구에서 효과적인 리더십이 한국에서는 비효과적일 수도 있다(백기

복, 2000). 조직 및 조직원의 특성, 해야 할 일의 특성, 내외 환경의 특성들을 종합적으로 고려하여 그 상황에 맞는 리더십이 적용되는 것이 바람직할 것이다(천대윤, 2008). 한편, 칸노 히로시는 『리더십 테크닉(2006)』이라는 책에서 리더십이 유능한 리더라면 반드시 갖춰야 할 스킬로서 강렬한 의지, 용기, 통찰력, 끈기, 부드러운 통솔력을 강조하고 있다. 래리 보시디는 그의 저서 『실행에 집중하라(2004)』를 통해 리더는 인력과 비즈니스 현황을 정확히 파악하고 기업의 현실을 명확히 직시하라고 말한다. 다음으로는 목표와 우선순위를 명확하게 설정하고 이를 적극적으로 추진할 것을 권장한다. 또한 실적이 있는 곳에는 보상이 있음을 몸소 실천해 보여줘야 하고 그 분야의 전문가로서 코칭과 멘토링을 통해 구성원들의 역량을 개발해줘야 한다고 말한다.

히지만 넓은 의미에서 앞서 말하고 있는 리더십에 대한 정의가 경영혁신활동을 추진하는데 있어서도 의미가 있겠지만, 경영혁신 과제를 추진하는 리더에게 요구되는 리더십은 좀 더 의미를 좁혀 해석해도 무방할 것으로 보인다. 일반적으로 경영혁신 과제를 수행하는 리더를 선정하는 기준은 다음과 같다. 즉 앞에서 살펴본 일반적인 리더십의 정의에 부합하는 사람이어야 할 뿐만 아니라 좀 더 구체적이고 명확한 과제수행에 대한 스킬이 요구된다.

- 잠재적인 미래의 지도자(리더십 자질)
- 현재 담당 업무 분야에서 기술적인 경험을 소유
- 변화를 주도하고자 하는 열정과 능력
- 스스로 시작 / 스스로 감독
- 현 상태에 만족하지 않음
- 수리적인 능력
- 행동력과 추진력
- 효과적인 진행자, 촉진자(Facilitator)

- 팀 환경에서 업무수행 능력이 뛰어남
- 프로젝트에 풀타임(Full Time)으로 기여할 수 있는 자

이처럼, 경영혁신활동에 있어 리더십을 성공적으로 발휘하기 위해선 먼저 리더 자신부터 솔선수범하여 연구하고 학습하며 팀원들보다 많이 알고 대안을 제시할 수 있어야 한다. 비록 프로젝트 단위에서의 리더십이지만 리더십을 발휘하기 위해서는 과제의 목표와 달성하여 얻게 되는 다양한 혜택에 대한 비전을 팀원들과 공유해야 한다. 이를 통해 프로젝트 팀이 나아갈 방향과 달성할 목표를 분명히 인지하고, 경영혁신 과제활동 전 과정을 통해 팀원들이 몰입할 수 있도록 하는 것이 중요하다.

다시 한 번 강조하자면, 과제 리더에게 요구되는 리더십은 앞서의 설명처럼 비전을 제시하거나 한 사람이 만 명을 먹여 살리는 리더십보다 문제해결을 기반으로 한 경영혁신활동 중 요구되는 보다 현실적인 목표달성을 위한 리더십이다. 이 리더십을 필자 경험을 토대로 다음과 같이 정의하고자 한다. 즉 시간 관리(Time Management), 위험 관리(Risk Management), 자기 희생(Self-Sacrifice) 그리고 촉진자(Facilitator)로서의 능력이 그것이다. "실행이 없는 비전은 비극에 다름 아니다."(래리 보시디, 2004)는 말이 있듯이 앞서 언급한 네 가지 덕목은 모두 실행력과 관련성이 깊다. 하지만 경영혁신 과제를 추진하는 리더에게 요구되는 리더십은 좀 더 구체적이고 명확한 것이어야 한다. 본문은 직접 과제를 수행하거나 경영혁신을 수행하면서 바로 맞닥뜨릴 수 있는 실무진이 지녀야 할 리더로서의 자세를 중심으로 설명할 것이다. 따라서 일반적인 리더십의 개념과 많이 다를 수 있지만 기술하는 내용은 필자가 다년간 경험하면서 경영혁신의 리더가 갖췄으면 하는 내용을 정리한 것이니 독자 여러분이 양지하기 바란다.

일반적으로 프로젝트를 추진하는 리더라면 가장 기본적으로 프로젝트를 처

음부터 끝까지 실행할 능력을 갖춰야 함은 물론이고, 해당 임원과의 의사소통에 있어서 막힘이 없어야 한다. 또한 해당 부문에 대한 전문지식을 전파할 수 있을 정도의 식견이 있으면 금상첨화라 하겠다. 다시 한 번 강조하지만 다음 네 가지 사항이 과제를 훌륭히 완수하기 위해 리더가 갖추어야 할 요소로 정의하는 바이다.

11.2.1. 타임 매니지먼트(Time Management)

먼저 경영혁신 과제를 추진하는 리더는 시간관리 능력을 갖춰야 한다. 청지기 리더십(Steward Leadership)이라고도 부를 수 있는 이 부분은 과제를 추진하는데 지속적인 긴장감을 유지하고 결과적으로는 성과를 달성하는데 아주 긴요한 요소이다. 맡겨진 시간과 자원을 팀원 상호 간의 신뢰를 바탕으로 잘 관리해야 한다. 과제활동뿐만 아니라 경영혁신을 추진하다보면 예상치 못한 일들이 동시다발적으로 발생할 수 있다. 리더는 이때에 일들을 효과적으로 관리하며, 자원과 시간을 다방면에서 효율적으로 사용하는 능력을 가져야 한다. 혁신의 리더는 일들을 효율적으로 관리하기 위해서 시간을 잘 관리해야 한다. 그렇지 않으면 일들이 리더를 압도하게 되어 과제추진에 차질을 빚게 된다(천대윤, 2008). 특히 경영혁신 과제로 선정된 것들은 대부분 부서 상호 간에 얽혀 있는 난제일 수 있고, 신규시장 개척이나 신제품 개발과 같은 과제는 외적인 복잡한 환경을 극복해나가야 하는 부담을 추가로 안게 된다. 이런 경우 전체 일정계획 없이 과제활동에 임하게 되면 큰 낭패를 보게 되는 경우를 자주 보게 된다.

Define Phase에서 일정을 세울 때에는 활동 중심으로 구체적이어야 한다. 일정이 구체적이지 않으면 애매하고 뭉뚱그려진 상태에서 진행하게 돼 한 치 앞을 볼 수 없고 당연히 과제 리더나 팀원들은 매우 두렵고 불안한 상태를 맞이한다. 결국에는 과제를 중도에 포기하게 되는 경우를 종종 접하기도 한다. 따라서 리더는 과제를 정의할 때 이를 구체적인 행위 중심으로 설정한 후 컨설턴트나 사내 전문가와 상의하며 풀어나간다. 언제 워크숍이 필요하고 언제 사람들을 소집하고 어느 시점에 임원의 지원을 받아야 할지 미리 예상하고 과제에 임한다면 과제수행하기가 훨씬 수월하다.

예를 들어 보자. [그림 Ⅱ－1]은 회사에서 매우 어렵고 고질적인 문제였지만 처음부터 리더가 의지를 가지고 있었고, 컨설턴트가 요구한 이상으로 과제 정의 단계부터 철저하게 계획을 세우고 실행한 사례이다. 당연한 결과겠지만, 성과도 좋았고 그 회사에서 최우수 과제로 선정되는 영광을 누리게 되었다. 반면 [그림 Ⅱ－2]는 과제를 시작할 당시 컨설턴트가 제시하니까 마지못해 한 경우이고 당연히 과제를 급박하게 끝내기에 급급했던 대표적인 예이다. 과제 리더나 팀원 모두 우왕좌왕하고 멘토링 시간에도 잘 참석하지 않았다. 이럴 경우 본인은 물론, 팀원, 임원 모두가 피곤한 과제수행 시간을 겪게 된다.

[그림 Ⅱ－1] 과제추진 일정 수립 예시

[범례] ○ : 계획, ● : 실적

단계	Step	Activities	책임자	3월				4월				5월				6월				7월				8월				9월				비고
				1주	2주	3주	4주	1주	2주	3주	4주	1주	2주	3주	4주	1주	2주	3주	4주	1주	2주	3주	4주	1주	2주	3주	4주	1주	2주	3주	4주	
D	실행과제 선정	과제선정배경 및 문제점 도출, 과제범위 설정		●																												
		VOC 설문/브레인 스토밍 실시, CTQ 도출			●	●	●																									
		최종 실행과제 기술서 결정					●																									
	실행과제 승인	과제 공식화					●																									
M	CTQ(Y)의 확인	CTQ(Y)의 운영 정의					●																									
		CTQ(Y)의 데이터 수집계획 수립					●																									
	CTQ(Y) 현수준 평가	현수준 산출 및 개선목표 설정					●																									
		잠재원인 변수 도출위한 브레인 스토밍						●	●																							워크숍
		잠재원인 변수 우선 순위화								●																						
A	분석계획 수립	가설수립									●																					
		데이터 수집 계획 수립 및 수집										●	●																			워크숍
	근본원인 분석 Vital Few Xs	원인 분석 / 결과 정리												●																		
		Vital Few X's의 선정												●																		워크숍
		개선방향 도출													●																	
I	개선 전략 수립	개선방향 설정														●																
		Vital Few X's의 특성 구분														●																
		개선 계획 수립															●	●														
	최적화	최적대안 창출																●														워크숍
		최적대안 선정																	●													워크숍
		프로세스 최적화																	●	●												
	시험 적용	시험적용계획 수립																		●	●	●										
		시험적용 및 결과 확인																							●							
C	관리계획수립	개선안 위험성 평가 관리계획 수립																								●						
		개선안 실행																										●				
	개선결과 확인	프로세스 모니터링																										●				
	과제 종료 및 확산	과제 수행 성과 정리																											●			
		문서화 및 표준화																											●			
		챔피언 승인 및 확산																											●			

[그림 Ⅱ-2] 과제추진 일정 수립 예시

	Phase	12월	1월	2월	3월	4월
Difine	• 과제선정 배경 • 과제정의 • 과제승인	▨				
Measure	• CTQ(Y) 확인 • CTQ(Y) 현수준 평가 • 잠재원인 변수 발굴		▨			
Analyze	• 분석계획 수립 • 근본원인 분석 • Vital Few Xs 선정			▨		
Improve	• 개선안 수립 • System 개발 • 시험적용			▨ System 개발에 따른 장기간 소요		
Control	• 관리계획 수립 • 개선결과 확인 • 문서화/공유					▨

11.2.2. 리스크 매니지먼트(Risk Management)

다음으로 소개할 내용은 위기관리 능력이다. 혁신의 주체인 과제 리더 또는 변화혁신 담당자들은 위기관리 능력을 발휘해야 한다. 당연하다고 여겨지고 아무 의문 없이 받아들여지는 회사의 전통적인 관행과 방식에 대해 항상 의문을 갖고 불합리한 문제가 발생하면 개선하려고 노력하는 특성을 가져야 한다(천대윤, 2008). 필자가 경험했던 경영혁신활동의 매력은 매 순간 똑같은 일이 한 번도 없었다는 것이다. 매 순간이 새롭고, 흥미롭고 호기심을 자극하면서 또한 그렇기 때문에 위험한 순간의 연속이기도 하다. 경영혁신 리더들은 현상을 유지하려고 하는 보통의 조직원들과는 달리 비록 두렵더라도 모험과 도전에 기꺼이 응해야 한다. 그렇다고 무모하게 아무 대책 없이 위험을 받아들이라는 것은 아니다. 과제를 수행할 때나 변화와 혁신을 수행하는 단계마다 위험을 최소화할 수 있는 방안을 적극적으로 모색하고 이를 돌파할 수 있는 전략을 철저히 모색하는 자세를 견지해야 한다.

'리스크 매니지먼트(Risk Management)'는 업의 특성에 따라 다르겠지만 "기업경영이나 조직운영에 따르는 위험의 악영향으로부터 자산, 사업수행력을 최소 비용으로 보호하는 경영수법"으로서 1950년대 중반 미국에서 보험 이론의 한 분야로 전개된 것이 그 시초이다(네이버 백과사전, 2009). 즉 자산관리, 자금관리, 손익관리 등에 있어서 외부환경에 선제적으로 대응하여 닥쳐올 위기를 최소화하자는 것이다. 본문에서는 위와 같은 위기관리 개념을 공유하면서 과제나 경영혁신활동과 연관되는 분야로 논의를 좁혀 경영혁신을 추진하는 데 있어 위험의 상황을 어떻게 하면 좀 더 발전할 수 있는 기회로 모색할 수 있는지를 리더의 입장에서 살펴보겠다. 즉 과제 리더는 아래와 같은 리스크 범주를 철저히 이해하고 이를 필요로 하는 각 단계마다 최대한 극복해내고자 하는 자세가 필요하다. 필자가 경험한 바에 의하면 경영혁신 과제활동을 추진하는데 있어 다음과 같은 위험요소가 항상 존재한다.

① 소프트웨어의 문제

한번은 필자가 재직했던 회사의 외국법인 경영혁신과 관련하여 출장을 간 적이 있었다. 출장을 통해 본사에서 수행했던 혁신 성공사례를 법인에 전파하는 게 목적이었다. 그래서 나름대로 치밀하게 준비해갔는데 첫날부터 삐걱대기 시작했다. 왜 그랬을까? 그것은 다름 아닌 소프트웨어에 대한 이해부족에서 비롯된 것이었다. 우리는 천 단위를 숫자로 표기할 때 '1,000'과 같이 쉼표를 붙이는데, 독일에서는 '1.000'처럼 마침표를 찍는 게 아닌가? 시스템을 깔아야 하는데 자꾸 설비의 압력 값이 이상하게 표시되어 결과적으로 이런 문제점이 있다는 것을 발견만하고 그냥 돌아왔던 뼈아픈 경험이었다. 이것뿐만이 아니다. 중국에서 사용하는 간자체와 홍콩이나 대만에서 사용하는 번자체의 호환성에 대한 이해부족으로 상당히 긴 시간을 과제 정의하는데 허비했던 기억도 있다. 또 사무 간접 부문의 과제를 선정하다보면 대부분의 개선 방향이 IT와의 접목으로 귀결된다. 따라서 과제를 선정하는 단계에서 정보전략 팀이나 경영혁신 팀이 주관이 되어 미리미리 일정 조정을 하지 않으면 이 또한 개선단계에서 업무상의 충돌 및 갈등을 야기하게 된다.

이렇듯 소프트웨어적인 부분도 상당한 리스크가 존재하기 때문에 항상 과제리더는 경영혁신 과제가 매 단계를 지날 때마다 이 부분에 대해 점검해야 한다. 그렇지 않게 되면 나중에 개선안을 현업에 적용해야 할 시점에서 위와 같이 곤혹스러운 경험을 하게 될 수도 있다.

② 하드웨어의 문제

필자가 품질경영부서 과제를 지도할 때의 경험이다. 과제 리더는 의지와 열정이 있고 전문가적인 자질도 풍부한 차장급 직원이었다. 과제는 개선단계까지 순탄하게 진행되었고 이제 개선안에 대한 시범 적용을 통해 개선안의 유효성 평가만 통과하면 과제가 거의 완료되는 시점이었다. 물론 일정관리도 제때에 잘 이루어져 그 어느 때보다 과제의 성공에 대한 확신이 높아지는 시점이었다. 그런데 이게 웬일인가? 파일럿 테스트에 필요한 장비를 구할 수가 없었다. 그래서 그 이유를 곰곰이 따져봤더니 우리가 왜 미리 이러한 위험요소를 예측하지 못했을까 하는 아쉬움이 남았다. 즉 대부분 과제는 전사적으로 움직이기 때문에 거의 동시에 출발하고 거의 동시에 완료를 하게 된다. 따라서 이 과제가 완료된 시점에 필요한 장비는 다른 과제 리더에게도 마찬가지로 필요했던 것이다. 이를 사전에 간파하여 상호 간에 장비 사용에 대한 합의만 도출할 수 있었다면 제때에 완료할 수 있었는데, 결국 이 과제는 2개월 정도 지연되어 과제를 마칠 수 있었고 질적으로나 성과 측면에서 최우수 과제임에도 결국 그 어떤 인센티브도 받지 못하게 되었다.

③ 커뮤니케이션의 문제

여기서 말하는 의사소통은 상하좌우 모두를 포함한다. 과제 리더가 과제를 추진하는데 있어 임원이나 팀장이 바쁘다는 핑계로 지연시키다 결국에는 임원의 승인을 받지 못하고 재작업을 반복했던 사례를 빈번히 보게 된다. 또 팀원들과 별개로 나 홀로 과제를 추진하다보니 과제의 질적 수준이 현격히 떨어지고 간혹 전혀 엉뚱한 결과를 양산하는 경우도 목격된다. 이 부분은 변화관리 등 여러 장에 걸쳐 계속 강조하고 있기 때문에 추가 설명은 하지 않겠지만 그 중요성은 누구보다 독자 여러분이 잘 알고 있으리라 확신한다.

④ 법률 해석의 문제

한번은 자금부서의 과제를 지도한 적이 있었다. 자금 팀에서 과제에 적극 참여한다는 것도 긍정적이었거니와 전사의 경영혁신 미션인 원가경쟁력 확보에 기여하기 위해 심혈을 기울여 과제를 선정하였고, 이 과제를 통해 중국법인과 한국법인 사이에 이중으로 과세되는 부분을 제거하자는 일종의, 즉 실천개선이 제안되었다. 바로 성과가 나는 과제이기 때문에 과제 리더나 필자가 모두 서둘러서 진행했는데 개선안이 다 나온 상황에서 통상에 관한 법률 — 통상거래법이나 외환거래법이었던 것으로 기억된다. — 을 살펴봤더니 이 과제는 본질적으로 의미가 없는 것이었다. 즉 법인 간의 거래에 있어 중국 내의 법률은 과세를 의무화하였던 것이다. 만일 과제를 정의하는 단계에서 미리미리 점검했더라면 이러한 낭비는 없었을 것이다. 이 때문에 연구소에서 진행하는 과제는 '특허 회피'라는 과정을 반드시 과제진행 로드맵에 포함시키는 이유이다.

11.2.3. 촉진(Facilitation)

이 부분은 과제선정 단계에서 그 중요성을 심도 있게 다루었기 때문에 더 이상의 논의는 생략한다. 경영혁신을 담당하는 직원이나 과제 리더 모두 본인이 직접 과제를 해결한다기보다 성과를 창출하는 부서 또는 팀원들이 잘 하도록 격려해주고 적극적으로 지원해주는 역할이 우선하기 때문에 경영혁신활동 촉진자로서의 역할은 아무리 강조해도 지나치지 않는다.

11.2.4. 자기희생(Self-Sacrifice)

자기희생은 또 하나의 리더가 갖춰야 할 덕목으로서 여기서는 솔선수범과 같은 의미로 쓰인다. 최근 많이 회자되고 있는 '섬김의 리더십' 또는 '서번트 리더십(Servant Leadership)'도 유사한 맥락으로 이해할 수 있다. 이 용어를 처음 사용한 그린리프(Robert K. Greenleaf)는 "서번트 리더십은 타인을 위한 봉사에 초점을 두며, 구성원, 고객, 및 커뮤니티를 우선으로 여기고 그들의 욕구를 만족시키기 위해 헌신하는 리더십"이라고 정의한다.

한편 이 개념은 세계적인 경영학 석학들, 예를 들면 『The Fifth Discipline』의 저자인 피터 셍게(Peter Senge) 등으로부터 적극적인 지지를 받고 있다. 『좋은 기업을 넘어 위대한 기업』으로의 저자 짐 콜린스는 최고 단계의 리더십으로 '서번트 리더십'을 꼽는다. 그는 위대한 기업을 일으킨 리더들의 리더십을 5단계로 나누고 최고 단계인 5단계 리더십을 '개인적 겸양(Personal Humility)과 '직업적 엄격함(Professional Will)의 조화'라고 하였다. 또 '서번트 리더십'은 가장 낮은 위치로 자신을 귀속시켜 겸손함을 바탕으로 조직의 가치를 지켜내며 솔선해서 주도하는 경영철학이라고 말하고 있다(콜린스, 2002). 구성원을 '섬김'으로 리드

하는 '서번트 리더십'은 포춘 100대 기업으로 우리에게 잘 알려진 기업(인텔, 마이크로소프트, 사우스웨스트항공 등)들에 의해 제1순위의 경영철학으로 받아들여지고 있다.

리더십의 근간에는 경청, 이해, 상상력, 감정이입, 의사소통, 선견지명, 설득, 공동체, 겸손, 참을성, 친절, 정직, 헌신 등이 내재돼있으며, 리더십의 기본은 진실과 신뢰와 대화이다. 구성원들을 섬기며, 고객 또는 시민을 섬기고, 지역사회를 섬기며, 공동체 의식을 가지고 원활한 쌍방 교류인 의사소통과 의사결정을 공유해야 한다. 경영혁신을 추구하는 리더는 섬김이 곧 리더십이라는 것을 이해하고 실천해야 한다. 조직의 구성원들을 섬기고, 고객 또는 시민과 지역공동체를 섬기는 것이 리더십이라는 것을 이해하고 실천해야 한다. 이러한 섬김은 의사결정에 있어서도 나타나야 하며 독단으로 의사결정을 내리지 않고 구성원들과 합의하여 결정을 내려야 한다(천대윤, 2008).

이처럼 '서번트 리더십'의 중요성을 강조하는 이유는 바로 경영혁신 프로젝트의 진정한 경쟁력이라 할 수 있는 팀원들의 자발적인 헌신과 몰입이 조직의 지속적인 성장에 견인차 역할을 하기 때문이다. 필자가 과제를 지도한 경험에 의하면 비록 과제 리더가 직급이 높고 카리스마가 있을지라도 본인이 솔선수범해서 ― 그렇다고 파워포인트로 발표 자료를 직접 만들라는 것은 아니다. 할 수 있으면 좋겠지만 ― 교육에 참여하고, 팀원들의 교육, 멘토링 참여를 독려하며 워크숍 어젠다 준비에서 아이디어 창출, 뒷마무리까지 세심히 챙겨주고, 간간히 회식도 해주면서 팀원들 및 이해당사자들을 참여시키기 위해 노력하는 리더들을 많이 보았다. 이런 팀은 백이면 백, 과제의 품질이 굉장히 높았고, 참여했던 팀원들은 본인들이 나서서 다음 과제를 선정하고 과제 리더로 선정되길 희망하는 적극적인 변화와 혁신의 선도자가 되어 있었다. 경영혁신을 긍정적으로 바꿔내는 전형적인 예라 할 수 있다.

· 도구 사용의 경직성에 대한 단상

과제를 멘토링할 때나 교육할 때 지나치다 싶을 정도로 강조하는 것들 중 하나가 방법론에서 제공되는 각종 도구에 대해 너무 경직되게 반응하지 말라는 것이다. 그럼에도 불구하고 여러 리더들은 아직도 통계적 가설검정은 A Phase, 실험계획법은 I Phase, 설문조사는 VOC 청취를 하는 것으로 오해한다. 참으로 안타까운 일이다. 다시 한 번 강조하지만 문제해결 방법론은 그 치밀한 문제해결의 순서, 로드맵에 가치를 둔 것이고, 여기서 제공하는 각종 도구들은 이전부터 독립적으로 나름의 가치를 갖고 존재해왔던 것이다. 달리 보면, 문제해결 방법론이 그만큼 넓은 포용력이 있는 혁신활동일 수도 있고 그렇기 때문에 아직도 유용하게 활용되는 이유이다. 또 하나 강조할 점은 — 필자의 지나친 해석일지 모르겠지만 — 국내의 경우 '문제해결 방법론'의 대장격인 6시그마가 GE라는 거인을 만나 큰 전환점을 거치면서 일하는 방식의 변화, 경영성과 창출을 위한 변화관리의 툴로 기능하는 점이다. 즉 국내의 '6시그마'는 '문제해결 방법론'에서 '변화관리' 영역까지 확장되었다. 이에 대해서는 '변화관리' 주제에서 심층적으로 다루고 있다.

12. 과제의 점검

12.1 시스템의 활용

문제해결을 기반으로 한 경영혁신활동 기업들은 대부분 자사에 적합한 과제관리 시스템을 구축하고 있다. 물론 정보화시스템이 중요한 것은 아니고 선정된 과제를 체계적으로 관리할 수 있는 일련의 절차가 갖춰져 있느냐가 우선이다. 아무튼 과제관리 시스템을 갖추고 있다면 과제의 과정 관리뿐만 아니라 과제완료 이후까지도 제대로 관리하고 점검할 수 있는 장점이 있다. 본문에서는 이 부분에 대해 구체적으로 언급하지 않겠다. 과제라는 것이 회사의 보안과 관련된 것이고 이를 담고 있는 그릇인 과제관리 시스템은 회사의 사정에 따라 다양하게 변할 수 있기 때문이다. 특히 문제해결 활동이 우리나라에서 많이 활성화되면서 과제관리 시스템만을 특화하여 만들고 보수해주는 업체도 많이 있기 때문에 자사에 맞게 만드는 것은 그리 어렵지 않다. 또 국내 대기업을 직접 벤치마킹하거나 컨설턴트를 통해서 시스템을 구축하는데 많은 도움을 받을 수 있다.

12.2. 임원의 역할

경영혁신을 추진할 때 핵심적인 주체는 '임원'이다. 물론 실질적인 혁신활동 — 특히 과제 — 은 리더들이 주도적으로 진행하지만 과제진행 여부나 실질적인 성과를 낳기 위해서는 임원의 합리적이면서 즉각적인 의사결정이 매우 중요하다. 따라서 과제수행 중에 추진 경과를 임원에게 보고하는 일은 과제 추진에 힘을 얻는 측면에서 그리고 더 나아가 성과를 제대로 확보한다는 차원에서 매우 의미 있다. 필자의 경험에 의하면, 과제의 성과는 리더의 열정과 임원의 리더십이 이상적으로 조화를 이루었을 때 최고조에 달한다. 실행 중요성을 강조하면서 지적했듯이 임원이 앞장서 현장의 현물을 직접 보며 공감대를 형성하고 바로 그 자리에서 개선안을 제공하거나 문제를 해결할 수 있도록 의사결정 해준다면 과제를 추진하는 실무자 입장에서는 천군만마를 얻는 것과 같다. 이런 진정성이 통하는 과제는 거의 모두 최고의 성과를 내고 회사에서도 여러 성공사례를 남긴다.

적합한 사례로 재무 부문을 담당하던 한 임원이 떠오른다. 주지하다시피, 경영혁신을 추진하면 제일 저항이 심한 곳이 사무 간섭 부문이고 그중에서도 재무 쪽은 거의 치외법권적 성향이 강한 곳이다. 당시에도 예외는 아니어서 경영혁신을 도입하던 초기에는 저항이 심했지만 — 거의 무관심에 가까운 — 일단 전사적으로 하지 않으면 안 되게끔 분위기가 조성되었고, 부서 내에서도 이왕할 거면 제대로 한번 해보자는 쪽으로 분위기가 반전되었다. 이에 결정적인 역할을 한 동기가 첫 미팅이었는데, 담당 임원이 "앞으로는 과제활동을 제대로 잘한 직원을 연말에 평가할 때 가점을 주겠다."고 선언을 한 것이 계기가 되었다. 담당 임원은 여기에서 그치지 않고 직접 솔선수범하여 '임원 멘토링'이라는 제도를 만들어 매주 팀장회의 시 관련 리더를 불렀고 그동안의 진척 상황을 점검하며 불편하거나 도와줘야 할 일은 바로바로 해결해주는 리더십을 발휘하였다. 게다가 재무 분야의 전문가로서 원인분석이나 개선안 도출에도 직간접적으로 관여하여 리더들이 문제를 해결하는데 큰 역할을 하였다. 여기서 주목해야 할 것은 물론 임원이 솔선수범하면 더할 나위 없지만 그렇지 못할 형편이라면 경영혁신 사무국, 컨설턴트 또는 과제 리더가 주도하여 임원이 과정 관리에 깊게 참여할 수 있는 분위기를 만들어줘야 한다. 이 과정이 성공하면 경영혁신활동 — 좁게 봐서는 과제 활동 ― 이 많은 탄력을 받게 되고 결국 과제목표를 초과 달성하는 좋은 결과로 이어진다.

12.3. 팀장의 역할

임원과 마찬가지로 팀장 ― 대부분 프로세스 오너 ― 역할도 경영혁신을 추진하는데 있어 매우 중요한 역할을 한다. 대부분의 과제 리더는 그 부서의 허리 역할을 하는 대리, 과장급이 담당한다. 따라서 이들이 과제추진을 위해 시간을 할애한다든지, 워크숍 등 모임을 준비하고 진행하는 일련의 작업들은 팀장의 허락 없이는 조직분위기상 도저히 이루어질 수 없는 게 현실이다. 팀장이 과제선정 초기부터 적극적으로 밀어줬어도 과제수행 전체 과정을 전적으로 동의해주는 것은 아니다. 임원의 솔선수범을 이끌어냈던 접근과 마찬가지로 팀장에게도 사전에 메모보고를 한다든지, 단계가 완료되어 임원에게 보고가 올라가기 전에 먼저 보고해준다면 이를 거부하거나 불이익을 주는 팀장은 없다.

12.4. 멘토의 역할

사실 과제진행 현황을 리더만큼 잘 알 수 있는 사람이 바로 과제를 지도하는 멘토, 즉 사외 컨설턴트나 사내 문제해결 전문가들이다. 이들은 과제관리 시스템뿐만 아니라 혁신 데이, 과제 발표 데이 등에 적극적으로 참여하여 진척 과정을 숨김없이 공유하고 임원의 의사결정을 받거나, 때에 따라 꾸지람을 받는 일에도 관여한다. 또 앞서 언급한 간단한 메모보고 등을 통해 사전에 과제진행상의 이슈를 임원, 팀장 그리고 과제 리더들과 숨김없이 지속적으로 공유해나가는 일에도 적극 참여한다. 사실, 필자가 경험해 본 다양한 도구들 중 문제해결 방법론처럼 논리적이고 체계적으로 문제를 해결하는 접근법은 찾아보기 어렵다. 다시 말해, 과정 관리를 철저히 하고 보다 깊은 고민을 과정 중에 담아내면 성과는 대부분 보장된다. 결국 멘토 및 조언자인 사내 전문가는 과제의 성과를 올리기 위해 자기 자신의 노하우를 120% 쏟아내야 함은 물론 숨김없이 객관적으로 과제 과정상의 문제점을 공유하고 이에 대한 해결책을 다방면으로 모색하는 게 과제성과를 확보하는 첩경이라 할 수 있다.

12.5. Audit 실시

'과제 점검' 활동을 'Audit'으로 부를 수 있는지는 다소 논란의 여지가 있다. 하지만 강력한(?) 표현이 오히려 큰 효과를 발휘할 수 있기 때문에 논란을 무릅쓰고 과제수행 중 점검의 용도로 활용한다. 'Audit'을 통해 발굴된 성공사례는 전사에 수평 전개함으로써 프로세스 관리 수준을 상향평준화시킬 수 있다. 이러한 'Audit 프로그램'을 통하여 경영혁신의 실행력을 제고할 수 있으며 경영혁신 과제의 재무성과 및 현재까지의 과제 진척도, 과제수행의 충실도 등을 검증할 수 있다. 완료 과제의 경우 표준화 등 사후관리 현황도 점검한다. 'Audit'을 진행하는 과정도 매우 치밀하게 설계되어야 하는데 매일 임원과의 클로징 미팅(Closing Meeting) 내용을 정리하여 바로바로 공유함으로써 'Audit'을 성공적으로 정착시키는데 주력한다.

필자가 지도했던 모 업체에서 변화관리 정도를 평가하는 매우 혁신적인 'Audit 프로그램'을 설계하여 적용한 적이 있었다. 이는 비단 경영혁신 과제뿐만 아니라 전체적인 경영혁신 모습을 제대로 파악하기 위해 매우 적절한 접근이었다고 판단한다. 하지만 변화관리처럼 정성적이고 사람의 마음과 관련된 부분을 측정하고 객관화하기 위해서는 조직의 적합성 등을 매우 면밀하게 따져봐야 한다. 다만 'Audit 프로세스'는 결과물에 그 회사의 보안사항이 많이 포함돼있기 때문에 본문에서의 사례 소개는 생략한다. 이 분야에 좀 더 관심 있고 연구를 하고 싶은 독자가 있다면 필자에게 연락하기 바란다.

[그림 Ⅱ-3] Audit 프로세스 예시

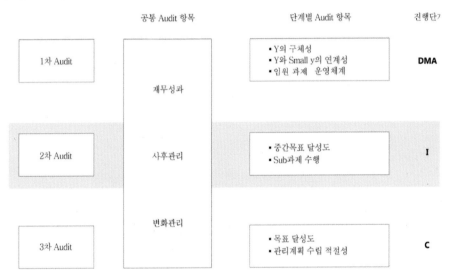

12.6. 각종 회의체의 활용

과제의 과정 관리는 경영혁신의 성과를 담보할 수 있는 가장 효과적인 접근이다. 이는 비단 과제를 진행할 때만 이루어져서는 안 된다. 'Plan-Do-See'

관점에서 마치 과제를 진행하는 'Do'의 단계에서만 하는 것 같지만 그렇지 않다. 과제를 선정하고 마스터플랜을 수립하는 단계에서도 과제의 적절성을 철저히 점검해야 하고, 'See'의 단계에서도 과제가 제대로 성과를 지속적으로 창출할 수 있을지를 재무적 관점과 표준화 관점에서 살펴보아야 한다. 이를 가능하게 하는 것이 바로 경영혁신과 관련된 각종 회의체를 적절히 활용하는 것이다. 회사마다 사정은 다르지만 매월, 격월 또는 분기별로 이루어지는 '혁신 데이'는 가장 강력한 과정 관리의 도구가 되어야 하고, 짧게는 각 임원이 운영하는 '과제 발표 데이' 등을 활성화시켜 과제를 실질적으로 성과와 연계하는 지속적인 관리가 필요하다. 또한 전사적인 품질경영회의, 본부장이 주관하는 경영회의 등에서도 적절히 안건에 추가하여 지속적으로 관리를 해줘야 한다.

13. 멘토링 시 주요 이슈

13.1. 통계가 싫어요

문제해결을 기반으로 한 경영혁신활동에서는 통계적 사고의 중요성을 강조하고 학습하기도 한다. 각 회사의 사내 전문가나 컨설턴트들 중에서 통계를 전공으로 하는 사람은 극히 드물다. 또 본질적으로 통계를 깊이 있게 수학적으로 접근할 필요도 없다고 생각한다. 중요한 것은 통계적으로 사고하라는 것이다. 미국 품질협회인 ASQ(America Society for Quality)에 의하면 통계적 사고를 다음과 같이 정의하고 있다(Hoerl 등, 1999).

- 모든 일은 서로 연결된 프로세스들의 집합체인 하나의 시스템에서 발생한다(All work occurs in a system of interconnected processes).
- 모든 프로세스에는 산포가 존재한다(Variation exists in all processes).
- 산포를 이해하고, 감소시키는 것이 성공의 핵심이다(Understanding and reducing variation are keys to success).

즉 프로세스적 사고와 산포의 개념을 충분히 이해한 다음, 통계적 문제를 다양한 통계패키지를 활용하여 해결하면 된다는 것을 강조한다. 그럼에도 과제를 수행할 때 리더들에게서 가장 흔히 듣는 질문 중 하나가 내가 왜 통계를 사용해야 하느냐는 것이다. 좀 더 구체적으로는 왜 '정규성 검정'을 해야 하고 '시그마 수준'으로 나타내야 하며, 특히 분석 단계에서는 왜 통계적 가설 검정을 해야 하느냐에 대해 과제를 수행하고 있는 리더들은 끊임없이 질문한다.

최근에 유통, 서비스, 금융 등의 업종이나 영업, 인사, 재무 등 그동안 통계와는 별로 친하게 지내지 않았던 전 분야로 문제해결 접근법이 확산되면서 이슈가 되는 질문이기도 하다. 반대로 이 같은 질문이 없다면 두 가지 중 하나이다. 진정으로 이들의 의미를 이해하고 있다거나 아니면 컨설턴트나 사내 문제해결 전문가가 하라고 하니까 마지못해 하는 것이다. 이 부분에 대한 해답은 「Be the Solver_확증적 자료 분석(CDA)」편에 자세히 소개되어 있으니 참고하기 바란다. 가설에 대한 의미와 '중심극한정리'의 역사적 의미, 자유도 등 여타 통계학 책이나 사내 교재에서 심도 있게 다루지 않는 부분을 예를 들어 쉽게 전달하고 있으므로 과제 리더에게 일독을 권하는 바이다.

통계적 맥락에 대한 이해가 없다면 통계 분석을 수행하는 것이 너무 재미기 없을뿐더러, 기계석으로 미니탭에 데이터를 입력하고 그 의미에 대한 이해 없이 'p − 값'만 보고 유의하니 유의하지 않느니만 따지는 우를 범할 수 있다. 따라서 통계학의 역사에 대한 이해를 통해서 '중심극한정리' 및 '정규 분포'가 어떠한 역사적 맥락을 가지고 있고, 어떤 의미가 있으며 또한 가설 검정에 대해서는 세계적인 석학들이 어떻게 그 의미를 부여하고 있는지를 역사적으로 통찰하는 것만으로도 그 쓰임새에 대해 훨씬 이해의 폭을 넓힐 수 있다. 이에 다음 두 권의 책을 소개한다.

먼저 『천재들의 주사위』는 20세기 이후 통계학 역사를 아우른다. 특히 조금이라도 통계적 지식이 있는 독자라면 우리가 흔히 접하는 제반 통계의 영역을 마치 소설책을 읽는 것처럼 읽히게 만들었기 때문에 강력히 추천하는 바이다. 왜 't − 검정'이 생겼고, 피어슨과 피셔 경은 왜 대립할 수밖에 없었는가, 박스와 콕스는 왜 항상 쌍으로 다니는가 등등 우리가 통계책이나 미니탭에서 흔히 접해 왔던 이름들이 살아서 움직이는 재미를 느낄 수 있다. 동시에, 통계적 사고의 중요성이나 도구 활용에 대한 통찰력도 아울러 가질 수 있는 좋은 기회가 될 것이다. 다음 『통계학의 역사』는 전문 서적보다 훨씬 전문적인 책임에 틀림없다. 통계학 역사의 대가인 스티글러의 역작이기도 한 이 책은 19세기 이전의 통계학의 흐름, 즉 현대 통계학의 밑거름이 되고 있는 중심 극한, 정규성, 최소 제곱법 등의 근원을 알 수 있는 책이다. 꼭 참고하기 바란다.

13.2. TRIZ가 만병통치약

최근 TRIZ를 소개하는 책자에서 브레인스토밍이나 마인드맵을 극복하는 잣대로 TRIZ를 소개하는데, 이는 언어도단이라고 생각한다. TRIZ 또한 최적의 대안을 확정하기 위해 아이디어를 창출하는 유용한 도구로써 기능할 뿐, TRIZ를 통해 제안된 아이디어를 구현하는 데에는 별도의 노력이 더해져야 한다. 즉 TRIZ는 생각하는 방식을 크게 확장시켜 구상 시점에 좀 더 진일보한 효과를 얻는 측면이 있지만, 그 이상의 의미를 부여하는 것은 곤란하단 생각이다. 그리고 TRIZ 또한 오스본에 의해 100년 가까이 구체화된 아이디어 창출의 프레임워크인 ECRS(제거, 결합, 재배열, 단순화) 및 SCAMPER의 확장인 모순행렬, 발명의 원리에 준한 도구이다. 특히 모순 상황이 아닌 것(또는 곳)에서는 그 효용성이 그리 높지 않을 것이라는 게 필자의 생각이다. 그럼에도 불구하고 확장된 아이디어 창출의 원리 및 폭넓은 사례를 담고 있는 DB는 문제를 해결하는 시간을 많이 단축시켜주고 문제해결의 품질을 높일 수 있다는 데에는 적극적으로 동의한다. 최근 연구소 과제를 진행하면서 콘셉트를 개발하는 단계에서 이 도구를 자주 사용하곤 한다. 왜냐하면 성숙된 산업일수록 특허를 회피하기 위한 설계 부문에서의 노력이 필요하고 그러다보니 시간적·물리적·공간적으로 모순된 상황에서 이를 극복하기 위한 아이디어가 필요하기 때문이다. 그렇지만 근본적으로 팀플레이와 팀원 개개인의 몰입 그리고 브레인스토밍을 통한 최초의 아이디어 창출 등이 바탕이 되고 있음을 잊어서는 안 된다. 다시 강조하면 TRIZ를 도입만 하면 모든 게 해결될 것처럼 오해 또는 포장을 하는 컨설턴트나 경영혁신 사무국 사람들을 종종 보게 되는데 절대로 세상에는 공짜가 없다는 사실을 유념해야 한다. TRIZ가 만병통치약이 될 수 없음은 국내 최고의 TRIZ 컨설턴트의 입을 통해서도 필자가 확인한 바 있다. 약은 약사에게 진료는 의사에게 맡기는 게 환자를 치료하는 가장 최선의 방법이다.

14. 주요 갈등의 형태 및 해결 방법

14.1. 갈등의 의미

경영혁신을 추진하다보면 필연적으로 마주치는 상황이 바로 갈등 국면이다. 물론 사람들이 조직을 형성하여 상호작용할 때 양립할 수 없는 욕구와 목적 때문에 자연스럽고, 필연적으로 발생하는 이러한 갈등은 부정적인 기능을 가지고 있지만 관리 여하에 따라 문제를 해결해나가는데 긍정적인 기여를 하기도 한다(안성민, 1999; 장해순 외, 2007; 권수일, 2004). 즉 '갈등'과 '적대감'은 구분해서 이해할 필요가 있다. '적대감'을 표출하는 것은 이해당사자들 간의 상호작용을 가져올 수 없지만, '갈등'은 이해당사자들의 상호작용으로 그들의 관계변화를 가져올 수 있고 결국은 사회관계와 사회구조의 유지·조정·적응에 기여할 수 있다. 하지만 '갈등'이 일정 수준에 도달하기까지는 변화의 촉매제 역할을 하나, 일정 수준을 넘으면 사회나 조직 전체가 추구하는 목표달성에 부정적인 영향을 미치기도 한다(Robins, 1987; 안성민, 1999 재인용). 실제로 40% 이상의 직장인들이 직장 내에서 함께 일하는 사람들과의 갈등 때문에 스트레스를 많이 받고 있는 것으로 나타났고, 30% 이상의 직장인들은 직장에서의 갈등 때문에 회사를 떠나고 싶다는 생각을 한 적이 있다고 말한다(장해순 외, 2007). 또 의사결정 과정에 갈등이 발생하게 되면 기존의 의사결정 방법에 제동이 걸리고 결정 자체가 지연되기도 한다(안성민, 1999). 본문에서는 경영혁신을 추진하면서 나올 수 있는 대표적인 갈등 유형을 소개한다.

14.2. 갈등의 유형

과제 리더들은 본인들에 할당된 과제가 타당성이 없다며 무조건 과제를 회피하는 경우를 간혹 보게 된다. 이럴 경우 임원, 팀장과의 갈등을 피할 수가 없다. 회피한다고 끝날 일이 아니기 때문이다. 이럴 경우 조직에서는 무조건적인 할당보다 타당한 설명을 해야 하고, 적합한 인재가 선정되었는지도 따져봐야 한다. 그럼에도 불구하고 선정된 과제 리더가 계속적으로 회피한다면 과제 리더를 바꾼다든지, 선정된 리더에게 경고를 주는 등 보다 적극적인 방법을 모색해야 한다. 팀 활동을 하게 되면 간혹 상호 간에 예상된 의견 차이가 발생하며, 때로는 갈등을 회피하기 위해 팀 활동에 참석을 안 하거나 출장을 가기도 하고 당면 과제와 관련 없는 과거 사실만을 반복적으로 주장하기도 한다. 더 나아가 감정적 대응, 인신공격 등으로 심화될 수도 있다. 종국에는 팀 조화를 깨뜨리는 분파 및 동맹의 출현을 야기하기도 한다. 이렇게 되면 리더는 종종 명목상 리더에 불과하게 되고 과제수행은 난관에 부딪히게 된다.

14.3. 효율적 갈등 관리 전략

문헌에 의하면, 우리나라 기업 조직의 갈등 관리는 인간적인 측면에서의 접근이 시스템적인 접근보다 훨씬 조직성과에 기여하고 있고, 기업 내에서 발생하는 갈등을 제대로 관리하기 위해서는 먼저 조직분위기를 바람직한 방향으로 개선시키는 선행 작업이 필요하다고 말한다(장동운, 1986). 비록 20여 년 전에 발표된 논문이지만 이러한 논지는 여전히 유효하다고 필자는 생각한다. 또한 장동운(1986)은 갈등 관리 모형을 [표 Ⅱ-4]와 같이 제시하고 있다.

[표 Ⅱ-4] 갈등 관리 모형

갈등 원천		갈등 관리 행위	결과
목표 차이	부서 간 목표 차이 스태프라인 간 목표 차이 개인목표와 조직목표 차이	리더십 신뢰도 커뮤니케이션 대면 타협 집단 교육 자원의 확충	직무 만족 조직 Commitment
한정된 자원 경쟁	지위 불일치 부서 간 불균형 스태프라인 간 불균형 노사 간 불균형		
상호 의존성	계층 간 마찰 커뮤니케이션 결여 방침, 규정, 규칙의 불합리		

한편 안성민 등은 갈등 관리 방법으로서 비용적인 측면의 접근 방법을 제시하고 있다. 즉 갈등 비용을 최소화하거나 갈등 가치를 최대화하는 전략을 설정하는데, 갈등 비용의 최소화 전략으로는 '갈등의 통제'를, 그리고 갈등 최대화 전략으로는 '갈등의 관리'를 말하고 있다. '갈등의 통제'는 갈등의 발생을 억제하고, 갈등이 발생할 때 가능하다면 갈등을 무시하며, 갈등이 무시될 수 없을 때 갈등의 신속한 해결을 위하여 계층제의 공식적 권위 또는 제3자의 강제적인 조정을 이용하는 전략을 취한다, 반면에 '갈등 가치 최대화 전략'으로서의 갈등 관리는 불확실성의 완화나 상호 관계의 조정과 같은 갈등이 가져오는 편익이 크다면, 적절한 갈등 비용을 지불하고서라도 편익을 확보하려는 전략이다. 불확실성의 완화나 상호 관계의 조정을 가져오기 위해서는 관련된 이해 당사자들의 의견이 자유롭게 교환되고 상호 간의 차이가 협상을 통해 조정될 수 있도록 하는 원칙의 확보가 필요하다(안성민, 1999).

필자는 위의 방법적 접근에 충분히 공감한다. 보다 현실적인 접근 방법으로는 '그라운드 룰(Ground Rule)'을 설정하는 단원에서 강조했듯이 처음 팀 빌딩 할 때부터 역할과 책임을 분명히 밝히고 프로젝트의 목표와 향후 계획을 명확하게 사전 홍보하여 프로젝트 팀 회합을 최대한 구조화하는 게 중요하다. 체계적으로 구조화되지 않은 미팅에서는 과거 이슈들이 반복되고, 새 이슈를 과거의 잣대로 평가하게 되며 결국 문제가 되는 팀원을 통제할 수 없게 된다. 미팅을 구조화한다는 것은 해당 미팅의 목적 및 어젠다를 명확히 하고 의견이 일치하지 않을 사안이나 시점을 사전에 점검하여 대응 계획을 마련하는 것까지를 포함한다. '잠재 원인 변수'의 발굴이면 거기에 적합한 템플릿과 역할 분담을 사전에 공지하는 등 미팅의 내용과 형식을 신중하게 계획하여야 하며, 회의 당일에는 회의에 집중할 수 있도록 하고 과제 리더는 퍼실리테이터로서 갈등의 원천이 될 수 있는 이슈나 팀원들에 대한 배려를 잊지 말아야 한다.

· 다음은 현재 GE의 회장인 제프리 임멜트 회장이 GE 메디컬 사장 시절에 국내 유수 기업에 초청되어 강연한 사례이다. 과제를 수행하는데 있어 도움이 될 것 같아 본문에 실었다. 다소 시일이 지났지만 경영혁신을 추진하는데 있어 여전히 유효한 많은 시사 점을 던져준다.

GE의 성공 요인은 잭 웰치 회장이 다음 네 가지 이니셔티브에 초점을 확실하게 맞추었기 때문이라고 생각한다.
① 세계화(Globalization)
② 서비스 확대
③ 인터넷의 성장(Internet growth)
④ 6시그마

또 모든 사람이 참여하는 것이 기정사실화되어 있다. 참여를 해야 한다는 것에는 선택의 여지가 없는 것이다. 모든 사업부들이 아이디어를 공유하고 이 아이디어들을 정기적으로 검토한다.

한 달 또는 두 달에 한 번 잭 웰치 회장은 각 사업부문이 어떤 활동을 하고 있는지 핵심이 되는 사람들을 만나 진척 상황을 점검하였다.

· GE 6시그마의 특징

6시그마의 경우 GE는 1995년에 시작하였다. 개인적으로 6시그마와 그 도구(Tool)에 대해 처음 교육을 받았을 때 솔직히 무엇을 해야 할지 막막했었고, 모든 것이 매우 복잡하고 어려웠으며 이해가 잘 되지 않았었다. 그래서 GE 메디컬 시스템에서는 6시그마를 추진하는데 있어 우선 아웃라인(Outline)부터 잡았다. 그리고 교육을 통해 모든 사람들이 참여하도록 하였다.

· GE에서 6시그마를 추진하는 데 다음과 같은 특징이 있다.

① 전원 교육 및 전원 참여
② 프로젝트 Alignment(Density of Project)
③ 핵심 경영진이 6시그마에 얼마나 참여를 하고 있는지 측정

위와 같은 세 가지 방법을 통해 지난 5년 동안 6시그마를 추진해왔기 때문에 이제 중요한 것은 어떻게 계속해서 6시그마를 항상 새롭게 하고 사람들이 관심을 가질 수 있도록 흥미롭게 하느냐 하는 것이다. 다시 말해 고루하거나 너무 예측가능하지 않게 하고 또 사람들이 게을러지지 않게 하기 위해서 노력해야 한다. 아직도 6시그마를 통해서 많은 혜택을 볼 수 있을 것이라 생각하기 때문에 지속적으로 6시그마를 어떻게 추진해 나갈 것이냐가 중요한 것이다. 그리고 이제는 고객에게 도움이 되면 활동을 하자는 방향으로 바뀌었다. 다음 단계는 GB가 고객의 사업 현장에서 고객을 위해 프로젝트를 하는 것이다.

· 조직문화로서의 6시그마

가장 쉽게 6시그마를 받아들인 사람들은 엔지니어였지만, 영업사원도 6시그마를 적용할 수 있고, 또 어떤 사업부문은 적용을 어렵게 생각할 수도 있다. 하지만 GE에서 6시그마는 이제 기업문화의 일부가 되었다. 처음에는 톱다운(Top-down) 방식으로 추진하면서 모든 사람들에게 꼭 참여해야 한다는 인식을 갖게 하였다. 그러나 어떤 프로젝트나 어떤 사업부문은 성공을 거두지 못했다. 6시그마를 통해서 성공을 거두면서 사람들이 직접 그것을 보게 되었고 사람들은 모두 거기에 동참하기를 원하게 된 것이다.

즉 좋은 아이디어라는 사실을 알게 되면 사람들은 참여를 하게 된다. GE에서는 과거에 3~4개 정도의 품질 구상을 시도했었다. 그러나 6시그마를 제외하고는 그 어떤 것도 잭 웰치 회장의 지지를 받은 것은 없었다. 성공의 열쇠는 최고 경영자의 지지와 의지에 달려 있다고 생각한다.

· 타 경영혁신 기법과의 조화

물론 우리 방법이 가장 좋은 방법이라고 말씀드릴 수는 없지만 제가 드리고 싶은 조언은 6시그마와 동시에 TQM과 같은 활동을 병행할 경우 혼란을 초래할 수 있다는 것이다. 우리 회사에서도 6시그마를 도입하기 이전에는 모든 공장들이 각기 다른 품질혁신활동을 추진하고 있었다. 그러나 우리는 이를 모두 없애고 우리 회사 내에 하나의 언어(One Quality Language), 즉 6시그마를 택하기로 결정하였다.

물론 현재 우리 회사에도 여러 가지 생산성을 향상시키는 도구들을 활용하고 있으며 이들을 완전히 버리지는 않았다. 우리는 이러한 도구들이 6시그마에 상호 보완적일 경우 이를 유지하면서 6시그마 아래에 통합시켰다. 저는 종업원들이 이것저것 다른 것들을 교육받게 되면 혼란스러워할 것이라 생각한다. GE 메디컬 시스템에도 TQM, Cycle Time 단축 및 연구 팀 활동이 있었지만 모든 것을 없애고 6시그마로 대체했다(이 부분은 필자의 견해와 다른 부분이 있지만 그대로 싣는다.).

· 비제조부문의 6시그마

앞서 말씀드린 것과 같이 엔지니어들이 가장 쉽게 추진한다. 그러나 다른 부문에서도 충분히 활용이 가능하다. 예를 들어 대금청구 품질과 매출채권 회수율 개선 및 재고 감축을 들 수 있다. 또 우리 회사의 예를 들어 보면 영업사원들이 오더를 입력할 때 생기는 문제를 해결하는 데도 6시그마를 적용할 수 있다. GE 메디컬 시스템에서는 모두가 교육과정을 밟도록 하였으며 그들이 프로젝트를 선택하도록 하였다. 우리는 전 세계에 흩어져 있는 우리 영업사원들을 모두 교육시켰다. 그 결과 영업사원 모두 6시그마 도구에 대해 잘 알고 있으며 고객들에게 설명해 줄 수 있는 수준이다. 6시그마는 모든 부문, 즉 재무와 인력개발에서도 적용이 가능하다. 인력개발의 경우 사원들의 이직률 수준을 낮추기 위한 프로젝트를 할 수도 있고 또 성공적인 사람들이 더욱 많이 승진할 수 있도록 하는 GB 프로젝트를 할 수도 있을 것이다. 각 부문마다 사람들이 받는 교육이나 프로젝트는 다르지만 모두들 6시그마의 도구는 활용할 줄 안다. 기본적으로 교육 내용은 같지만 비제조부문은 그들에게 필요한 쪽으로 맞춰 주어야 한다. 교육과정 중에 6시그마 도구를 적용할 수 있는 그들의 실제 업무를 예로 드는 것이다. 꼭 교육을 받도록 하는 것이 중요하다고 할 수 있다. 우리는 내년까지 모든 사원을 교육시키기로 목표를 정했었다. 그리고 최고의 세일즈 매니저(Sales Manager) 챔피언으로 하여금 1년 동안 매니저를 지원하여 교육 및 프로젝트 수행/검토를 하도록 하였다.

· 임원들의 역할

출발점이 어디냐에 따라 다른 것 같다. 우리 회사의 경우 임원들은 내년 3월까지 모두 GB 인증을 받거나 회사를 떠나야 한다고 이야기하였다. 리더가 인증을 받지 않을 경우 종업원들은 6시그마가 중요하다는 것을 인식하지 못할 것이다. 6시그마가 성공적이기 위해서는 모두 참여를 해야 한다. 저는 모든 직원들이 훈련 내용을 개선하라든가, 자신의 프로젝트는 문제가 있으니 다른 프로젝트로 바꿔 달라고 하든가 혹은 프로세스를 개선해야 한다는 이야기는 할 수 있도록 해주고 그러한 사항은 조정해나가고 있다. 그러나 교육을 받는 것에는 예외를 두지 않는다. 교육에 있어서는 그 누구도 선택의 여지가 없는 것이다. 공장의 최고 관리자를 BB로 키워야 한다. 하지만 공장에서는 그가 없어서는 안 될 사람이라고 생각하기 때문에 빼주려고 하지 않을 것이다. 그렇기 때문에 그를 BB로 만들기가 어려운 것이다.

· 6시그마 추진상의 어려운 점

첫 번째로 어려웠던 것은 제 자신을 어떻게 6시그마에 대해 항상 활기를 가지도록 하느냐 하는 것이었다. 큰 조직이 6시그마를 핵심 원동력으로 활동해 나가기 위해서는 6시그마가 지루해지지 않도록 하는 것이 중요한데, 그것이 가장 어려웠다. 올해 초에 저는 스스로가 6시그마를 지루해하고 있다는 사실을 느꼈으며 아무런 새로운 아이디어가 없었다. 그래서 우리 리더십 팀과 함께 GE 항공기 엔진 사업부를 방문하여 6시그마를 어떻게 하고 있는가를 보고 새로운 아이디어를 얻었다.

두 번째로 어려웠던 것은 어떤 문제가 생겼을 때 해결하기 어려울 경우 과거의 경영 도구를 사용하고 싶은 마음이 든다는 것이다. 예를 들어 장비 납기에 대한 프로젝트를 약 400개 정도 완료했지만 아무런 진전이 없었다. 그래서 과거의 방법을 사용하고 싶다는 유혹을 많이 느꼈다. 그러나 저는 다시 초심으로 돌아가서 6시그마를 이용해서 문제해결하기 위해 계속 노력하고 있다.

혁신의 완료

15. 개요

　　　　　　　　과제관리 시스템에 완료된 과제파일을 올리는 것으로 과제가 끝나는 것은 아니다. 성과를 제대로 측정하고, 회사 재무/비재무(또는 체질개선) 성과로서 기여도를 따지며, 사후관리를 어떻게 해야 할지에 대해서도 꼼꼼히 점검해야 한다. 특히 표준화의 중요성과 살아 있는 표준이 되기 위해 필요한 활동들에 대해 오류와 성공사례를 집중적으로 고찰해 볼 예정이다.

16. 성과의 평가

        프로젝트의 테마 선정, 더 나아가 문제해결을 기반으로 한 경영혁신에 있어 중요한 인프라 중의 하나가 성과 측정 시스템의 구축이다. 일반적으로 성과 측정의 목적은 기업의 목표와 방향을 사전에 설정해주고, 사후에 이에 대한 결과를 기준에 따라 평가하여 보상함으로써 기업의 경영개선을 도모하자는 것이다. 만약 성과 측정이 이루어지지 않는다면 통제와 관리가 불가능해지기 때문에 합리적인 의사결정을 하기 어렵고 비전에 따른 전략과 목표가 성공하기 힘들어진다. 특히 프로젝트의 테마를 선정하는 일은 과연 무엇을 측정·분석·개선·관리할 것인가를 결정하는 과정으로서 이러한 프로젝트를 수행할 대상을 결정하기 위해서는 먼저 현재 수준의 정확한 파악이 무엇보다 중요하다(서철호, 2000).

[그림 Ⅲ-1] 성과 검증 프로세스 예시

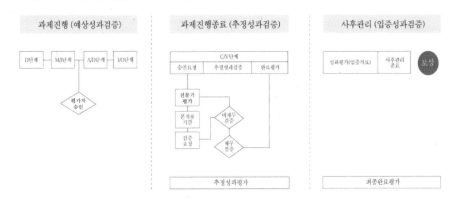

　과제에 대한 평가는 일반적으로 '과정 평가'와 '완료 평가'로 이루어진다. '과정 평가'는 과제를 수행하면서 각 단계별로 얼마나 충실히 수행했는가를 주로 평가하고 과제를 직접 지도하는 외부 컨설턴트나 사내 전문가가 평가를 책임진다. '완료 평가'에서는 'CTQ(Y)(또는 Y)'에 대한 목표달성도를 주로 평가하면서 과제의 난이도, 파급 효과 등을 회사의 특성에 맞게 가중치를 달리하며 평가한다. 한편 모 회사의 경우에는 과제 리더, 특히 문제해결 전문가의 수행 능력을 평가하는 경우도 있다.

[표 Ⅲ-1] 과정 평가 Sheet 예시

단계	배점	Check Point	S	A	B	C	D
Define	20	과제선정은 경영전략 또는 목표와 연계되었는가?	5	4	3	2	1
		목표는 Stretch Target인가?	5	4	3	2	1
		과제의 개선범위는 명확한가?	5	4	3	2	1
		추진 팀원구성의 자원 배분은 적절한가?	5	4	3	2	1
Measure	20	과제의 CTQ 선정은 적합한가?	5	4	3	2	1
		CTQ의 측정이 용이한가?	5	4	3	2	1
		CTQ에 대한 현 수준이 제대로 평가되었는가?	5	4	3	2	1
		CTQ에 대한 잠재원인변수 도출이 제대로 되었는가?	5	4	3	2	1
Analyze	20	잠재원인변수에 대한 적절한 검증계획이 수립되었는가?	5	4	3	2	1
		잠재원인변수 분석 시 적합한 Tool을 사용하였는가?	5	4	3	2	1
		CTQ 목표달성을 위한 Vital Few가 모두 도출되었는가?	5	4	3	2	1
		Vital Few는 CTQ 변동을 적절히 설명하고 있는가?	5	4	3	2	1
Improve	20	Vital Few 특성구분에 따른 개선계획 수립이 명확한가?	5	4	3	2	1
		창의적이고 혁신적인 아이디어가 반영되었는가?	5	4	3	2	1
		새로운 방법에 대해 이해관계자 커뮤니케이션은 되었는가?	5	4	3	2	1
		개선안에 대한 검증은 실시하였는가?	5	4	3	2	1
Control	20	개선안에 대한 관리계획이 효과적으로 수립되었는가?	5	4	3	2	1
		개선안이 현업(현장)에 적용되었는가? 또는 적용계획은 명확한가?	5	4	3	2	1
		과제의 성과는 적절하게 표현되었는가?	5	4	3	2	1
		지속적인 성과유지를 위해 P/O에게 공유 이관되었는가?	5	4	3	2	1

[표 Ⅲ-2] 평가체계의 구성

구 분	가중치	평가 항목		가중치	비 고
과정 평가	40%	DMAIC(DV) Phase별 Check Point에 의거 (각 단계별 20% 비중)		100%	해당 컨설턴트 평가
완료 평가	60%	CTQ(Y)달성도		40%	현장실사 평가 및 해당 임원 평가
		개선 난이도	현장실사 평가(70%)	30%	
			임원 평가(30%)		
		문제해결 충실도	현장실사 평가(70%)	30%	
			임원 평가(30%)		

16.2. 평가결과의 MBO 연계

급격한 환경변화에 직면하고 있는 조직이 이 같은 상황에 능동적으로 대처하면서 조직의 효과성을 증대시키기 위해서는 시장의 변화는 물론이고 조직의 급속한 성장에 부합할 수 있도록 조직의 비전(Vision), 미션(Mission), 가치(Value)로부터 도출된 경영전략을 토대로 효율적인 경영시스템을 구축할 필요가 있다. 이런 맥락에서 '과거 - 현재 - 미래'라는 시간적 차이를 극복하고 효율적 관리 체계와 구성원의 직무만족도 및 몰입도 증진을 모색하는 과정에서 적지 않은 업체들이 '목표에 의한 관리 시스템(MBO)'을 도입하는 경향이 있었다(배문숙 외, 2007). MBO란 기업의 궁극적인 목표 및 경영이익의 극대화를 위하여 조직의 성과 및 구성원의 팀 공헌도 향상을 관리하는 체계이다. 즉 비전, 전략 및 사업계획을 개인 단위까지 연계시켜 기업이 나아갈 방향과 실행 전략의 구체화를 도모하고, 경영목표달성 과정과 결과에 대한 피드백이 가능하도록 하는 입체적 성과관리 시스템을 말한다(같은 논문, 2007).

급속한 기술변화, 고객욕구의 다양화, 세계화 과정이 가속화된 상태, 지식경영, 정보기술 발달의 가속화 등 기업의 경영환경이 급변하고 있다. 이에 따라 기업이 안정과 성장을 지속적으로 이어 가기 위해서는 자사의 핵심역량을 확보하고 경쟁우위요소를 획득함으로써 궁극적으로는 기업 비전을 달성해야 할 필요성이 더욱더 증대되고 있다. 그러나 이러한 상황에도 불구하고, 우리 기업들은 내부적으로 혁신과 변화에 대해 아직 분위기가 성숙되지 못한 상태이고, IMF 체제에 따른 가치관 혼란, 수동적 보호 메커니즘에 따른 조직 병리 현상 심화와 비전전략 달성을 위한 핵심역량의 확보 역시 미흡한 상태이다. 이러한 관점에서, 기업이 현재의 조직 병리 현상을 극복하고 각자 자기 분야에서의 세계 일류기업 창조라는 비전을 달성하고 거듭나기 위해서는 성과관리 시스템의 도입이 그야말로 필수적인 요건이라 할 수 있다(같은 논문, 2007).

미국에서 1950년대 말에 개념적인 틀을 형성한 MBO는 1960년대에 실제 몇몇 기업에 적용되기 시작하였으나 1970년대 중반에 들어 보편화되어 오늘날 근대적 인사고과 기법으로 자리를 잡았다. '목표 관리'는 피터 드러커에 의해 처음 사용되었는데 '목표 관리'는 전통적인 관리 방식인 통제에 의한 관리(Management by Control)와는 달리 일반적으로 기업의 목표달성을 위하여 구성원 각자가 자기의 목표를 스스로 정하고 자기 통제를 하면서 자기의 목표달성을 효과적으로 추진해가는 관리 제도이다(서동진, 2009).

[그림 Ⅲ-2] 목표관리의 흐름

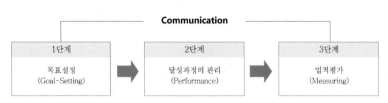

목표를 설정하는 것은 회사가 아니라 종업원 본인이다. 본인이 회사 전체의 경영계획, 경영방침, 소속 부문의 운영계획, 운영방침, 자신의 능력과 실력, 자신의 지위와 역할 등을 종합적으로 감안하여 목표를 설정한다. 그리고 그 목표를 달성하기 위해 자주적·주체적으로 노력한다. 기존의 인사관리는 회사가 업무 내용과 양을 일방적으로 종업원에게 지시, 명령하는 방식이었다. 반면 '목표 관리'는 본인의 자주성, 주체성을 존중하는 방식이다. 회사가 일일이 간섭하지 않으며 어디까지나 본인의 재량, 판단, 창의 연구를 우선한다. 기업에서 '목표 관리'의 일반적 추진 과정을 보면 상의하달 방식으로 이루어지는 것이 보통이다(배문숙 외, 2007). 이와 같이 '목표 관리'는 성장을 촉진하고 조직에서의 수행을 측정하기 위한 체계로 설명되고 있다. 'MBO'는 주어진 기간의 조직 목표를 설정하기 위한 체계이고, 목표 성취의 정기적 평가를 제공하기 위한 체계이다. 'MBO'는 관리자가 직무를 더 잘 수행하게 하고 결과를 향상시키는 하나의 방법이다.

16.2.2. MBO의 기본 전제

매니지먼트(Management)는 개별적 조직에 환경을 제공하는 경제적 시스템 안에서 일어나며, 이 환경은 관리자에게 새로운 것을 요구한다. MBO는 이러한 새로운 요구들에 대처하는 하나의 방법으로 첫 단계는 조직목표를 확인하는 과정으로 이해할 수 있다. 다음 단계는 관리자가 목표를 성취할 수 있도록 책임을 분배한다. MBO는 개별적으로 수립된 목표를 배경으로 측정된 결과에 의해 명백히 확인되는 것으로 가정한다. 목표설정과 의사결정 과정의 주된 가치는 경제적인 것보다 오히려 사회적·정치적인 것이라고 MBO는 가정한다. MBO는 계급 조직상에서 기본 조직 구조를 원활하게 하고 인간관계를 활기 있게 하는 체계이다. MBO는 각 개인으로부터 기대되는 것을 진술하고 그것이 실제적으로 달성되었는지 측정을 통하여 조직의 유지와 규칙적인 성장을 제공한다. MBO는 특히 전문적이고 관리자적인 직원에게 적용할 수 있고 관리자와 전문가를 관리하는데 있어서의 어떤 고질적인 문제를 극복하도록 도움을 주며, MBO는 제1선의 감독자에게도 확장시킬 수 있고 많은 직원들과 기술적인 직위에 있는 사람에게도 적용할 수 있다. MBO는 실제적으로 모든 업무 상황에 적용할 수 있다. MBO는 피고용인이 그들의 목표로부터 벗어날 때 인지하는 방법을 제공한다. 과정에 대한 피드백은 계속된다. MBO는 개인이 보유한 특성의 보호를 보장하고 개별성의 변화를 요구하지 않는다. MBO의 또 다른 이점은 특히 관리자나 전문가를 관리하는데 있어서 리스크를 제거하지 않아도 팀워크가 조화롭게 발휘되고 발전과 승진을 위한 개인의 잠재력을 확인시켜 준다.

16.2.3. MBO 사례 연구

대부분의 회사에서 발생하는 일이지만 필자가 컨설팅 했던 기업도 우리나라에서 최고로 MBO를 잘 운영한다고 자부했지만 진단결과 다음과 같이 MBO 체계의 문제를 안고 있었고 이를 개선할 필요성이 있었다. 먼저, 목표설정 시 1년 단위 사업계획 목표달성을 위한 MBO 설정이 주였기 때문에 해당 연도 수익성을 확보할 순 있어도 중장기 기업의 경쟁력 확보를 위한 제반 전략을 흡수하지 못하고 있었다. 또한 목표수준의 도전성이 미흡하고 경쟁사 벤치마킹을 통한 도전적 목표수준 설정은 아예 존재하지도 않았다. 일상 업무 중심의 목표설정과 활동 내용을 기술하다보니 혁신적인 사고를 지향하기에는 부적절했고 과정 관리가 미흡하여 MBO를 위한 MBO, 또 한 번의 문서 업무

(Paperwork), 'MBO 따로 일 따로' 등 부정적인 모습이 나타나고 있었다. 결국 사후 약방문이지만 품질경영회의, 혁신 데이 및 과제 발표 데이를 통한 과정 관리를 철저히 할 것을 제안한 바 있다.

또 연말에 결과 위주의 1회성 평가만 하다 보니 연중에는 조직에 긴장감을 조성할 수 없었다. 이를 해소하기 위해 과제수행 단계별로 평가를 철저히 하여 사전 MBO 관리가 되게끔 유도하였고 결국에는 목표달성도를 향상시킬 수 있었다. 평가 또한 객관성이 결여되어 팀장이나 임원의 재량이 많이 반영되는 현상이 벌어지고 있었다. 따라서 '핵심 성과 지표(KPI)'를 통한 객관적 평가와 이를 통한 변별력 강화를 유도하였고, MBO와 이원화된 포상체계를 과제 성과 평가로 집중함으로써 포상체계를 일원화했을 뿐만 아니라 과제활동의 추진 동력을 얻을 수 있었다. 그리고 성과의 사후관리란 개념 자체가 없었는데 문제해결을 기반으로 한 경영혁신활동을 통해 '핵심 성과 지표(KPI)'를 지속적으로 관리할 수 있는 토대를 마련하였고 또한 완료 후 1년간 과제관리 시스템을 통해 사후관리를 할 수 있었다. 이러한 변화된 모습과 진단 결과를 토대로 필자가 지도한 모 회사에서는 아래와 같이 MBO 추진방향을 새로 설정하였다.

① 전 임원 평가에 재무성과 평가 반영
- 전 중역 평가에서 해당 부문의 재무성과 평가 비중을 30%로 지정
- 전사 최적화 추구 및 적극적 상호협조 유도를 위해 Staff 부문 임원은 전사 EBIT율을 반영
- 타 부문에서 제시하는 공동 재무 목표도 반영

② 경영방침 달성을 위한 KPI 관리 강화 및 평가
- 핵심 미션(Mission) 및 글로벌 경영에 대한 정량적인 KPI를 도출하고 개

선 목표 수립
· KPI의 목표달성 수준을 점수화하여 평가

③ 혁신활동 위주의 평가
· 임원 평가에서 일상 업무 활동은 평가에서 배제
· 팀장/팀원 MBO의 일상 업무 활동은 부문의 재무성과, KPI 목표달성과
  관련된 일상 업무 개선 활동만 평가에 반영

[그림 Ⅲ-3] 계층별 MBO 평가 항목의 구성

16.2.4. MBO와 경영혁신의 연계 사례

'목표설정'이 제대로 이루어지는 것은 기업의 '성과관리 시스템'이 효과적으

로 작동되기 위한 중요한 전제 조건이다. 하지만 이 같은 부서(팀) 수준의 목표설정 방법론이 전략적 성과관리 시스템이라는 전체의 틀 내에서 실행돼야 하는 것은 아무리 강조해도 지나치지 않다. 지엽적이고 단편적인 수준의 이해만을 토대로 한 부서(팀)의 목표 도출은 자칫 전체 숲을 보지 못하고 나무를 더듬는 결과를 초래할 뿐만 아니라, '목표설정을 위한' 목표설정, 곧 형식적이고 왜곡된 목표를 도출하는 부정적 결과를 초래할 수도 있다. 이처럼 여러 측면에서 볼 때, 평가 업무는 본질적으로 '전략적인' 성격의 업무라고 할 수 있다. 즉 각 부서 혹은 팀으로 할당된 회사의 전략 목표가 차질 없이 달성되도록 되돌아보고 또 수시로 점검, 코치해가야 하기 때문에, 성과에 대한 평가 행위는 그 자체가 전략적 성격을 내재하기 마련이다. 따라서 효과적인 부서(팀)의 목표 도출과 함께 성과관리 시스템이 제대로 작동되도록 하기 위해서는 무엇보다 건설적인 조직문화 정립을 기반으로 전 임직원에 대한 철저한 교육과 의식전환은 물론, 수년에 걸친 검증과 시행착오를 감내하면서 시스템의 안정적 정착을 도모해갈 필요가 있다. 이렇게 될 때 성과관리 시스템은 본래적인 잠재력을 발휘하면서 다른 조직이 쉽게 흉내 내기 어려운 강력한 '무형 자산'으로서 조직의 성장과 발전에 중추적인 견인차 역할을 담당하게 될 것이다(배문숙 외, 2007).

성과관리 시스템, 즉 MBO는 적극적인 실행력을 평가하고 과제 형태로 업무를 수행하여 그 과정 및 결과를 모두 공정하게 평가할 수 있게끔 공식화하는 것이 중요하다. 이것이 바로 경영혁신활동이고 이를 MBO에 연계시킬 수 있다면 경영혁신활동은 보다 활성화되리라 확신한다. 필자는 이러한 경험을 토대로 다년간 지도해오고 있는 여러 회사에 아래와 같은 MBO 체계와 경영혁신을 연계할 수 있는 시스템을 구축하였으며 필요로 하는 고객에게는 이를 적극 추천한다. 물론, 경영혁신에 열정과 몰입을 보여주는 경영진들은 바로 혁신활동을 MBO 등의 성과평가 시스템과 연계할 것을 권장한다.

16.3. 성과의 평가

16.3.1. 혁신활동에서 재무성과가 왜 중요한가?

재무성과 측정은 문제해결 추진활동 등 경영혁신활동이 전략적 경영목표와 부합되는지를 사전, 사후에 평가하여 경영목표에 연계되도록 유도한다. 실적에 대해서는 성과보상을 실시함으로써 혁신활동의 추진이 올바른 방향으로 진행될 수 있도록 동기를 부여한다. 따라서 재무성과 평가는 경영혁신의 지속성을 확보하는데 없어서는 안 될 매우 중요한 활동이다. 문제해결을 기반으로 한 혁신의 궁극적 목표는 경영성과를 높이는 것이며 타 혁신과 차별화되는 특징은 재무성과 창출을 체계적으로 추구하고 관리하는 것이다.

[그림 Ⅲ-4] MBO와 경영혁신 목표, 과제의 연계

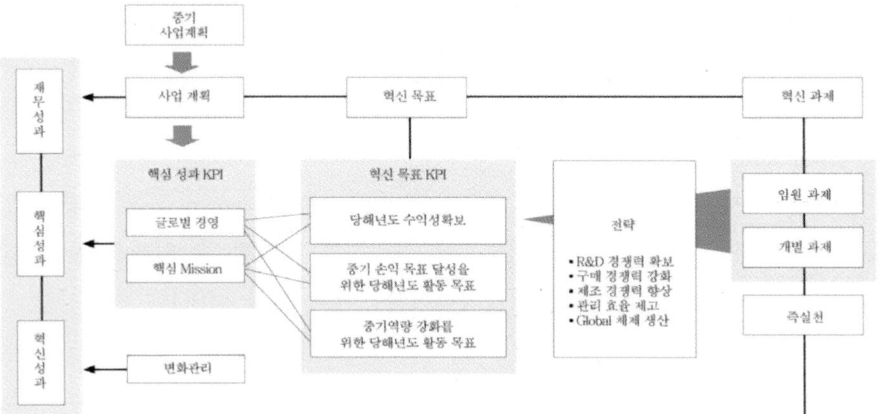

따라서 과제선정 시 재무성과의 기대치를 측정하고 과제완료 시 재무성과 실

적을 측정한다. 이를 위해 '효과 평가 전문가 제도'를 운영하여 성과를 객관적으로 검증하고 평가 및 보상에 활용한다. 즉 혁신과제의 성과는 재무적인 수치로 표현되어야 하며 숫자는 모두가 신뢰할 수 있는 수준으로 관리되어야 한다. 그렇다면 경영혁신활동은 오직 재무성과만을 위한 것인가? 물론 아니다. 회사의 경영혁신활동 추진의 의의는 재무성과뿐만 아니라 조직 전반의 체질을 개선하고 인재를 양성하며 혁신적 조직문화를 구축하는 등 경영 전반의 성과를 높이는 것이다. 그렇지만 혁신의 결과는 경영성과로 귀결되어야 하므로 이 모든 것들 중 재무성과가 중요하다 말할 수 있다.

이 부분에 대해 재무성과는 재무제표에 반영될 텐데 군이 별도 관리할 필요가 있는지에 의문을 가질지도 모른다. 본질적으로 틀리지 않은 의문이지만 경영혁신활동에서의 재무성과 산출은 경영혁신활동의 경영 기여도를 평가해보기 위한 목적이고, 무엇보다도 올바른 과제를 추진하는데 보다 더 큰 목적을 두고 있다. 실제로 조직 내 많은 일이 경영에 얼마나 도움이 되는지, 또 어떤 일이 우선적으로 수행되어야 하는지 잘 모를 수 있다. 과제를 수익성이나 비즈니스에 대한 영향도 측면에서 평가함으로써 활동방향을 검증하고 과제추진의 우선순위를 정하는데 이용한다. 결국 재무성과 관리는 내실 있는 과제추진을 통해 성과 지향적 경영혁신을 추진하기 위한 것이다.

16.3.2. 모든 과제가 재무성과를 목표로 하지는 않는다

경영혁신 과제는 직접적 재무성과를 목표로 하는 과제도 있지만 간접적 효과나 중기적 체질개선을 목표로 하는 과제도 많다. 회사마다 중장기 먹을거리를 만들기 위한 과제활동을 병행하게 되는데 이처럼 수익성 실현이 장기적으로 나타나 직접적 재무성과를 측정하기 어려운 과제도 있다. 그래서 문제해결을 기반으로 한 경영혁신활동에서는 과제성격에 따라 재무성과 과제, 비재무성과(또는 체질개선 효과) 과제 두 가지로 분리해 운영하고 있는 회사가 많다. '체질개선 효과'는 프로세스 개선에 의해 수익 확대, 기회비용 축소, 부가가치 창출이 예상되지만 객관적인 측정이 불가능하고 재무적인 계산도 힘들며 개선 효과는 있으나 이익 반영은 없는, 즉 재무제표에 꽂히지 않는 효과를 말한다. 본질적으로 이러한 '체질개선 효과'에 대해 '효과 평가 전문가'가 검증할 의무는 없다. 하지만 앞에서 언급한 것처럼 회사가 MBO와 경영혁신을 연계했다면 조직 평가와 관련해 '체질개선 효과'를 금액으로 환산하는 작업을 '효과 평가 전문가'가 담당함으로써 '체질개선 효과' 금액에 대한 확정 및 조정의 역할을 하기도 한다.

필자가 컨설팅 했던 모 기업의 경우 다음과 같이 재무성과를 과제 효과의 발생 특성에 따라 구분해 관리하기도 하였다. 먼저, 당기 손익에 긍정적 영향을 미치는 경우에는 재무성과 Ⅰ, 당사 손익에는 영향이 없지만 협력업체에 경영상 긍정적 효과를 가져와 중장기적으로는 당사 경쟁력에 기여할 수 있는 경우를 재무성과 Ⅱ로 관리한다. 예를 들어, 하자보수비 절감으로 인한 협력업체 부담 감소 등이 이에 해당한다. 마지막으로, 손익에 긍정적 영향을 미칠 것이 확실하지만 향후 2~3년 이후에 재무성과 실현이 예상되는 경우에는 재무성과 Ⅲ으로 관리한다. 예를 들면 공정개선 효과가 현장 준공 또는 정산 이후 성과실현 등인 경우가 이에 해당한다. 또 다른 기업의 경우 회사 특성상 '고객사 재무성과'를 추가하여 관리하기도 하였다. 이는 과제수행을 통한 재무성과가 고객사의 손익개선에 기여하는 효과로 고객사 '효과 평가 전문가'가 인정한 경영개선 성과로서 상당히 진일보한 개념이고 회사 간 성과의 공유라는 측면에서 향후 많이 연구해야 할 대상이라고 여겨진다. 이와 같이 업종의 특성을 반영하여 회사마다 나름의 규정을 가지고 있으며 대부분의 기업에서는 위에서 언급한 재무성과 Ⅰ만 진정한 재무성과로 인정한다.

참고로 재무성과뿐만 아니라 비재무성과 모두를 금전적으로 평가하는 방법과 산식을 「Be the Solver_과제 성과 평가법」편에서 자세히 다루고 있으니 좀 더 학습을 원하는 독자는 해당 서적을 참고하기 바란다.

[표 Ⅲ-3] 재무성과, 체질개선 효과 예시

구 분		정 의	적용범위
재무효과	수익 증대	직접적으로 수익이 증대했고 효과가 1년 이내 재무제표에 반영되는 경우	수익증대: 생산성 증대, 수율 향상, 영업 조직 확대 등 기타 수익 증대
	비용 절감	직접적으로 비용이 감소했고 효과가 1년 이내 재무제표에 반영되는 경우(직접적으로 리스크가 감소했거나 효과가 1년 이내 재무제표에 반영되는 경우 포함)	인건비 및 경비절감: 인건비/자재비 기타 비용 등의 절감 금융 리스크 감소: 환율/금리 리스크 관리 등을 통한 금융 리스크 감소
비 재무효과	미래 수익 증대, 비용 회피	수익증대나 비용절감의 효과가 1년 이후 재무제표에 반영되고 효과를 개략적이나마 계산할 수 있는 경우	재무효과의 수익증대, 비용절감과 동일한 범위를 대상으로 하고 1년 이내 재무제표 반영 여부에 따라 구분
	무형 효과	긍정적 효과는 있으나 효과금액의 수치화가 곤란한 경우	정성적 지표의 개선: 고객만족도 제고, 기업이미지 제고, 프로세스 개선 및 각종 효율지표 개선

16.3.3. 재무성과는 어떻게 산정하는가?

문제해결을 기반으로 한 경영혁신활동은 기본적으로 과제를 중심으로 운영하고 재무성과도 과제 단위로 산정한다. 과제의 재무성과는 통상 과제추진으로 인해 1년 이내 발생한 수익을 추정해내는 걸 원칙으로 하지만 이는 과제의 성격, 회사의 업종에 따라 달라질 수 있다. 재무성과는 과제 성과지표(Y)의 개선 전(Baseline)과 개선 후의 차이를 회사 이익에 미치는 영향도로 추정하여 산정한다. 실제 과제의 지표가 회사 손익개선이 아닌 경우에는 산정 식을 통하여 산정하는데 결국 측정된 값의 신뢰도는 Baseline의 적절성과 산정 식의 정확도에 의해 좌우된다. 실제로 과제별 손익을 정확히 산정하기는 어렵다. 과제별로 전표가 발생되는 거래행위가 아니기 때문에 대부분의 경우 실제 손익은 계산될 수 없다. 그래서 과제의 손익효과를 객관적으로 산정하기 위해 '효과 평가 전문가 제도'를 운영하는 것이고 산정기준, 산정 식 등을 개발하여 최대한 객관화할 수 있도록 노력한다. 또 회사 재무성과 집계에는 모든 개선 과제가 다 포함되지는 않는다. 숫자의 거품을 없애기 위해 정형화된 과제 — 예를 들면 전략과 연계된 과제 — 만 대상으로 하기도 한다. 회사에 따라서는 모든 과제, 즉 일상적 과제나 단순 개선 과제도 포함하지만 일반적으로 이들은 제외한다. 문제해결 로드맵에 따라 추진되고, 과제관리 시스템에 등록되며, 멘토에 의해 지도를 받고, 성과로 분류되는 과제로 한정하는 게 일반적이다.

16.3.4. 성과 측정 기본원칙

다음은 필자가 재직했던 회사의 성과 측정과 관련된 기본 원칙이다. 지금까지 문제해결을 기반으로 한 경영혁신을 추진하고 있는 대부분의 회사에서 재무성과 산정기준을 정할 때 가장 많이 참조하는 자료이다. 이 기준을 만들 당시 깊이 있는 연구와 이 분야 전문가를 대거 참여시켜 기준 설정을 하였기 때문에 충분히 참조할 말한 가치가 있다.

- 과제의 효과는 과제로 등록, 수행되는 것만 인정한다.
- 효과는 과제수행에 따른 직접적인 효과분만 파악하고 산출한다.
- 비교 대상은 '안정화'된 상태의 개선 전과 개선 후로 한다. 즉 전년 대비,

경영목표 대비가 아니다.
- 재무성과의 경우 '손익 계산서에 직접적인 개선 효과가 있느냐?'가 최우선 판단 기준이 된다.
- 효과추적 기간은 과제 완료, 적용 후 '연간(12개월)'으로 하며 회계 기간별로 구분되어야 한다.
- 과제수행에 의한 성과 이외의 환경적 영향(환율, 시장가격 등)은 철저히 배제한다.
- 재무성과는 과제수행에 기인한 모든 추가 투입 비용을 차감하여 산출한다.

16.3.5. 성과 측정 기간

1년 이내 수익이 발생하지 않는다거나 또는 성과 발생 시점이 장기이거나, 불확실하면 '체질개선 효과'로 분류해 재무성과는 없는 것으로 본다. 과제의 성과는 종료(과제개선 완료) 시점부터 1년(12개월)의 예상(실적)성과를 산정한다. 예를 들면, 2008년 6월 종료 과제는 2008년 7월~2009년 6월까지의 성과를 평가받는 식이다. 성과가 1회성 또는 1년 미만인 과제는 실제 발생한 성과만 인정하되, 과제를 선정하기 전에 해결방안 및 성과를 인지하여 과제 종료시점(과제 개선 완료, 통상 6개월) 내 해결되는 과제의 재무성과는 인정하지 않는다. 이 부분은 과제지도 컨설턴트가 밝혀내기 굉장히 어려운 부분이기도 하지만 '효과 평가 전문가'는 회사의 재무적 흐름을 그 누구보다 잘 파악하고 있기 때문에 사전에 감지할 수 있다. 하지만 무엇보다 이런 과제를 추진하는 것을 승인하는 임원이나, 미리 알고 추진하는 과제 리더가 있다면 그 과제는 하지 않느니만 못하다.

16.3.6. 성과 측정 기준

성과는 과제 개선 전 Baseline 대비 개선 후 성과 차이를 말하며, 개선 전 Baseline이 없는 과제의 재무성과는 인정하지 않는 것이 원칙이다. 단, 과거 Baseline이 없는 신규 사업과 관련된 과제는 사안별로 담당 '효과 평가 전문가'가 최종 판단한다. Baseline은 최대한 객관성을 담보할 수 있어야 한다. 과제별 관리지표의 개선 전 안정된 상태를 Baseline으로 설정한다. 개선 전 Baseline 데이터는 연간, 연평균, 과거 몇 개월, 전월, 특정일 등 여러 가지가 될 수 있다. Baseline은 통상적으로 12개월 평균을 사용하되 사안별로 사내 전문가나 외부 컨설턴트와 협의하고, 최종 조정 결정은 담당 '효과 평가 전문가'가 하는 게 타당하다. 성과는 과제수행에 따른 직접적인 성과분만 인정하고, 그 외에 다른 요인이 성과에 영향을 미칠 가능성이 있는 경우 검증에서 제외한다.

과제의 성과가 개선활동과 관련 없는 외부 변동요인에 의해 좌우되는 경우에는 최대한 배제하는 것을 원칙으로 한다. 환율, 판가 또는 금리 등 외부여건에 의해 성과가 변동하고 있다면 이들 제어할 수 없는 외부 요인에 의한 변동은 배제하고 보수적인 관점에서 순수한 개선 활동의 성과만 인정한다. 이와 관련해 Baseline 설정에서도 개선 활동과 상관없는 외부 요인이나 일시적 요인은 철저하게 보수적으로 설정하고 관리한다.

16.3.7. 성과 측정 시점

일반적으로는 다음과 같은 절차를 밟아서 성과 측정이 과제수행의 전 단계에 걸쳐 수행된다. 기본적으로 과제선정 단계부터 '효과 평가 전문가'가 관여하여 재무성과에 대한 과제선정 타당성 검증을 책임지고, 재무성과 과제선정에 대해 '효과 평가 전문가'가 동의하지 않으면 등록할 수 없도록 해야 한다. 사전 등록 검증을 거친 과제는 Define Phase에서 목표 성과를 입력하고 전사 '효과 평가 전문가'가 승인한다. 이 과정은 회사마다 다른데 어떤 회사에서는 Measure Phase에서 CTQ(Y)가 확정된 후 최종적으로 '효과 평가 전문가'의 승인을 거치기도 한다. 일반적인 절차는 Define Phase에서 '효과 평가 전문가'가 승인 후 Control(Verify) Phase를 지나 완료(Finish) 단계에서 개선 후 1년(12개월)간의 예상 성과를 입력한 뒤 전사 '효과 평가 전문가'가 최종 승인한다. 이 예상 성과를 근거로 과제 완료 승인을 하게 된다. 과제 완료 후 1년(12개월)간 분기마다 — 회사마다 다르다. 어떤 회사에서는 매월, 어떤 회사에서는 반기 1회 실시하는 경우도 있다 — 과제수행의 진척 상황을 Audit하여 '효과 평가 전문가'가 실적 성과를 확정한다.

[그림 Ⅲ-5] 효과 산출 시작시점 및 산출 기간 예시

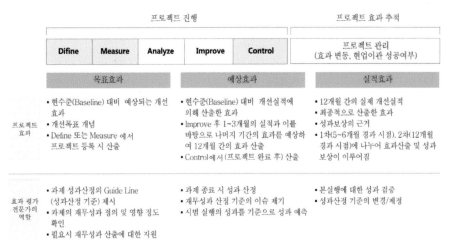

16.3.8. 대표적인 재무성과 유형

'수익 증대 효과'는 수율 향상이나 생산성 증대 등의 효과가 발생한 과제에 한해 인정하며, 신규 창출 수익을 산출한 뒤 이에 기존 대비 수익 증가율을 적용하여 효과를 산출한다. 반면에 '비용 절감 효과'는 인건비, 자재비 및 제반 경비 절감, 환율 리스크 및 금리 리스크 관리를 통한 지출될 금액의 감소 효과를 포괄하며 개선 전후의 비용 차이를 비교하거나, 경비 등 일부 비용 항목은 활동 단위당 원가의 감소에 따라 프로젝트 효과를 산출한다. [그림 Ⅲ-6]을 참조하기 바란다.

16.4. 효과 평가 전문가

문제해결을 기반으로 한 경영혁신활동에서 재무성과 관리를 위해 '효과 평가 전문가' 제도를 운영하고 있다는 것은 이미 설명한 바 있다. '효과 평가 전문가'는 과제 추진 초기에 재무성과 기대치를 측정하고, 완료 시에 과제성과를 검증하며, 사후에 실제 성과가 났는지를 검증하는 역할을 한다. 즉 경영혁신 과제의 성과 측정 기준을 제공하고 과제의 성과에 대한 심의 및 승인의 역할을 수행한다. 또한 성과에 대한 목표 및 실적을 관리하고 분기별로 정기적인 성과유지를 위한 제반 조치를 취해야 하며 과제진행 중이라도 이러한 목적 달성을 위해 Audit을 실시할 수 있다. 또한 성과 산출 규정을 보완하고 개선하는 역할도 수행한다.

[그림 Ⅲ-6] 수익증대 효과와 비용절감 효과

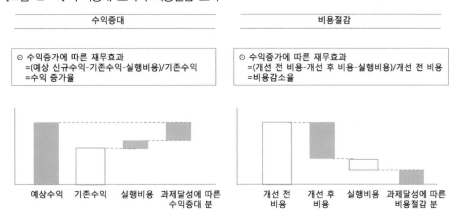

책임과 권한

　‘효과 평가 전문가’는 재무성과가 합리적이고 보편타당성에 근거하여 객관적 성과로 인정되게끔 정확한 평가를 책임진다. 따라서 회사에서는 ‘효과 평가 전문가’의 성과 검증에 대한 객관성을 확보하기 위해 ‘효과 평가 전문가’ 활동에 관해 독립성을 유지해줘야 한다. 전사를 대표하는 ‘효과 평가 전문가’는 본부나 사업장 단위 ‘효과 평가 전문가’의 의견을 종합적으로 수렴하여 효과산출 관련 제반 기준 및 규정의 제·개정에 대한 책임과 권한이 있다. 재무성과 산출에 관해서는 절대적으로 객관성을 확보하도록 노력하고 재무, 회계 관련 부서의 자문을 들을 수 있으나, 최종적으로 인증된 재무성과에 대해서는 고유의 인증 권리를 부여받는다. 과제선정, 재무성과 과제 여부 결정 등에 있어서는 충분히 리더와 의견수렴 및 협의, 조율을 해야 하나 이같이 심사숙고하여 최종 결정된 사항은 반드시 준수하여야 한다.

이렇듯 과제성과에 대한 책임은 과제 리더와 임원이 갖지만 '효과 평가 전문가'는 성과의 신뢰도를 관리한다고 볼 수 있다. 다시 말해, 성과 자체에 대한 책임은 현업과 과제 리더, 성과분석과 과제관리는 경영혁신 주관조직, 성과의 신뢰도는 '효과 평가 전문가'가 각각 책임진다. 또한, 과제성과를 검증하고 신뢰도를 높이는 일이 1차적인 업무이지만 과제의 선정단계부터 참여해 실제로 수익성 있는 과제를 같이 찾고 목표의 적절성을 검토하며, 경영혁신이 올바른 방향으로 갈 수 있도록 해야 하는 게 보다 바람직한 모습이다. '효과 평가 전문가'는 경영관리 팀원이 수행하는 부가적 업무로 해석해서는 곤란하다. 결론적으로, 문제해결을 기반으로 한 경영혁신활동에 있어 '효과 평가 전문가'의 역할은 올바른 과제를 하는지, 성과가 나는지에 관한 성과 지향적 경영혁신활동에 직극적으로 개입하는 것이다. 이것이 회사에서 '효과 평가 전문가'로서의 활동을 공식적인 업무로 인정하는 가장 주된 이유이다.

16.5. 사례연구

과제 유형 구분 및 구분된 세부 유형에 대해 효과를 어떻게 구분하는지 그 기준을 간단히 소개하고자 한다. 과제효과에 대해서는 회사마다 정의가 다르지만 일반적인 제조업체의 경우 대부분 [표 Ⅲ－4]와 같은 산정기준을 적용하고 있다. 반면 [표 Ⅲ－5]와 같이 IT 업체에서 적용하는 기준은 고객사 재무성과를 별도의 큰 축으로 가져가는 것이 흥미롭다. 이는 업종 특성상 서비스를 제공하는 데에서 성과를 창출하기 때문으로 풀이된다.

[표 Ⅲ-4] 재무성과 및 체질개선 효과 주요유형별 산출기준(일반적인 제조업의 경우)

항목			산출근거
재무성과	수익 증대 효과	판매량 증대	(개선 후-개선 전 판매량)×개선 전 환율×개선 전 판가×개선 전 세전이익률
		판가 인상	(개선 후-개선 전 판가)×개선 전 환율×개선 후 물량
		기타 수익증대	(개선 후-개선 전 수익)-추가투입비용
	투입 비용 절감	구입단가인하	(개선 전-개선 후 구입단가)×개선 전 환율×개선 후 물량
		성인화	(해당 인력의 총 인건비) ― 추가투입비용
		임금시간단축	해당 인력의 (개선 전 급여-개선 후 급여의 개선 전 기준 환산액)-추가투입비용
		경비절감	개선 전 지출액-개선 후 지출액
		투자비절감	투자비 절감액의 (감가상각비+이자)
	효율 향상	공정품질향상	변동비 절감액+단위당 고정비 감소액
		작업 Capa 증대	공정 품질향상 효과액+작업 CAPA 증대효과액
		고객품질향상	개선 전 외부 실패비용-개선 후 외부 실패비용
		Cash Flow 개선	개선금액×이자율
		재고자산 감축	개선금액×이자율 ○(개선 전 발생액-개선 전 활용액)-(개선 후 발생액-개선 전 활용액)
체질개선	구조 및 프로세스 개선	B/S 구조개선	이익을 당장 증가시키지는 못하나, 자산/부채/자본의 구조/구성을 개선시킨 경우
		업무L/T 단축	업무처리 및 제품생산, 개발 등의 리드타임을 감소시키거나 업무수행의 정확도를 향상시켰으나, 임금시간 단축이나 제품원가의 절감을 가져오지 못한 경우
		업무정확도 향상	
	비용 및 수익감소	비용회피	과제수행으로 현시점에서 비용감소는 없었으나, 만약 프로젝트가 추진되지 않았다면 미래비용이 증가할 수 있는 경우
		미래수익 증대	
	기타	만족도 향상	과제수행이 고객, 종업원, 구매 및 기타 거래 선의 만족도를 제고시킨 경우
		기타	

[표 III-5] 재무성과 및 체질개선 효과 주요유형별 산출기준(IT 업체의 경우)

성과구분		비 고
재무 성과	① 매출액 증가 ② 인건비/경비 감소 · 인력효율화에 따른 인건비 절감 · 투자/개발비용 절감 · 기타 비용 절감 등 ③ 영업외수익 증가 및 영업외비용 감소 · 자산매각에 따른 비용감소	재무성과는 반드시 손익계산서상의 절감 효과가 수반되어야 함(단순 인력 재배치 등 절감효과가 없는 것은 재무성과가 아님)
체질 개선 효과	① 구조 및 프로세스 개선 · 단순 인력 재배치의 개선효과 · 역량강화 및 업무효율화 · 기회비용 및 발생 예상비용 회피 ② 고객만족도 개선 ③ 납기준수/징애율 개선 ④ 고객 제안형 프로젝트 창출 ⑤ 대외 신인도 및 선호도 향상	체질개선효과 중 논리적 성과 측정 및 추정이 가능한 것에 대해서만 FEA는 성 과를 인증(단순 추정효과는 배제)
고객사 재무 성과	① 생산성 향상을 통한 고객사 수익증대 ② 프로세스 개선기여에 따른 비용감소 및 이익 증가 ③ 업무효율성 제고를 통한 원가절감	고객사 '효과 평가 전문가' 승인을 득한 과제만 인정

경영혁신 포상 시 기여율 문제

회사마다 다르지만 대부분의 회사에서는 한 해 동안의 경영혁신활동을 마무리하는 행사를 통해 격려하고 자랑하는 자리를 마련한다. 이때 경쟁을 통해 과제의 우열이 가려지는데 ─ 물론 하나하나의 과제가 모두 중요한 회사의 자산이지만 ─ 주어지는 포상금은 수상을 하게 되는 과제를 수행한 팀 내에서 개인별 차등 지급을 하게 된다. 이는 과제 리더가 과제 팀원들의 기여율을 지속적으로 모니터링한 결과에 따라 지급하는 것이다. 이러한 기여율은 대부분

과제관리 시스템에서 관리하게 되며 사내외 컨설턴트에게 조언을 구할 경우도 종종 있다. 기여율을 확정할 때에는 과제 리더가 주관이 되어 과제수행 시 개인별 기여율에 대한 공감대 형성을 한 후 확정하는 게 좋다. 그렇지 않을 경우 포상금이 배분되는 상황이기 때문에 종종 갈등이 빚어지기도 한다.

필자가 멘토링한 모 연구개발 과제는 팀원으로서 특허 팀의 역할이 매우 중요하였음에도 포상금의 배분은 물론 저녁 한번 먹자는 얘기가 없었다고 하소연한 경우가 있었다. 따라서 경진대회에서 수상이 확정되면 과제 리더를 제외한 팀원의 기여율을 무기명으로 평가하고 지도했던 컨설턴트의 의견을 종합하여 기여율을 객관적으로 확정, 공지한다. 이때 기여율의 합은 100%가 되게 한다. 통상 과제 리더가 50%의 기여율을 가져가며 나머지 50%를 팀원 간 배분하기도 한다. 여기서 주의할 점은 프로세스 오너는 기여율 평가의 대상에서 제외해야 한다는 점이다. 왜냐하면, 실질적인 과제활동에 참석했다고 보기 어렵기 때문이다. 회사에 따라서는 과제성격이나 프로세스 오너의 열정에 따라 과제에 적극적으로 참여하는 분들이 있기도 하지만 원칙적으로는 배제한다. 다만 이들 프로세스 오너에게 과제수행 실적을 인정하는 경우도 있다.

경영혁신 과제를 추진할 때 리더가 재무성과 측정과 관련해 자주 하는 질문들 중 몇 가지를 추려보았다. 먼저, 본질적으로 회사가 적자를 낸 경우에도 재무성과가 있을 수 있다. 이런 경우 경영혁신활동에서 과제의 재무성과는 더 큰 적자가 날 것을 과제를 통해 적자폭이 만회된 것으로 보아야 한다. 두 번째로, 사업계획을 초과한 경우에만 재무성과를 인정하면 어떻게 될까? 우선 사업계획이 개선 전 현 수준이 분명하다면 맞는 얘기지만 사업계획이 개선을 감안한 높은 목표라면 재무성과를 산정하는 Baseline으로 삼는 것은 불합리하다. 다만 신규 사업과 같이 현 수준이 없는 경우에 한해 사업계획을 Baseline으로 잡을 수 있다. 끝으로, 대부분 회사에서 하는 다양한 형태의 과제활동은 문제해결 방법론 적용이 아닌 경우의 성과가 있을 수 있다. 따라서 본문에서 제시한 재무성과를 확인하긴 어렵다. 방법론 적용이 아닐 때도 일부 과제는 존재할 것이고 이 역시 성과가 있겠지만 별도의 평가는 이루어지지 않는다. 필자의 기억으로도 제안심사 시 1, 2등급 등이 나왔을 때에만 경영관리부서에서 관심을 가졌다. 하지만 이때에도 명확한 가이드라인이 주어졌던 것은 아니다. 특히 문제해결 방법론 적용 과제는 '일 따로 과제 따로'가 아닌 일 자체를 과제화하기 때문에 이때의 재무성과는 일의 결과와 과제 효과가 복합되어 나타난다. 그러므로 일의 성과 중에서 과제 효과만을 산정하는 것은 불가능하다. 말하자면 과제의 재무성과 가치는 문제해결 도입 전후의 재무성과 증감이 아니라 과제들의 추진 전후 재무성과 증감을 평가하는 것이다.

17. 표준화

　　　　　"표준이란 그 시점에서 가장 뛰어난 업무처리 방법을 문서화하여 그 이상의 뛰어난 업무처리 방법이 없는 이상 표준대로 일을 하도록 강요하는 것이다. 만약 표준보다 훨씬 나은 방법이 있다면 '개정'이라는 정식 절차를 거쳐서 표준을 변경함으로써 조직 전체가 바람직한 방향으로 탈바꿈한다."(히노 사토시, 2003)

17.1. 표준화의 역사

　기술표준원(http://www.kats.go.kr/)에 의하면 인류 역사상 최초의 표준은 BC 7000년 무렵 이집트에서 무게를 측정하던 단위를 표준화하여 사용하였다고 알려져 있고, 그때 사용하던 표준화된 원통 모양의 돌이 지금까지 전해 내려오고 있다. 동양에서도 중국 진시황이 중국을 통일한 후 첫 번째로 시행한 일 중의 하나가 바로 도량형의 통일이었다. 이것을 보면 동서고금을 막론하고 국가가 국가 경제의 근간인 민간의 상거래에 대한 공정성을 제고하는 한편, 조세 징수의 공정성과 편의를 꾀하기 위하여 표준을 제정하고 이를 사용했음을 엿볼 수 있다. 또한 이는 당시 백성들에게 한 나라에 귀속되었음을 알리고, 반드시 세금을 내야 한다는 강력한 메시지를 전달하는 유효한 수단이었다.

[그림 III-7] 진시황

[그림 III-8] 엘리 휘트니

이후 인류의 기술이 발전하게 됨에 따라 표준화가 몇 가지 역할을 추가적으로 수행하게 되는데 그중 가장 중요한 것은 17세기 네덜란드인들이 조선 사업을 활성화하기 위해 표준 부품을 활용한 예가 아닐까 싶다. 당시 영국, 포르투갈, 스페인 등과 함께 대양을 통한 식민지 개척에 열을 올리던 네덜란드로서는 소위 말하는 부품의 모듈화 및 표준화는 제국을 만드는데 없어서는 안 될 기술이었을 것이다. 이러한 표준 부품의 사용 사례는 근대에 들어서 더욱 빛을 발하게 된다. 엘리 휘트니는 군용 소총 제조에 걸리는 시간 및 고장 건수를 공작기계의 도입, 부품의 표준화를 통해 획기적으로 줄임으로써 미국 정부로부터 당시로서는 최대 규모의 수주를 할 수 있었다.

20세기에 들어와서는 제품만이 아니라 제조 공정에도 표준화가 적용되기 시작했는데 이를 선도한 사람은 자동차 왕으로 불리는 헨리 포드이다. 컨베이어 시스템으로 잘 알려진 헨리 포드의 표준화 작업은 숙련 노동자와 도제로 이루어진 작업반이 생산하는 배치 방식에서 벗어나 생산성을 향상시키기 위한 방법으로 모든 공정을 세분화하고 각 공정별 작업방법을 표준화함으로써 비숙련 노동자라도 단기간의 직무훈련 후 바로 투입될 수 있도록 하였다. 이를 통해 헨리 포드는 당시로서는 최고 수준의 임금을 일반 노동자에게 지불하면서도 회사는 회사대로 가장 높은 경쟁력을 가질 수 있었다. 이와 같은 제품 및 공정의 표준화는 상호 유기적으로 연계되어 20세기 산업사회의 키워드인 대량 생산 시대를 가능하게 하는데 결정적인 역할을 하게 된다.

안타까운 사례로는 20세기 초반에 발생한 미국 볼티모어 대화재를 들 수 있다. 1904년 볼티모어 시내 중심가에서 화재가 발생하였으나 충분한 소방차를 구할 수가 없어, 타 도시에서 소방차를 가져올 수밖에 없는 상황이었다. 하지만 타 도시 소방차의 호스와 볼티모어 소화전 간에 연결부위 규격이 서로 달라 사용할 수가 없었다. 이는 곧 초기 진화에 실패하는 결과를 낳았고 대화재로 번져 1,500여 동에 이르는 건물이 소실되고 수많은 인명 및 재산 피해를 입게 되었다. 이 사건으로 서구인들이 표준화의 중요성을 깨닫게 하는 계기가 되었다. 볼티모어 대화재와 비슷한 우리나라의 사례로는 '94년의 성수대교 참사를 들 수 있다. 철강재 용접 시 규정대로 용접하지 않고, 공사 감리를 실시하지 않았으며, Pin 고정법이라는 신공법에 대한 사전 검증을 충분히 하지 않아 많은 인명피해와 함께 우리로서는 잊을 수 없는 부끄러운 사례를 남기게 되었다. 이들은 모두 표준을 제대로 만들고 꼭 지켜야 한다는 마인드와 실행력이 뒤따르지 않아 벌어진 참상이다.

17.1.1. 글로벌 경쟁력 확보의 선봉, 표준화

핀란드 통신업체 노키아는 표준화의 수혜를 가장 많이 받은 업체로 자타가 공인하고 있다. 국내 삼성전자, 엘지전자의 무서운 추격과 스마트 폰의 강자 애플의 등장으로 구조조정 됐지만 세계 휴대폰 시장에서 부동의 1위를 10년 이상 유지한 바 있다. 이처럼 90년대 초반까지만 해도 미래가 불투명한 기업이었던 노키아가 세계적인 기업으로 부상하게 된 것은 표준화 덕분이었다. 유럽연합(EU)이 이동통신 표준을 GSM 방식으로 사실상 통일함에 따라 세계 시장의 70%를 선점하게 되었고 노키아는 이때부터 일약 세계적인 이동통신회사로 발전하게 된다. 이전까지는 일본 표준(PDC), 미국 표준(CDMA)이 유럽 표준(GSM)과 쌍벽을 이뤘으나 표준경쟁에서 탈락한 모토롤라는 세계시장의 주도권을 유럽 기업에 내주고 말았다. 하지만 모토롤라는 글로벌 상품은 글로벌 화해야 한다고 강조하며 레이저 폰을 대부분 표준화하며 성공하기도 하였다 (김창회 외, 2006).

하버드 비즈니스 스쿨의 시오도어 레빗 교수는 80년대 초에 표준화의 중요성을 이미 예견한 바 있다(전재영, 2008). 전 세계 소비시장에서 국경개념이 무너지고 다국적 글로벌 기업의 표준화된 제품이 휩쓰는 시대가 올 것이라는 그의 예언이 지금 우리에게는 현실이 되고 있다. 아이팟, 아이폰으로 대표되는 애플이나 MS Office의 마이크로소프트는 더 이상 우리 일상에서 없어서는 안 될 필수품으로 자리매김하고 있다. 디지털 인터넷의 일상화와 특히 IT 산업은 네트워크에 의한 서비스 제공이라는 강점을 지니고 선진 각국은 시장의 목표를 글로벌화에 맞추고 있으며, 이의 수단으로 표준화가 핵심적인 역할을 하고 있다(같은 논문, 2008). 이는 우리가 통신업체의 합종연횡을 보더라도 얼마든지 이해가 가능한 대목이다. 얼마 전까지만 해도 국내 최고의 통신업체에서는 표준화를 담당할 핵심인재를 지속적으로 인력시장에서 찾고 있었다. 표준화에 참여하는 궁극적인 목표는 우리가 갖고 있는 원천기술을 표준화하여 지적 재산권을 가시화하는 것이다. 우리가 핸드폰 원천기술을 보유하지 못해 당시 미국의 작은 회사인 퀄컴에 막대한 로열티를 지불하고 있다는 것은 주지의 사실이다. 이를 위해서는 우수 기술보유는 물론 국제표준 전문가의 양성과 더불어 국가 간 또는 기업 간 표준화 협력이 매우 중요하다(같은 논문, 2008). 세계 최고의 기술을 개발해놓고도 다른 나라에 국제표준을 빼앗긴 이웃나라 일본 — 앞서 언급한 통신뿐만 아니라 CD, 비디오테이프 등에서도 표준 전쟁에서 승리하질 못했다 — 을 반면교사로 삼아 표준이 테크놀로지를 주도하는 작금의 현실을 명확히 이해해야 한다. 이제는 일상이 되어 버린 글로벌 스탠더드가 '생존'의 문제로 다가온 현실에 보다 적극적으로 대처해 나가야 한다.

이렇듯 표준화는 글로벌 경쟁 환경에서 생존하기 위한 절대적인 과제임에 틀림없다. 이는 한 회사의 전체 사업이나 제조 공정에도 마찬가지로 적용된다. 자동차 운전의 경우를 예로 들어보자. 한 국가의 교통체계에 대한 표준화가 부족하다면 운전자들은 도로의 어떤 방향이든 내키는 대로 운전할 것이고, 원하는 속도로 운전하게 될 것이다. 또 운전자 모두가 선행권이 있다고 주장할 수도 있다. 반면 표준화가 너무 지나치면 모든 교차로에 정지신호를 만들어 교통 흐름을 너무 안 좋게 만들 수도 있고, 서울 시내에서는 무조건 40km/h의 속도로 운전하라는 규정을 만든다면 답답한 흐름이 이어질 것이다. 반대의 경우는 지나친 과속으로 교통사고의 다발이 눈에 보듯 뻔한 일이 될 수 있다. 자신의 조직문화 및 회사의 수준을 감안하여 공정 및 업무에 적합한 표준화를 해야 하는 이유가 여기에 있다.

범위를 좁혀 현실적인 문제로 돌아가 보자. 경영혁신 과제수행의 최종 결과물인 개선안이 실행된 후에는 프로세스가 지속적으로 관리 상태에 있도록 하기 위한 조치가 필요하다. 이러한 일련의 활동을 '표준화'라고 한다. 프로세스의 이상 상태를 신속히 검출하고 관련된 이상 원인을 파악하여 필요한 조치를 취함으로써 공정의 이상이나 불량 발생을 사전에 예방할 필요가 있다. 정량적인 데이터가 있는 프로세스에서는 데이터의 성격에 맞는 적절한 관리도를 이용하여 원인변수들이 설정된 규격 내에 있도록 관리하는 게 원칙이다. 또한 현재의 관리 시스템 변경이 기존의 관리 시스템에 어떤 영향을 미치는지 확인하고 개선된 공정 및 업무의 지속적인 유지를 위한 계획을 재수립하는 것을 '사후관리'라고 한다. 앞으로는 남은 시간을 이 표준화와 사후관리의 중요성 및 실질적인 실행방법에 대해 구체적으로 논의하는 시간을 가질 것이다.

혹시 여러분이 속한 조직은 업무를 어떻게 처리하는가? 모두가 열심히 하지만 효율이 나지 않고, 뭔가 부족하다는 느낌이 들지는 않는가? 이는 기준이 되는 조타수, 즉 표준이 없기 때문이다. 표준화가 되면 업무의 방향성을 확보할 수 있을 뿐만 아니라 이를 통한 효율을 제고하는 이점이 있다. 이처럼 '표준(標準)'이란 표준화 활동에 필요한 합리적으로 설정된 기준을 말하는 것으로, 사람들 간의 편의, 효율, 그리고 안전을 위한 서로 간의 약속이다. 물품의 성분·특성·형태에 관한 것 — 제품이나 원부자재의 품명·규격표기 등 — 이나, 제조하는 과정이나 시험하는 방법에 관한 것 또는 교역과 산업 활동을 위하여 필요한 의사소통에 관한 것 등이 표준의 대상이다. 표준은 업무 프로세스의 문서화 활동 이면에 있는 상세한 사항들을 명확히 하는 것이 모든 임직원의 개선에 대한 이해를 돕는 발판이자 성공적인 실행의 수단이 된다. 본문을 통해 다루게 되는 표준은 기술표준원의 기준인 '인문 사회적 표준'이나, '측정 표준', '참조 표준' 그리고 '성문 표준'으로 분류하지 않고 통상 회사 내에서 수행되는 관리, 행정적인 제반 업무절차인 '업무 표준'과, 제조·검사·설계 및 설비관리에 필요한 기술적 사항을 표준화한 '기술 표준'으로 구분하였다. 이들은 회사 경영목적을 달성하기 위해 지정된 업무의 합리적이고 효율적인 수행 등 필요한 모든 사항들의 성문화를 총칭한다.

[표 Ⅲ-6] 표준의 구분

구 분	기술 표준	업무 표준
목표	제품 규격(표준)	경영방침 실현
결과	보증된 품질의 제품	조직기능의 발휘
방법	제조 조건의 표준화	업무처리 표준화

그렇다면 '표준화'란 무엇일까? 기술표준원(http://www.kats.go.kr/)에 의하면 일상적이고 반복적으로 일어나거나 일어날 수 있는 문제를 주어진 여건 하에서 최선의 상태로 해결하기 위한 일련의 활동으로 정의한다. 또는 경영혁신과 연계하여 설명하면 상품 및 서비스 간에 발생하는 전체 변동 중에서 사람의 운용 방법, 판정 기준, 작업 순서 등의 차이에 의해 발생하는 변동에 대하여 표준을 설정함으로써 공정이나 제품의 변동을 줄이는 것으로 정의한다(Santos 등, 2002; Eckes, 2001). 즉 표준을 만들고 준수하는 활동, 표준을 합리적으로 설정하여 활용하는 조직적 행위를 일컫는다. 표준화는 문서가 작성되자마자 끝나 버리는 것이 아니라 지속적인 개선 프로세스와 연계되어야만 한다. 여러분이 공정(또는 업무)의 변동을 줄이는 것을 목적으로 한다면 표준은 지속적으로 검토와 개선이 이루어지고 업데이트되어야 한다(같은 책, 2002).

　'표준화'는 경영혁신활동을 통해 획득한 성과를 확실히 공유하고 제도화하기 위해 없어서는 안 될 매우 중요한 단계이다. 현재나 미래의 팀원을 위한 교육도구로서 이보다 더 훌륭한 게 없으며, 공정 및 업무의 변동을 감소시키고 최고의 실행방안에 대한 이해를 돕는 데 최적의 실행도구가 된다고 볼 수 있다. 같은 업무를 취급하는 작업자 간의 산포를 최소화할 수 있으며, 표준 대비 작업자 개개인의 강약점을 쉽게 찾을 수 있다. 그리고 데이터 수집 시 동일한 표준을 적용함으로써 데이터에 대한 신뢰성을 높일 수 있다. 또한 문제 유발 원인에 대한 층별을 가능하게 해주고 지속적인 표준을 통한 유지관리 활동을 통해 특별한 개선 없이도 공정, 업무의 품질과 성과를 향상시킬 수 있는 돈 안 드는 활동이다(같은 책, 2001). 즉 개선된 프로세스를 누가 언제 실행하더라도 동일한 결과를 담보할 수 있고 획득한 지식을 축적하고 공유하며 잠재문제를 사전 제어하기 위해 개선 프로세스의 모니터링 수단을 제공한다. 결국 지속적으로 살아 있는 표준화를 지향하게 되면 조직 전체의 수준을 한 단계 상승시킬 수 있다.

반면 문서화, 표준화가 미비할 경우 공정이나 업무를 맡고 있는 조직원들은 개인별로 다른 방법으로 공정을 운영하거나 업무를 추진하게 되고 필연적으로 공정이나 업무의 변동을 초래할 것이다(같은 책, 2001). 즉 업무 추진의 절차가 팀원 개개인의 마음속에만 존재하는 경우가 많게 된다. 한편, 문서화를 너무 강조하다 보면 창조성이라는 측면이 제약받게 될 것이고 조직원들은 업무를 추진하는데 있어 일을 하기도 전에 지칠 수도 있으며 전체 시스템에 대한 강력한 저항으로 이어질 수 있다. 이는 조직원들에게 개선활동의 중요성을 간과할 수 있는 방향으로 조직분위기를 이끌 수도 있다는 점에 유의해야 한다(같은 책, 2001). 따라서 중요한 것은 지속가능한 표준화가 될 수 있도록 사후관리를 지속해나가야 한다.

17.2.1. 표준화의 이점

[그림 Ⅲ-9] 표준화의 3요소

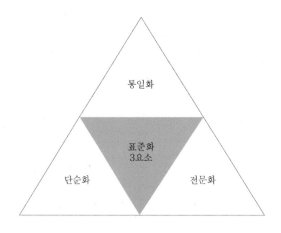

기술표준원(http://www.kats.go.kr/)에서는 표준화의 효과로서 호환성과 '네트워크 외부 효과(표준으로 인해 제품의 호환성이 이루어지면 제품에서 오는 효용은 그 제품이 속해 있는 다른 사용자의 수에 의해 비례하여 증가하게 된다는 이론)', 기술과 생산 공정의 혁신, 그리고 시장의 확대를 통한 판매 경쟁을 가속화시키며 신기술 개발을 촉진함으로써 결국 매출증대를 꾀할 수 있다고 말한다. 또한 소비자 입장에서는 탐색비용과 측정비용을 줄여주는 효과를 줄 수 있다고 본다. 산업적인 측면에서 구체적으로 들여다보면 표준화가 가져다주는 여러 가지 장점은 [그림 III-9]의 표준화 3요소로 축약하여 설명할 수 있다. 먼저 공정 및 업무에 관한 사전 관리가 되기 때문에 문제에 쫓기는 일이 적어진다. 또한 고객이나 후 공정의 클레임 발생 시 대응 프로세스가 명확해진다. 즉 어디에 의뢰하여 어떤 조치를 취하면 좋은가에 대한 명확한 책임과 권한을 알 수 있고, 정보전달이 용이하게 되어 대책을 빨리 세울 수 있게 된다. 그리고 동일 문제의 재발이 감소하게 되는데, 이는 공정의 안정화를 도모할 수 있게 됨은 물론이고 호환성까지 높이는 역할을 하게 된다. 표준의 제정, 개정, 폐지 절차가 확립되면 회사에 항상 도움이 되는 기준으로 유지할 수 있는 체계가 완성되고, 조직이 확립되고 업무 분장이 명료해짐으로써 회사의 기능이 항상 활발하게 움직이게 된다.

한편, 롬바르도(Lombardo, 2003) 등은 공정이나 업무의 자동화 또는 정보 공유에 투입되는 비용과 시간을 절약할 수 있다고 표준화의 이점을 말하고 있다. 실제로 표준화를 통하여 개선된 프로세스를 다른 부문, 직원 또는 고객에게까지 전파할 수 있고, 모든 사람들이 같은 언어를 사용하는 수단을 제공하게 되며, 과제개선 팀이 재배치되거나 해체 시에도 표준은 살아서 공정 및 업무 운영의 튼튼한 밑거름이 된다. 즉 표준화는 공정 및 업무의 불량 및 결점을 줄이고 일을 빠르게 하며 고객만족과 성과개선에 직접적으로 관련된 결과를 달성하도록 이끌어준다. 경영혁신의 가장 핵심적인 철학 중의 하나인 고객

관점에서도 표준화는 다양한 장점을 갖는다. 고객의 기대를 충족시키도록 각각의 종업원이 해야 할 프로세스를 명확히 정의하고 의사소통이 가능하게끔 해주며 상품과 서비스를 고객에게 전달하는 일을 계속적으로 개선하는 사업에 모든 종업원이 참여할 수 있게 해준다. 그리고 고객문제 발생을 방지하고 고객만족을 향상시킬 수 있는 개선을 결정하기 위해 프로세스 성과의 결정적인 측면들을 측정하고 관리한다. 앞으로 다루게 될 표준화의 결과물인 '관리 계획'에서는 선택된 프로세스의 중요성과 고객만족 방법 및 운영 개선 방법을 이해하는 데에 사용되며 이는 고객만족에 가장 큰 영향을 줄 수 있는 사업 분야에 개선을 집중시키도록 하는 조타수 역할을 하게 된다. 표준화가 잘된 회사일수록 실시간 공정 감시 및 사전 경보체계를 통하여 공정 및 업무를 모니터링하는 게 쉬워지고 이는 업무의 효율 및 성과창출로 이어진다.

17.2.2. 표준화에 포함되어야 할 내용

　교육을 받지 않은 조직원도 잘 수행할 수 있도록 상세해야 하며, 언제, 어디서, 누가, 어떠한 조치를 취해야 하는지 정확하게 기술해야 한다. 또한 담당자의 책임을 명확하게 해야 지킬 수 있는 표준이 될 수 있다. 본질적으로는 상품이나 서비스에서 '산포'가 발생하는 것을 방지할 수 있는 방법을 설명해야 한다. 즉 해당 프로세스의 결과(CTQ(Y))와 '핵심 원인 변수(Vital Few Xs)'를 동시에 관리할 때에만 표준화의 의미가 생긴다.
　종종 표준화를 프로세스 결과물에 대한 관리로 인식하는 현장 직원, 심지어는 사내 문제해결 전문가를 보곤 하는데, 이는 표준화의 중요성에 대한 큰 착오가 아닐 수 없다. 몇 해 전에 모 업체를 컨설팅하면서 그 업체 문제해결 전문가와 표준화에 대해 논쟁(?)을 벌인 적이 있는데, 그는 고객이 공정 감사를 나오기 때문에 고객이 관심 있는 불량만 철저히 관리하면 된다고 주장했다. 이에 "그럼 그 불량은 어떻게 발생하는 것이냐? 그 원인 계에 대해서는 어떻게 관리하느냐? 그게 표준화의 본질 아니냐?"라고 집중적으로 질문을 하였더니 그제야 표준화에 대해서 자신이 잘못 알고 있었다는 사실을 인정하였다. 효율의 차이는 회사, 아니 작게는 공정 내에 표준화된 프로세스와 시스템이 있느냐 없느냐에 달려 있다. 표준이 없으면, 기술이 없는 것이다. 공정 및 업무의 낭비 및 문제를 발견하면서도 현장에서는 표준이나 원칙도 없이 일하고 있으면 안 되는 것이다. 또한 경험기술, 노하우를 표준화해서 활용가능하게 해야 한다. 기업에서 업무의 효율이 위기로 느껴진다는 것은 프로세스를 제대로 이해하고 정립하며 정립된 원칙, 표준대로 프로세스가 안 움직이기 때문에 생기는 일이다.

지침과 표준을 수립할 때에는 다음을 고려하여 표준이 사문화되지 않도록 주의해야 한다.

- 누가 업무 진행에 있어 해당 지침 및 표준을 활용하는가?
- 이러한 업무를 수행하는 사람들이 절차 수립과정에 참여하였는가?
- 업무절차는 테스트하였는가?
- 바람직한 결과는 기술되고 있는가?
- 각 단계를 어떻게 수행하는지 설명하고 있는가?
- 즉시 사용가능한 절차를 만들고 있는가?

이렇듯 표준은 역설적이거나 비현실적인 설명은 배제해야 한다. 철저히 실행 중심으로, 실행이 가능하도록 절차와 표준화가 이루어져야 한다. 대부분의 프로세스는 소수의 원인에 의해 크게 영향을 받으므로 관리상의 우선순위가 있어야 한다. 또한 표준화의 결과적인 형태는 절차서, 체크리스트, 체크시트, 플로 차트(Flow chart) 그리고 성과를 측정하는 지표 등으로 구성되어야 한다.

[그림 Ⅲ-10]은 필자가 재직했던 회사의 당시 대표이사가 표준화의 중요성을 일깨우는 일침을 가했던 내용으로 경영혁신을 추진하는 회사에 많은 시사점을 제공한다. 눈여겨볼 일이다.

[그림 Ⅲ-10] 표준화와 관련된 CEO의 의지

> · 표준과 원칙을 무시하고 그 중요성을 경시하는 풍토에서는 우리의 모든 활동이 사상누각이 되고 맙니다. 이에, "나는 이제 표준과의 전쟁을 선포합니다." 전쟁이라고 말한 이유는 죽기 아니면 살기의 각오로, 표준을 고수하기 위해 노력해야 한다는 뜻입니다. '표준이 없는 경우', '표준이 적절하지 않은 경우', '표준을 모르고 있는 경우', '알고도 준수하지 않는 경우' 등 잘못된 근원을 제거해 나가야 합니다. 제조에서의 표준준수, 경영활동에서의 원칙준수가 뿌리내릴 때 세계 1위도 달성될 수 있을 것이리고 믿습니다.

특히 문제해결을 기반으로 한 경영혁신활동에 있어서는 그 결과에 대한 핵심 정보를 문서화하여 이론적 근거를 마련하고, 같은 문제가 다시 발생하는 것을 방지하며 과제의 팀이 획득한 지식을 보관하고 공유할 수 있도록 해야 한다. 프로세스는 어떤 경우에도 안정적으로 운영되어야 한다. 이 때문에 프로세스 오너에게 과제의 결과를 문서화하여 설명하고 관리계획, 즉 표준을 실행하는 책임을 해당 프로세스 오너에게 이관하는 것도 잊지 말아야 한다.

17.2.3. 표준화의 형태

표준화의 형태는 개선된 프로세스의 문서화된 절차로서 규정, 작업표준, 관리 계획서, 작업 지시서, 작업 일지 등으로 존재하게 되는데 관리 계획서나 작업 지시서 또는 QC 공정도에는 프로세스 매핑한 결과물이 포함된다. 사내 문제해결 전문가조차도 '프로세스 맵'을 Measure Phase에서 사용하는 도구로 여기는 경우가 간혹 있다. 이는 크게 잘못된 생각이다. 문제해결 방법론이 탄생하기 이전에도 '프로세스 매핑'하는 기법은 다양하게 존재해왔고 따라서 개선의 마지막 활동인 Control Phase, 사후관리에서도 당연히 '프로세스 매핑'을 주요한 도구로 사용할 수 있다.

17.2.4. 왜 표준화에 냉담한가?

보통의 작업자라면 종래대로 하던 것을 바꾸기 싫어할 것이고 자기 경험이 충분히 스며들지 않고 다른 사람이 만든 것을 지키기 싫어하는 것은 인지상정이다. 한마디로 간섭받기 싫다는 것이다. 그리고 표준대로 하게 되면 본인이 판단하는 대로 일을 처리할 수 없게 되고 그럴 경우 페널티가 돌아오니 자연히 저항이 생기기 마련이다. 일이 단순해져서 흥미가 없어지고 자기 일을 빼앗길까 봐 두려워지는 것이다. [표 Ⅲ-7]에 정리되어 있듯이 표준을 만드는 사람, 사용하는 사람, 관리하는 사람, 표준의 내용, 양식 그리고 운영에 있어서의 제반 문제점 때문에 표준은 있으나 실효성이 없고 활용하기 어려워 대부분 작업에서 사용되지 않는다. 표준을 지키는 방법 및 지키게 하는 노력은 적극적인 활용이 관건이라 할 수 있다. 즉, 실행의 문제이다. 표준이 안 지켜지는 이유를 정리하면 [표 Ⅲ-7]과 같다.

대 상	주요 내용
표준을 만드는 사람	• 철저한 침투는 자기 책임 밖이라고 생각하고 있다. • 구체적으로 만들 능력이 부족하다. • 사용할 인원을 참가시키지 못하고 있다. • 형식이나 수량만 채우면 된다고 생각하고 있다.
표준을 사용하는 사람	• 알지 못한다. • 사용할 마음이 없다. • 사용법을 모른다. • 개선할 마음이 없다.
표준을 관리하는 사람	• 인식이 부족하다(필요성, 효과). • 철저, 침투 노력이 부족하다(활용 부족, 교육 부족). • 작성자에 대한 지도가 부족하다(대상, 내용, 양식).
표준의 내용, 양식	• 지킬 수 없다(훈련이 필요, 잘못 제정되어 있나). • 유지가 되지 않고 있다(설계 변경, 공법 변경). • 활용하기 어렵다(현장에 반영할 수 없다, 너무 작다). • 지켜도 목적을 달성할 수 없다(누락, 잘못 제정). • 이해하기 어렵다(서술형의 문장만으로 되어 있다).
표준의 관리	• 조직이 갖추어져 있지 않다. • 철저, 침투의 노력이 부족하다. • 철저, 침투 관리 능력이 부족하다. • 관리방법의 제도화가 어렵다. • 유지 관리가 힘들다.

17.3. 관리계획서

문제해결을 기반으로 한 경영혁신활동에서의 표준화는 최적화된 '관리 계획서(Control Plan)'를 공정 및 업무에 적용함으로써 지속가능한 공정 관리, 업무 추진을 할 수 있게 하는 것이다. 물론 '관리 계획서'가 이전에도 자동차 산업을 위주로 공정에 정착된 도구였지만 6시그마 같은 경영혁신이 전 세계로 확산되면서 주목을 받게 된 강력한 도구임엔 틀림없다. [그림 Ⅲ-11]에서 알 수 있듯이 '관리 계획서'는 측정방법, 규격, 목표 그리고 데이터 수집방법 등을 규정하고 있다. 잘 작성된 '관리 계획서'는 다양한 조직원들이 경영혁신활동을 수행할 때 어떻게 반응해야 할지를 상세히 설명해준다(Eckes, 2001). 또한 Tsuchiya(1996)에 의하면 아무리 훌륭한 표준일지라도 지속적으로 감시되고 수정되어야만 살아 있는 유기적인 공정관리가 될 수 있다.

[그림 Ⅲ-11] 관리계획서 양식 예시

Control Plan

Product:	Core Team:							Date (Orig):		
Key Contact:										
Phone:								Date (Rev)		

| | | | | | | | | **Current Control Plan** | | |

Process	Process Step	Input	Output	Process Specification (LSL, USL, Target)	Cpk /Date (Sample Size)	Measurement Technique	%R&R P/T	Current Control Method	Sample Size	Sample Frequency	Reaction Plan

17.3.1. 개선결과에 대한 지속성 확보

다시 한 번 강조하지만, 변화 ― 즉 개선의 결과 ― 를 실행하려면 변화의 요소들을 반드시 문서화하여 직원들에게 알려주어야 한다. 개선사항이 실제로 현업에서 일어나고 있다는 내용을 확인하고, 지속적으로 유지된다는 것에 대한 증명이 필요하다. 이는 실제 조업에서 장기적인 관점의 프로세스 상태가 예측대로 잘 운영될 것임을 재확인하는 것으로, 예를 들어 새로운 공정개선으로 불량률이 줄어 그 효과를 지속적으로 추정할 수 있다는 것을 의미한다. 단기 조건으로 어느 일정 기간의 연속적인 결과만을 가지고 개선내용을 검증해선 안 된다. 일상적인 조건에서, 즉 우연 원인에 의한 변동이 있는 상태에서 개선 내용이 개선되었다는 것을 확인하여야 한다. 개선결과에 대한 성과는 단기 조건으로 개선되었다는 것만으로는 검증할 수 없다는 점을 독자 여러분은 명심하길 바란다. 프로세스 성과가 유지될 수 있도록 원인에 대해 적절한 관리 기법을 활용하여 관리하고, 이를 표준화하는 체계를 마련하여 과제로 얻은 성과를 전파하고 확산할 수 있는 기회를 찾는다. '시험 적용(Pilot Test)' 단계에서는 개선안을 실행해봄으로써 목표가 달성되는지 확인한다. 관리 단계는 이러한 과정을 통해 얻어진 성과들이 일관되게 유지되도록 하기 위해 '관리 계획서'를 작성하고 지키도록 유도하는 활동이 이루어진다. 이처럼 '관리 계획서'는 목적이 분명하고, 개선 내용이 프로세스에 적용되게끔 하는 결정적인 수단이다. 프로세스 내부의 관계를 설명해주고, 회사가 의미 있다고 판단한 프로세스에서 좋은 결과를 내는 활동에 집중하도록 해준다. 프로세스 운영자가 현재 프로세스가 고객의 요구사항을 얼마나 충족하고 있는지를 파악하는 데에 도움이 되는 모든 관련 정보를 제공한다. 결국, 고객만족에 가장 중요한 요소가 무엇인지 결정하는데 도움을 주며, 이를 위해 '관리 계획서'는 주기적으로 재검토돼야 하며, 지속적인 데이터 수집과 보고를 통해 유지돼야 한다.

17.3.2. 관리계획서의 작성

'관리 계획서'에는 '프로세스 맵'이 있어야 하고, 목표로 하는 '성과 지표 (CTQ(Y))'와 '핵심 공정 관리 항목(Vital Few Xs) 수준' 및 '관리 방법' 등이 명시되어야 한다. 아울러 이것들에 대한 관리 기준, 측정 방법, 관리 주기, 담당자, 이상 처리 기준 그리고 관련 표준 등을 한눈에 알아볼 수 있도록 정리한다. '관리 계획서'에 들어갈 내용을 정리하면 [표 Ⅲ-8]과 같다.

[표 Ⅲ-8] '관리 계획서'에 포함되어야 할 내용

구성 내용	작성 방법
프로세스 맵	개선 후 업무 흐름, 활동순서를 프로세스 맵 형식으로 작성
관리 항목	- CTQ(Y) 및 Vital Few Xs - 리스크 평가결과 High RPN 항목 - Pilot 추진 시 발견된 문제로 개선시행 시 확인 못한 문제 - 유사 제품이나 유사 프로세스 기 시행 시 나온 문제들 - 관련 전문가가 강력하게 권고하는 관리 항목
관리 방법	관리 방법 선택 - 인자제거 〉 자동화 〉 Fool Proof 〉 X 관리도 〉 Y 관리도 - 예방 〉 Warning 〉 탐지 〉 Shutdown - 결점 〉 불량
관리 한계	구체적이고 측정 가능한 기준, 필요한 성과로 표시
체크 항목	체크 수단(기록지, 체크 시트, 관리도 등)과 항목을 병행 표시
체크 주기	시간당, 일간, 월간, 발생 건당 등으로 체크하는 주기를 기록
담당	점검하고 보고하는 사람의 소속 및 실명 등 명확히 기록
조치	문제 발생 시 상황을 분석하고 대책을 개발하며, 대응책을 실시하고 표준화하는 전반적인 활동에 대한 기록(Out of Control Action Plan)
비고	관련 절차/ 표준/ 기준, 측정 방법, 회의체, 특이 사항 정보를 기록

[그림 Ⅲ - 12] '관리 계획서' 작성 사례(제조 부문)

Control Plan

Product : 판넬연마		Core Team :								

Mapping (Sub)	Process Step	Output (y)	Input (x)	관리상태	Process Specification (LSL , USL , Target)	Measurement Technique	관리구분	Who	When	Reaction Plan
Garnet	M/C,연마구 Set-up		1차압력 재현성	U	45Kg/㎠ 이상	시각	산포	담당	수시	보전
Garnet	Lapping		1차압력 재현성	U	45Kg/㎠ 이상	gage	산포	담당	수시	보전
EFM/G	Set-up		공급Pump 압력	U	min 2.5 Kg/㎠	GAGE	산포	담당	교체시	부서장
EFM/G	Grinding		공급Pump 압력	U	min 2.5 Kg/㎠	GAGE	산포	담당	교체시	부서장
EFM/P	Set-up		공급Pump 압력	U	min 2.5 Kg/㎠	GAGE	산포	담당	교체시	부서장
EFM/P	Polishing		공급Pump 압력	U	min 2.5 Kg/㎠	GAGE	산포	담당	교체시	부서장
EFM/G	Set-up		압력(Grinding압력)	C	±4 sec (중,소형)	GAGE	산포	OPER'	1회/2Hr	부서장
EFM/G	Grinding		압력(Grinding압력)	C	±4 sec (중,소형)	GAGE	산포	OPER'	1회/2Hr	부서장
EFM/P	Set-up		압력(Grinding압력)	C	±4 sec (중,소형)	GAGE	산포	OPER'	1회/2Hr	부서장
EFM/P	Polishing		압력(Grinding압력)	C	±4 sec (중,소형)	GAGE	산포	OPER'	1회/2Hr	부서장
Garnet	M/C,연마구 Set-up		연마가공압력	U	±4 Kg/㎠ (수)	GAGE	산포	OPER'	1회/2Hr	부서장
Pumice	M/C,연마구 Set-up		연마가공압력	U	±3 Kg/㎠ (수)	GAGE	산포	OPER'	1회/2Hr	부서장
Rouge	M/C,연마구 Set-up		연마가공압력	U	±3 Kg/㎠ (수)	GAGE	산포	OPER'	1회/2Hr	부서장

[그림 Ⅲ - 13] '관리 계획서' 작성 사례(비제조 부문)

Process : KPI개발선정		고객 : 경영진,평가대상기관	고객요구 : KPI구성항목 명확화			측정항목 : KPI항목충족률	
Process Map		검 토 사 항					비 고
No 성과관리팀(TFT포함) 전략/주관/평가대상부서	Indicator	관리한계	검토항목	담당자	빈도		

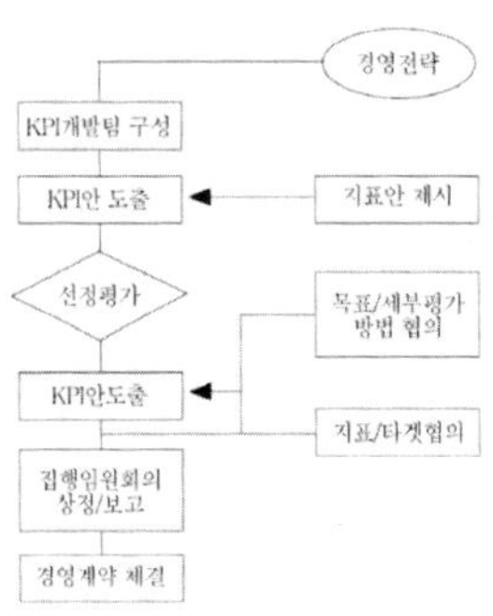

Process Map	Indicator	관리한계	검토항목	담당자	빈도	비고
경영전략	전략확정여부	Y/N	- 전략방향/KVD 확인	PO		전략미확정시 대안 의사결정
KPI개발팀 구성 → 지표안 제시	교육이수여부	Y/N	-담당자별역량 검토	PO	지표개발시 (1회)	사전교육 실시
KPI안 도출	Checklist득점	Average≥ 3.0 측정가능성≥2.0 데이터가용성≥ 2.0	-KPI안별 충족 가능성 사전검토	TFT팀원	지표개발시 (1회)	관리한계범위밖의 지표안 기각
선정평가 → 목표/세부평가 방법 협의	KPI항목충족률	≥85%	-KPI별 세부항목 충족 정도	PO	경영계약 체결후 (1회)	관리한계범위밖일 경우, 1개월내 조기 충족 추진
KPI안도출 → 지표/타겟협의						
집행위원회의 상정/보고	개정번호	개정날짜	개정내용	작성자	결재자	
경영 계약 체결						

17.3.3. 관리계획서 점검사항

관리계획서를 제대로 만들기 위해서는 [표 Ⅲ-9]에 나와 있는 질문에 만족할 만한 답변이 있어야 한다.

[표 Ⅲ-9] '관리 계획서' 평가를 위한 체크포인트

구 분	체크포인트
해당 프로세스의 목적은 무엇인가?	프로세스 아웃풋(Output)에 관련이 있다. 고객의 니즈(Needs)를 반영한다. 부서의 기본적 기능에 명확하게 기여한다. 품질, 비용, 배달, 안전, 회사의 책임에 관련된 사항들을 언급한다.
프로세스의 고객은 누구인가?	고객(내부/외부)은 정의되어 있다. 고객의 니즈와 합리적인 기대는 협의되고 결정된 CCR이다. 기능전개 맵은 프로세스의 중요한 구체적 역할(고객과 관리자의 역할)을 파악한다.
어떻게 프로세스의 성과를 측정하는가? 성과 측정의 목표와 한계(규격)는 무엇인가?	아웃풋 척도는 목표달성 수준을 측정한다. 회사의 책임은 아웃풋 척도를 선정하는 과정에서 고려된다. 고객의 니즈와 기대는 측정 가능한 항목으로 전환되어 아웃풋 척도에 반영되어야 한다. 프로세스 인디케이터(Process Indicator)는 아웃풋 인디케이터(Output Indicator)의 관리에 도움을 준다. 목표나 한계(규격)를 설정하는 데에 있어서는 적절한 방법을 사용한다. 아웃풋 / 프로세스 인디케이터는 프로세스의 관리 상태를 나타낸다.
프로세스 성능이 목표를 벗어나거나 관리 불능의 상태이면 어떤 조치를 취해야 하는가?	조치를 취하는 것과 책임은 정해져 있다(누가, 언제, 무엇을, 어떻게). 프로세스를 관리하에 두기 위한 일정은 확정되어 있다. 조치는 상황을 분석하고 대책 개발, 결과를 확인하고 표준화하기 위해 이루어진다. 근본원인은 명시되어 있고 검증되어 있다. 구체적으로 근본원인을 조절한 해결안은 실행 중이다. 해결안은 아웃풋 인디케이터를 관리 상태로 관리되게 한다.
개선을 영속적이고 계속적으로 발전시키기 위해 취할 수 있는 조치는 무엇인가?	프로세스는 해결안을 포용할 수 있도록 개정되어야 한다.
언급한 조치를 모두 취해야 하며 동시에 정기적으로 실시해야 한다. 과제개선안이 실패하는 주된 이유 중 하나는 프로세스 구성원들이 프로세스를 따르지 않는 데에 있다.	프로세스에 관련된 직원이 프로세스 절차를 따르도록 할 수 있는 방안은 무엇인가? 새로운 프로세스 절차 구현 시 이를 어떻게 모니터링할 것인가? 직원이 새로운 프로세스를 따르지 않을 경우 어떤 일이 생기는가?

데밍의 관리 사이클은 표준화 활동에 있어서도 여전히 유효하다. 즉 개선활동의 결과를 제대로 담아냈다하더라도 이를 반드시 지킬 수 있도록 만들 수 없다면 그야말로 사상누각이 될 수밖에 없다. 이를 방지하는 활동은 표준화와 Audit 활동이다. '사후관리'에서 가장 중요하게 다뤄야 하는 부분이다. 또한 제대로 검증하기 위한 지표로서 아래와 같이 '표준 정착률'을 표준화 평가 지수로 관리할 것을 권장한다.

표준 정착률

총 점검 표준항목들 중 목표품질을 달성하기 위해 필요한 절차 및 내용을 빠짐없이 포함하며 그 기준이 명확한 완전한 표준 항목을 업무 또는 작업 수행자가 준수하고 있는가를 백분율로 나타낸 것이다.

표준 완전율

표준의 내용이 목표품질을 달성하기 위해 필요한 절차 및 내용을 빠짐없이 포함하고 있는지, 그 항목의 기준이 명확하여 지킬 수 있고 지켜지도록 작성되었는지를 백분율로 나타낸 것이다.

표준 준수율

완전하다고 판정되는 표준항목대로 업무나 작업이 준수되고 있는가를 백분율로 나타낸 것이다.

관계와 산출 공식을 도식화하면 [그림 Ⅲ - 14]와 같다.

[그림 Ⅲ - 14] 표준화 평가지수

• 표준 지수 산출방법
총점검 표준수(A) = B + C + D

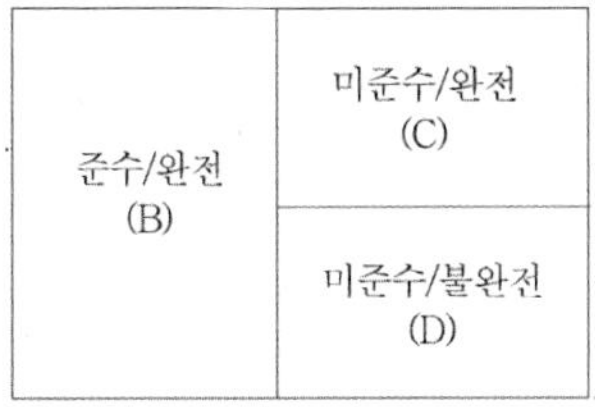

준수/완전 (B)	미준수/완전 (C)
	미준수/불완전 (D)

$$완전율 = \frac{완전한\ 표준수\ (B+C)}{총점검\ 표준수(A)} \times 100$$

$$준수율 = \frac{준수하는\ 표준수\ (B)}{완전한\ 표준수(B+C)} \times 100$$

$$정착율 = \frac{준수하는\ 표준수\ (B)}{총점검\ 표준수(A)} \times 100$$

17.5. 문서화

개선한 사람 또는 팀이 일일이 사람들을 만나서 설명할 수 있겠는가? 그리고 개선한 결과를 혼자만 알고 있을 것인가? 그렇다면 어떻게 이 사실을 알릴까? 이에 대한 답은 '문서화'이다. 개선안의 정확한 전개와 효율적 공유를 위해서는 문서화가 필요하다. 이러한 문서화의 첫 번째 원칙은 최대한 간략하게 만들어져야 한다는 것이다. 어려운 표현이나 추상적인 내용은 쓰지 말고 가급적 숫자나 그림으로 표시한다. 5M - 1I - 1E에 해당하는 요소, 즉 작업방법의 변경, 규격의 변경, 장치의 변경, 자재의 변경 등은 그 내용을 기록하고 실제로 프로세스를 개선한 사람이 작성하며, 문서를 사용하는 사람이 업데이트하는 게 좋다.

17.5.1. 문서화 체크리스트

문서정리를 보다 효율적으로 하고, 그 내용을 많이 사용하기 위해서 문서화 체크리스트를 활용한다. 문서정리가 식별이 용이하게 되어 있어야 파악하기 쉽다. 사용된 언어가 간결하고, 분명해야 하며 전문적인 은어나 기술적 용어들은 피해야 한다. 가능한 그림을 사용하고 플로 차트, 사진, 도표, 동영상 등을 십분 활용하여 마치 요리책을 보는 것과 같은 느낌이 들도록 해야 한다. 절대 백과사전이 되면 안 된다는 점을 명심하기 바란다. 고객, 즉 이 문서를 활용해야 할 현장 사람들이 지루해하면 이는 곧 사문화로 이어지는 지름길이 되기 때문이다.

문서 기록에는 반복석인 작업과 '응급 상황'을 위한 지시사항이 모두 포함되어 있다. 플로 차트에는 기준이 되는 작업 절차를 묘사하고, 문제에 대한 경고 신호는 — 이러한 것들은 시험 적용 시 표면화될 수도 있다 — 분명하게 파악해 둔다. 특히 문제가 재발한 경우에는 어떤 행동을 해야 하는지, 그리고 누가 그 행동을 취하는데 책임이 있는지에 대한 지시사항을 한 번 더 챙겨보기 바란다. 완성한 문서는 프로세스 관리의 살아 있는 핵심 부분이다. 주요 지시사항은 잘 보이는 곳에 게시하고, 그 위에 다른 문서를 만든다하더라도 쉽게 찾아볼 수 있도록 한다. 해당 프로세스에 관련된 사람들은 매일 문서정리를 하는 것에 익숙해있고, 정기적으로 그것을 참고하여 표준 절차를 잘 준수해야 한다는 것을 유념하고 있어야 한다. 문제가 나타났을 때 제일 먼저 물어야 하는 것은 "우리가 프로세스 문서기록에서 정의한 대로 따랐는가?" 하는 것이다. 만일 그렇게 하지 않았다면 프로세스를 따라 하면 문제점을 고칠 수 있는지 알아봐야 한다. 그리고 만일 그렇게 해왔는데도 문제가 생긴 것이면, 문서수정 작업이 필요한지 결정해야 한다. 수정이 필요하다는 증거가 나왔을 때 절차를 수정하고, 업데이트하도록 한다.

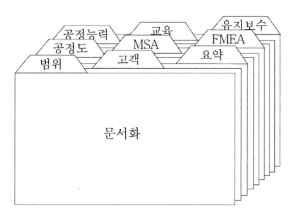

[그림 Ⅲ-15] 문서화

공정능력
공정도
범위
교육
MSA
고객
유지보수
FMEA
요약
문서화

　필자가 마지막으로 근무한 부서는 전사 표준을 담당하던 곳이었다. 이 부서의 탄생 배경은 우리나라 경영혁신활동의 맹점을 정확히 짚은 역사적 사건으로 평가한다. 그해에 새로 부임한 대표이사는 대대적인 문제해결 활동을 전개하게 되었는데 1차 웨이브를 지내면서 핵심 공정의 고질적인 불량이 많이 감소하는 성과를 거두게 되었다. 그런데 어찌된 일인지 초여름이 되면서 그 불량이 다시 서서히 증가하는 게 아닌가? 미국 컨설팅업체의 통계 박사와 함께 이리저리 백방으로 노력해봤지만 백약이 무효였다. 그런데 여기서 대표의 통찰력이 발휘되어 이는 문제해결 활동 자체라기보다 공정 표준화의 문제였다는 결론에 이르게 되었다. 현장 경영을 강조하면서 표준 없이 얻은 성과는 재현이 안 되는 성과로서, 종국적으로 무의미한 것이라는 결론을 내리고 표준이 지켜지고 기본이 준수되는 공정 실현을 최우선 과제로 선정하게 되었다. 이에 전사 표준화 활동을 추진하게 되었고 이를 뒷받침할 부서가 탄생하게 되었다. 물론 그 이후로 증가했던 불량은 점진적으로 안정수준에 이르게 되었다. 이때 내건 표준화 원칙은 다음과 같다.

- 전 세계 사업장이 같은 표준과 프로세스로 업그레이드되어 동일한 효율이 발휘되도록 하자.
- 철저한 인풋(Input) 관리 등 체계적 공정관리를 지속하자.
- 경영 프로세스와 시스템의 선진화, 효율화를 이루어 내자.
- 기업 경쟁력의 핵심인 전 기능, 부문의 프로세스와 시스템을 제대로 만들고 반드시 지키도록 하자.
- No Spec, No Work

17.5.2. 성과를 극대화하기 위한 표준화 조직

[그림 Ⅲ-16] 표준화 관련 조직 예시

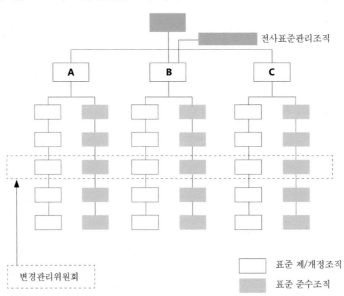

문제해결을 기반으로 한 경영혁신의 과제 리더는 개선안의 적용에 앞서 관리 계획을 수립하고 적용 후 평가결과에 따라 표준 제·개정 프로세스를 거쳐 표준을 등록한다. 표준의 제·개정 프로세스는 표준에 관련된 네 개 조직, 즉 '변경 관리 위원회', '표준 제·개정 조직', '표준 준수 조직', '표준 관리 조직'의 합의 및 승인에 의해 실행된다. 이렇게 승인된 표준은 현업과 현장에서 살아 움직여야 하고 이러한 유기적·효율적 활동을 뒷받침하는 게 바로 사후관리 체계이다. '사후관리'는 매우 효과적인 성과창출 방법론으로 이를 도식화하면 [그림 Ⅲ－16]과 같고 역할은 다음 [표 Ⅲ－10]을 참조하기 바란다.

[표 Ⅲ－10] 표준관련 조직 및 역할

조 직	역 할	보 고
변경 관리 위원회	표준 제/개정 검토 및 승인 권한을 가진 사내 수평 조직	－
표준 제/개정조직	표준 제/개정 발의 권한을 가진 조직	기술 팀, 본사 스태프(Staff) 조직 등
표준 준수 조직	표준에 의거 상품/서비스를 제조하며 표준 제/개정의 합의권을 가진 조직	제조, 고객 접점 부서 등
표준 관리 조직	사내 표준체계 및 표준 변경을 관리하는 조직	표준화 팀 등

17.5.3. 예방생산 활동

당시 필자가 재직했던 회사에서 이러한 CEO의 의지를 집대성한 게 바로 '예방 생산 시스템'이었다. 이 체계는 공정 핵심품질(CTQ)에 대한 사전 변동 관리를 통해 불량이나 문제가 발생하기 전에 예방 조치하는 활동으로 표준 준수(제대로 만든다), 표준 Audit(반드시 지킨다) 그리고 표준 개선(근원을 개선

한다)의 선순환 활동이다. 이를 도식화한 것이 [그림 Ⅲ-17]이다.

[그림 Ⅲ-17] 예방 생산 흐름도

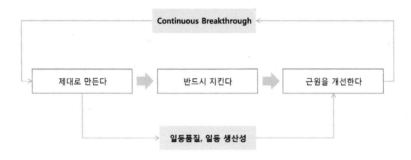

제대로 만든다.

우리가 지켜야 하고 지킬 수 있는 표준을 만들고, 올바르게 지키면 양품을 생산할 수 있는 표준을 만들어야 하며, 만들어진 표준은 철저히 준수해야 한다.

반드시 지킨다.

사람은 누구나 룰(Rule)을 지키는 것을 싫어한다. 해야 할 일을 처음부터 올바르게 한다면 표준을 준수했는데도 발생하는 불량이나 문제에 대해서 정확한 분석을 할 수 있다. 따라서 정해진 표준 준수는 중요하며 표준대로 일이 진행되는지의 적합한 Audit이 철저히 실시되어야 한다.

근원을 개선한다.

지켜야 하는 표준을 100% 지켰는데도 불량이 발생할 경우, 만들어진 표준이 검증되지 않은 채 잘못 설정된 표준은 아닌가, Spec의 중심치 문제인가,

우리가 모르는 관리해야 할 참 인자가 또 있는가? 등을 3현주의(현장/현물/현상)에 입각해서 분석, 개선해야 하며 우리의 일상 업무 속에서 자연스럽게 이뤄져야 한다. 즉 불량이 발생되면 개선 테마로 선정하여 최적의 운전 조건을 재설정해야 하며, 여기서 개선, 검증된 내용은 표준으로 다시 제·개정 유지되어야 하고 현장 작업자는 재발방지와 철저한 유지관리를 위해 TPM/안전 활동으로 연계하는 활동이 체질화되어야 한다. 이 개념은 지금 다루고 있는 경영혁신 운영 가이드만큼이나 방대한 분량이기 때문에 기회가 된다면 별책으로 다룰 예정이니 독자 여러분의 많은 성원을 바란다.

18. 사후관리

필자가 컨설팅 했던 모 기업의 경우, 성공적으로 완료된 과제의 연간 성과분석 결과, 목표를 달성한 과제는 51%, 예상성과 대비 실적 재무성과를 나타내고 있는 과제는 70%에 불과했다. 또 다른 기업의 경우는 아예 '사후관리' 자체를 하지 않는 회사도 있었다.

18.1. 사후관리의 중요성

경영진의 몰입도나 권한 위임과 같은 리더로서 갖춰야 할 제반 덕목이 부족하거나 회사 내의 경영전략과 연계성이 미흡한 경우 과제선정이 제대로 될 리 없다. 또한 회사 내 핵심인력을 과제 리더로 선정하지 못하고, 과제 리더와 팀원 간의 팀플레이가 제대로 이루어지지 않거나 임원이 솔선수범을 보이지 않게 되면 과제수행의 효율이 급격히 저하된다는 사실 또한 이미 언급한 바 있다. 반면 과제완료 시점에 표준화나 사후관리 측면의 성과평가가 미흡하면 개선안의 현장 적용성이 저하되고 수평전개 활동 미흡으로 기회 손실이 발생한다. 또 동일한 문제가 다시 재발하는 악순환이 계속됨으로써 결국 성과의 부재로 귀결되고 만다. 이처럼 과제완료 후의 성과평가가 중요함에도 이를 인지하지 못하는 회사가 많은 것 같아 참으로 안타깝다. [그림 Ⅲ-18]과 같이 경영혁신 프로젝트의 성과는 개선의 크기(Gap), 지속시간(Time), 수평전개(Replication)의 함수이다. 즉 과제를 제대로 선정하고 알차게 수행하는 것과 더불어 지속적으로 성과를 낼 수 있도록 '사후관리'를 철저히 해야 한다.

[그림 Ⅲ-18] 프로젝트 성과의 함수

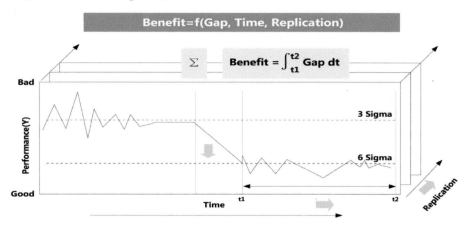

18.2. 사후관리 절차

[그림 Ⅲ-19] 사후관리 사이클

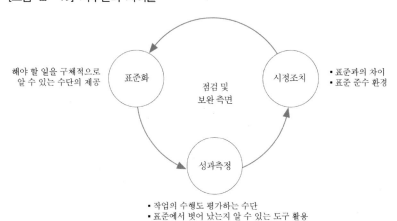

'사후관리'는 [그림 III - 19]에서 알 수 있듯이 표준화, 시정 조치, 성과 측정의 연속이라 할 수 있다. 이 중 표준화에 대해서는 이미 앞 단원에서 설명했기 때문에 여기서는 성과 측정에 대해 깊이 있게 다루도록 하겠다. 경영혁신 과제를 통해 도출된 성과를 정확하게 파악하는 것은 경영혁신의 추진방향 설정에 지대한 영향을 미치므로 매우 중요하다. 그러나 실제에 비해 과대평가 또는 과소평가되는 경우가 많다. 즉 성과를 평가하는데 있어서도 1종, 2종 오류가 발생할 수 있다. 성과가 없음에도 불구하고 성과가 있는 것으로 포장하는 경우가 있고(1종 오류), 성과가 났음에도 성과 측정을 제대로 하지 못한 경우가 있다(2종 오류). 먼저 1종 오류인 과다 계상의 문제를 살펴보자. 프로젝트 선정 이전에 이미 개선안이 진행되고 있는 프로젝트를 경영혁신 프로젝트로 포장하여 성과를 측정하고, 동일대상 프로세스에 대한 과제가 중복되어, 실제로 하나의 성과임에도 다수 프로젝트로 성과가 배가되는 경우 이런 오류가 발생한다. 필자가 경험한 바에 의하면 모 회사의 원가절감형 프로젝트에서 연

[그림 III - 20] 성과평가 오류

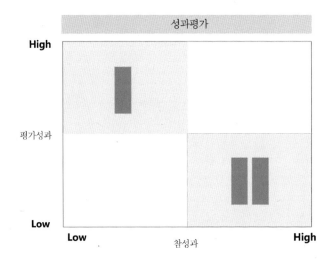

간 원가의 기복이 있을 때, 1년 중 최고 단가를 Baseline으로 설정할 때와, 최저 단가를 설정할 때 성과는 10여억 원의 차이가 나는 것을 확인할 수 있었다. 회사가 국내 굴지의 기업이라 그 차이가 컸지만 여타 회사에서도 이에 못지않은 오류가 발생할 수 있다.

다음으로 2종 오류인 과소계상 문제의 예를 살펴보자. 모 회사에서 시스템의 장애를 실시간으로 모니터링하여 즉시 불량을 처리할 수 있게 됨에 따라 생산성이 향상되었다고 한다면, 이 성과를 어떻게 가시화할 수 있을까? 업종의 특성상 프로젝트 종료 후 즉시 적용할 프로세스가 없어 적용이 지연되었고 결과적으로 1년 동안의 산정 기간을 경과할 수밖에 없다면 그 성과는 없다고 할 것인가? 의료기관에서 입원 수속부터 입실까지 평균 147분이 소요된다. 신속한 입원수속은 환자 만족도에 절대적이라고 할 때, 입실 대기시간이 50% 단축되었다면 그 성과는 어떻게 말할 수 있을까? 필자가 지도했던 모 회사의 경우 우수과제 완료 1년 후 개선안에 대한 현장 인지도, 활용도 및 적용 실적을 분석한 결과, 현장인지도 58%, 활용도 50%, 적용실적 33%로 저조하게 분석되었다. 개선안이 실질적 개선으로 이어지지 못한 개선기회 상실의 경우가 많이 발생한 것이다. 또 다른 회사의 경우를 보자. 전사적으로 문제해결형 경영혁신을 적용한 후 2년차에 접어든 이 회사 역시 1차년도 완료 우수과제의 개선안에 대한 현업적용 실태조사에서 현장적용이 19%로 매우 저조하게 조사되었다. 이처럼 각 과제의 개선내용이 모든 부문에 잘 적용되지 못하는 게 현실이었고, 경영혁신 팀과 현장방문을 통해 적용실태를 조사하다 보면 공통적으로 현장의 관심부족이 만연돼있음을 느낄 수 있었다. 경영진의 의지가 현장까지 제대로 파고들지 못한 결과이다. 이처럼 경영혁신에 대한 마인드가 부족하고 NIH(Not Invented Here) 현상이 존재하며 경영혁신활동의 결과로 나타난 개선내용이 어떤 것이 있는지조차 모르는 경우는 결국 2종 오류를 양산할 뿐이다. 또한, 문제해결형 경영혁신활동의 관리단계에서는 개선안을 현장 프로세스에 적용하기 위하여 표준화 절차를 준수하도록 교육하고 있지만, 회사의 표준체계가 정립돼있지 않아 과제의 개선안을 효과적으로 운영 프로세스에 적용하지 못하는 경우도 상당수 존재한다.

이를 방지하기 위해서는 과제가 완료된 뒤 일정기간 경과 후 경영혁신 팀, 효과 평가 전문가, 그리고 표준을 관리하는 부서가 합동으로 과제관리계획 및 성과유지 현황을 점검하기 위한 '과제 점검(Project Audit)'을 실시하는 게 좋다. 이 부분은 다음 [표 Ⅲ-11]로 간략히 정리하고자 한다. 회사의 속사정을 낱낱아 보여주는 대목이라 공개하기 어려운 점을 이해해주기 바라며 자세한 내용을 알고 싶은 독자는 필자에게 연락하기 바란다.

[표 Ⅲ-11] 사후관리 Audit 예시

구 분	개 요	세부내용
조직 및 책임	경영혁신 팀 효과 평가 전문가 표준화 팀	• 프로젝트의 이행관리에 초점을 맞춤 • 재무성과의 체계적 유지관리에 포커스 • 성과 미달성 사유 및 장애요인 규명 • 독립적인 조직으로서 2~5명으로 구성
점검 항목	Control Plan 작성 표준화 표준 준수 목표달성 수준에 대한 근거 확인	• Control Plan에 대한 사후관리 실태 • 표준등록 및 P/O 관리책임 확인 • 성과산출 시 사업 환경 변화에 따른 효과 변동 사항의 관리 여부 • 단계별 내용을 점검하여 장애물 제거 • 실적부진 시 적절한 조치 및 대응여부 등
추진 절차	사전 준비 Audit 실시 후속 조치	• 기본 계획수립 • Audit 일정계획 수립 • Auditor 선정 • Audit 목적 및 범위 설정 • 체크리스트 준비 • Audit 실시일자 통보 • Audit의 실시 • 결과 보고 및 기록 • 후속 조치

19. 혁신 완료단계 리뷰

　　　　　　　　　　　　제대로 만들고 반드시 지키겠다는 의지의 실행 수단으로서 표준화 및 철저한 사후관리는 경영혁신 성과를 극대화하는 마지막 단계이다. 문제의 해결 결과는 반드시 표준으로 남기고 이를 준수하는 체계를 구축해야지만 비로소 경영혁신활동을 완결했다고 말할 수 있다. 즉 표준화 단계에서는 경영혁신활동 결과물에 대한 개선안을 전사적으로 확산하고 철저한 사후관리를 통해 개선결과의 내재화를 위한 표준체계를 구축하는 것을 목표로 한다. 또한 개선의 결과물들을 담을 수 있는 그릇 ─ 표준시스템, Audit 시스템 등 ─ 을 만들고, 개선된 프로세스를 담당하고 있는 부서들은 경영혁신 과제수행 후 성과유지를 위한 지속적인 프로세스 관리와 연계하여 그 운영에 대한 책임을 진다.

　필자가 몸담았던 회사의 경우 전사 표준체계를 효율적으로 운영함으로써 혁신활동의 결과를 최적으로 유지해 경영혁신활동의 든든한 버팀목 역할을 하였다. T사 등 해외 선진업체는 전사 기준 프로세스 구축을 통해 체계적인 서비스 및 경영환경 변화에 신속하게 대응하고 있다. 또한 국내 굴지의 L사는 업무표준화를 통해 원칙과 시스템에 의한 표준 준수활동을 강화함으로써 표준화의 중요성을 적극적으로 알리고 있다. 따라서 제대로 된 표준을 만들고 담아두기 위해서는 선행적으로 전사적인 표준체계와 프로세스에 대한 철저한 연구가 필요하다. 관련 조직 간의 책임과 역할을 명확히 하고, 개선된 표준을 준수하기 위한 전사 표준 준수체계를 확고히 해야 한다. 또 전사적인 표준의 수준 향상 활동으로 사내 각종 개선활동들을 유지하고 관리하는 업무들과 선순환 구조가 만들어지도록 노력해야 한다.

[그림 Ⅲ-21] 전사 표준 체계 모델

　팀원들이 합심하여 적극적인 팀플레이를 통해 공정이나 업무가 개선되었더라도 표준화가 안 되고 사후관리가 되지 않을 경우, 공정 및 업무의 산포는 다시 커질 수밖에 없다. 이것은 앞서 필자의 전 직장 사장이 그도록 강조했던 불량의 재발 부분과 가장 관련이 깊은 대목이다. 미진한 표준화와 사후관리로는 고객의 불만만을 양산할 따름이다. 예측이 안 되는 공급업체의 제품을 어떻게 지속적으로 구매할 수 있겠는가 말이다. 내부적으로는 개선활동 성과를 지속적으로 유지시킬 수 없고, 관리감독 시간이 길어질 뿐만 아니라, 조직 내 사원들이 바뀐 업무절차와 표준내용대로 따라올 수 없게 돼 결국에는 문제해결을 기반으로 한 경영혁신활동이 추구하는 '일하는 방식의 변화'가 조직 내에서 결코 일어나지 않게 된다.

나오며

지금은 변화와 혁신의 시대

　우리는 현재 역사상 그 어느 때보다도 빠른 변화의 시대에 살고 있다. 또한 "어제의 기업이 반드시 내일의 기업이랄 수 없다"는 피터 드러커의 말은 지금도 여전히 유효하다. IMF 위기와 세계적인 금융 위기 등 세계 경제의 대혼란 속에서 세계 모든 나라의 기업, 정부, 단체, 심지어 비영리기관들까지도 새로운 돌파구를 찾기 위해 많은 노력을 기울이고 있으며, 이 과정에서 혁신은 새로운 시장을 만들어내고 기존 자원의 부가가치를 높이는 핵심적인 성장 논리로 주목받고 있다. 끊임없는 변화와 혁신 없이는 비약적인 경제 발전과 기업 발전을 이룩할 수 없는 시대에 살고 있는 것이다. 인류는 그동안 기술혁신을 통해서 기계, 선박, 자동차, 비행기, 우주선, 컴퓨터, 인터넷 등 온갖 제품과 철강, 세라믹, 나노제품 등 새로운 소재를 창출하였다. 또한 인류는 이 같은 기술혁신뿐만 아니라 다양한 비즈니스 혁신도 이룩하였다. 할부구매 방법을 고안함으로써 상품 구매력을 창출하였고, 컨테이너를 개발함으로써 해운 물류의 급격한 성장을 가져왔다. 교과서는 대중교육의 출현과 발전에 이바지하였으며, 경영의 출현으로 조직사회의 발전을 이룰 수 있었다. 즉 은행을 시작으로 보험, 카드라는 금융 산업을 비롯하여, 시장을 모태로 하여 백화점, 슈퍼, 편의점 등을 창안하였고 맥도널드, 햄버거 등 프랜차이즈 시스템의 개발 등 서비스 혁신도 이룩해냈다. 위에 열거한 많은 것들이 기업의 경영혁신활동에 의해 창출된 것이며, 따라서 인류사회의 근대화, 인류의 근대적 사회생활은 기업의 혁신활동을 통해서 달성된 것이라 해도 과언이 아니다.

혁신은 기업성장의 엔진이다. 세계 최고의 자동차 회사였던 제너럴 모터스의 어려움은 우리에게 시사하는 바가 매우 크다. 경제 위기에 취약한 제품 포트폴리오와 고비용 구조가 구조 조정의 직접적인 원인이나 이는 빙산의 일각이고 과거 성공모델에 안주하여 지속적인 자기 혁신을 게을리하고 경쟁력 확보에 소홀하였던 것이 가장 본질적인 문제가 아니었나 생각해 본다. 경영혁신은 경기 침체기에는 생존전략으로, 회복기에는 기업성장의 엔진 역할로 회사 및 조직원 개개인의 경쟁력 제고에 밑거름이 되어야 한다. 어떤 회사든지 다양한 혁신활동을 추진하여 왔으나 제대로 되지 않은 것은 혁신의 본질을 망각하고 지속력이 부족하였기 때문이다. 그 수단과 기능이 바뀔지언정 혁신의 본질은 결코 바뀌어서는 안 된다. 지속성을 담보하지 못한 혁신활동은 마치 혁신이 유행처럼 인식되어 '이번만 피하면 지나가겠지, 나는 혁신과 아무 상관없어' 하는 안이한 생각을 갖게 만들고 이는 곧 혁신 실패의 악순환 고리를 만들어낸다. 혁신은 절대 유행이 아니며 회사의 성장과 더불어 지속적으로 추진되어야 하는 경영활동 그 자체임을 알아야 한다. 경영혁신은 지속적으로, 끊임없이 해야 한다. 경영혁신을 추진한다는 것은 마치 자전거를 타는 것과 같다. 계속해서 페달을 밟아야 앞으로 나갈 수 있다. 일단 넘어지면 일어서기에는 더 많은 힘이 든다는 사실을 유념해야 할 것이다.

또한, 이처럼 혁신이 지속성을 확보하기 위해서는 회사조직 내 전 부문에서, 전 직원이 활발하게 추진하여야 한다. 혁신은 부분 최적화가 아닌 전체 최적화를 이루고, 비전과 경영 목표를 달성하기 위해서 제조, R&D, 사무 부문 등 회사 내 전 분야에서 추진하는 경영혁신이 되어야 한다. 현장부터 사무실까지, 사원부터 경영진까지 한마음 한뜻이 되어야 실질적인 경영혁신의 효과가 나타날 수 있다는 것이다. 이처럼 혁신을 추진한다는 것은 단순히 더 나은 제품 및 서비스 계획이나, 포장 또는 새로운 배달체계 개발을 뛰어넘는 일이다. 회사의 발전에 기여할 기회가 주어졌다면 여러분은 혁신이 어디에서 비롯되고 그 힘을 어떻게 활용할지에 대해 알고 있어야 한다. 혁신은 사내 업무라인을 뛰어넘어 거의 모든 부서와 기능에까지 영향을 미친다. 이런 이유 때문에 혁신 추진은 CEO에서부터 부서 관리자, 현장에서 고객과 직접 대면하는 말단 직원에 이르기까지 전 직원들이 철저히 익혀야 하는 핵심 요건이다(디그래프 외, 2007). 물론 더 말할 나위도 없이 경영진의 추진 의지와 솔선수범이 중요하다. 임원이 의지가 없으면 팀장도 의지가 없어지고 마찬가지로 팀원의 의지도 결여되기 마련이다. 임원이 지시만 내릴 것이 아니라 추진의지를 분명히 하고 솔선수범할 때만이 진정한 혁신이 수행될 수 있다.

혁신은 결코 낭만적이지 않다

넓은 의미에서 경영혁신은 한 기업의 전반적인 경영활동을 바람직한 방향으로 개선해나가는 과정이지만, 현대 기업에서는 경영위기를 타파하고 더 나아가 경영의 목표를 달성하기 위한 수단으로서 또는 단순히 경쟁자들이 도입하고 있다는 단순한 이유로 혁신을 지향하고 있다(김종관, 2008). 다시 말해, 경영혁신이란 생산요소의 결합에 의해 상품을 생산, 이를 시장에 공급하는 과정에서 종래의 방식을 그대로 답습하는 것이 아니라, 기존 방식을 탈피하여 좀 더 나은 새로운 방식을 확립하거나 설정하는 것을 의미한다. 기업 활동에서 혁신은 조직을 변화시키는 수단으로서 강력히 작용하고 있으며 조직이 매우 안정된 환경 속에 있다하더라도 기업은 불안정한 미래에 대비하는 적극적인 수단으로서 지속적인 혁신을 추진해야 한다.

혁신은 "변하지 않으면 망한다."는 위기의식에서 시작된다. 경영혁신 기법의 유행이 바뀌는 것은 배우면 금방 따라 할 수 있지만 진정성과 위기의식이 없는 경영혁신활동은 곧 실패로 이어지는 경우를 종종 볼 수 있었다. 또한 필자가 경영혁신활동을 15년 이상 해오면서 느꼈던 가장 큰 불편 중의 하나는 바로 의사소통의 부재 또는 단절이었다. 따라서 이 책에서는 단순히 경영혁신의 기법을 소개하는 게 아니라 경영혁신의 주체들이 어떻게 하면 진정성 있는 경영혁신 전도사가 되도록 하느냐에 대한 필자의 고민을 담고 있다. 변화관리나 의사소통, 리더십, 그리고 갈등 관리 등에 관해 필자가 느꼈던 그리고 실패했고 성공했던 사례들을 되도록 많이 실어 이론뿐만 아니라 실제적으로도 상황을 정확히 전달하고자 노력하였다.

어찌 보면 혁신을 한다는 것은 가시밭길을 가는 것인지도 모른다. '혁신(革新)'을 풀이해보면 "동물의 가죽을 벗겨내서 새롭게 다듬어 부드럽게 한다."라는 끔찍한 의미를 담고 있다. 즉 가죽을 벗겨내는 고통이 수반되는 것이 혁신이라고 하니, 회사를 다니고 있는 우리와 같은 직장인은 혁신에 대해 두려움이나 반감을 갖게 되는 것이 당연하다는 생각이 든다. 필자가 경험한 바에 의하면 대부분 조직원들은 경영혁신을 여전히 거부의 대상이요, 기피하고 싶은 용어이며, 부담스러운 활동으로 여기고 있다. 또한 경영자나 경영혁신 주관부서에서 혁신을 하자고 하면 조직원들이 상당한 부담을 느끼는 것 또한 사실이다. 그러나 이러한 오해는, 우리말 '혁신(革新)'의 의미에 지나치게 얽매인 결과이다. 하지만 그렇다고 마냥 어렵게만 느낄 필요가 없다는 게 이 책에서 주장하는 핵심이다. 본문에서는 경영혁신에 대한 명확한 이해를 돕기 위해 경영혁신 모델 및 경영혁신 전개모델을 가시화하였고 이를 수행하기 위한 기준과 사례를 제시하고 있다. 변화와 혁신을 위해서는 경영혁신의 주체인 조직원들의 인지, 태도, 역량의 변화를 이끌어내고 이를 행동의 변화, 즉 실천할 수 있게끔 만들어 주어야 하며, 다른 한편 혁신의 기획, 실행, 완료의 전 과정에 걸쳐 치밀하게 준비하고 실행해야 한다. 혁신은 힘이 들고 어렵지만 이루고 나면 그만한 가치와 성과가 있는 것이기 때문에 이 책에서 제시한 가이드를 제대로 수행할 수만 있다면 혁신에 대한 몰입의 즐거움과 성과 창출의 기쁨을 동시에 맛볼 수 있으리라 기대한다.

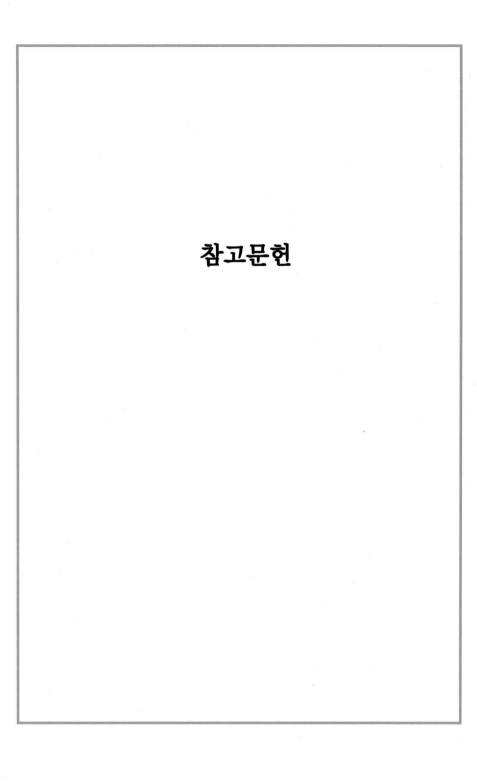

참고문헌

권수일(2004), "갈등의 발생원인 및 갈등 관리 방법", 서울산업대학교.

김갑주, 고현우(2008), "TP를 이용한 개선된 공급체인의 핵심문제 도출 및 해결방향 선정에 관한 연구: 해병대 공급체인을 중심으로", Journal of the Society of Korea Industrial and Systems Engineering, Vol.31, No.1, pp.108－115.

김나리, 지성애(2008), "병원조직구성원의 팀빌딩(Team Building)에 대한 지식과 태도(A Study on the Knowledge and Attitude about Team Building of Hospital Members)", 중앙간호논문집, Vol.6, No.1.

김미경(2008), "매니페스토 운동과 정책공약분석 — SMART 기준을 중심으로", 선거관리위원회.

김성도, 이유나, 윤덕균(2007), "Balanced Score Card 관점의 전략적 6시그마 과제선정", 대한산업공학회, 추계학술대회논문집.

김종관(2008), "경영혁신의 영향요인과 조직몰입과의 관계에 관한 연구", 인적자원관리연구 제15권 제3호, pp.49~62.

김창회 외(2006), <총성없는 3차대전 표준전쟁>, 연합뉴스.

디그래프, 제프 외(2007), <리딩 이노베이션>, 홍성준 외(공역), 마젤란.

래리 보시디(2004), <실행에 집중하라>, 21세기북스(김광수 옮김).

로버트 슬레터(1994), <잭 웰치의 31가지 리더십 비밀>, 명진출판(이진주, 박기호 옮김).

마이클 해리(2000), <6시그마 기업혁명>, 김영사(안영진 옮김).

박민수(2007), "eERP 성공 요인과 변화관리 특성 간의 상호작용효과가 기업성과에 미치는 영향에 관한 연구", 대한경영교육학회, 경영교육저널 제11권, 2007. 6, pp.145~161.

배문숙, 신택현(2007), "목표관리제도(MBO) 도입과 그 효과성에 관한 연구", 한국철도학회, 2007. 11, pp.1755~1762.

백기복(2000), <이슈리더십>, 창민사.

사에구사 다다시(2006), <성공하는 기업의 혁신 노트>, 바다출판사(이선희 옮김).

서동진(2009), <자유의 의지 자기계발의 의지: 신자유주의 한국사회에서 자기계발하는 주체의 탄생>, 돌베개.

서철호, 안병진(2000), "6시그마 프로젝트의 테마 선정", 한국품질경영학회, 품질혁신 Vol.1.

서영주, 함효준(2001), "TP 방식에 의한 6시그마 프로젝트 선정에 관한 연구", 대한설비관리학회, 6권, 1호.

서철호(2000), "6시그마 프로젝트 테마선정에 관한 연구", 건국대학교 석사학위 논문.

석안식(1998), "6시그마 운동의 성공 요인: GE 사례", 대한산업공학회'98 추계 학술대회 논문집, 고려대학교: Session C43.2(초청세션(Six Sigma)).

스티글러, 스티븐(2002), <통계학의 역사>, 한길사(조재근 옮김).

아키바 마사오(1995), <TP매니지먼트의 추진방법>, 서울: 한국능률협회컨설팅(최창규 옮김).

안성민(1999), "갈등 관리의 제도화", 한국행정학회 1999년도 동계학술대회 발표논문집, 1999. 12, pp.145~157.

양정모, 이상구(2008), "계층분석적 의사결정(AHP)을 이용한 연구과제선정방법에 관한 연구", 한국수학교육학회, E-수학교육 논문집.

올리치 데이브, 커 스티브(2002), <The GE Work-Out>, 서울: 물푸레(이태복 옮김).

이승창, 허원무(2008), "CRM 구현 이후 변화관리의 중요성", 한국산업경영학회, 경영연구 經營硏究 第23卷 第2號, 2008. 5, pp.117~150.

이원창(2006), "전략 실행력 강화를 위한 6시그마 Right Project 도출방안", 한국기업경영학회, 기업경영연구, 제13권 제1호, pp.181~194.

이임정, 윤관호(2006), "유비쿼터스시대의 핵심인재계발을 위한 모티베이션의 활용", 전자상거래학회지, 2006년 제7권, 제4호.

이희균(2004), "제너럴 일렉트릭(GE)의 워크아웃 사례", 경영교육연구, Vol.7, No.2.

장동운(1986), "조직 내 갈등에 관한 연구", 한국인사관리학회, 인사관리연구, Vol.10, 1986. 12, pp.135~154.

장해순, 한주리, 이인희(2007), "출판사 조직구성원의 갈등 관리행동이 갈등 후의 결과 및 관계만족도에 미치는 영향", 한국출판학회, 한국출판학연구 통권 제52호, pp.273~303.

제리슨, 제럴드(2008), <유쾌한 변화경영: 뜨는 조직, 뜨는 회사의 변화관리 비법>, 가산출판사(포엠아이컨설팅 옮김).

조영철(2008), <성공하는 식스시그마, 실패하는 식스시그마>, 중앙북스.

조성대 외(2001), <인간관계의 이해>, 동림사.

존 코터(2002), <기업이 원하는 변화의 리더>, 김영사(한정고 옮김).

존 코터(2006), <빙산이 녹고 있다고 ― 펭귄에게 배우는 변화의 기술>, 서울: 김영사(유영만 옮김).

짐 콜린스(2002), <좋은 기업을 넘어 위대한 기업으로>, 김영사(이무열 옮김).

천대윤(2008), <현장중심의 액션러닝 변화혁신 리더십>, 북코리아.

최광학, 조근태(2007), "기술경영/관리: 효과적인 연구개발과제 선정평가 시스템의 제안: 삼성전기 사례연구", 대한산업공학회, 춘계학술대회논문집.

최문박(2006), "경영혁신을 위한 린 6시그마의 적용 방안", Journal of the Korean Institute of Industrial Engineers, Vol.32, No.4, pp.298-313.

칸노 히로시(2006), <리더십 테크닉>, 비즈니스맵(보스턴컨설팅그룹 옮김).

포스터, 리차드(2001), <창조적 파괴>, 21세기 북스(정성묵 옮김).

하버드 경영대학원(2004), <변화 경영의 핵심 전략>, 청림출판(현대경제연구원 옮김).

히노 사토시(2003), <TOYOTA 무한성장의 비밀>, 동양문고(금대연 옮김).

Amabile, T, M.(1988), "A Model of Creativity and Innovation in Organization", Research in Organizational Behavior, 10:123 - 167.

Anjard, R. P.(1998), "Process mapping: a valuable tool for construction management and other professionals", Facilities; Volume 16, No.3.

Anjard, R. P.(1996), "Process mapping: one of three, new, special quality tools for management, quality and all other professionals", Microelectronics and Reliability, Volume 36, Issue 2, pp.223 - 225.

Bicheno John(2004), *The New Lean Toolbox: Towards Fast, Flexible Flow*, Picsie Press, UK.

Christensen, C.(1998), T*he Innovator's Dilemma,* Harvard Business School Press.

Davenport, T.(1993), *Process Innovation: Re -engineering work through information technology*, Harvard Business School Press, Boston, MA.

Davenport, T. and James E.(1990), "The New Industrial Engineering: Information Technology and Business Process Redesign", Sloan Management Review, Summer.

Deming, W. E.(1986), *Out of the Crisis: Quality, Productivity and Competitive Position*, Cambridge University Press, UK.

Drickhamer, D.(2002), "Where Lean Meets Six Sigma", Industry Week/IW, May 2002, Vol.251, Issue 4, p.55.

Eckes, G.(2001), *The Six Sigma Revolution*, John Wiley and Sons, US.

Eckes, G.(2001b), *Making Six Sigma Last: Managing the Balance between Cultural and Technical Change*, John Wiley & Sons, Inc. New York.

Eckes, George(2003), *Six Sigma Team Dynamics: The Elusive Key To Project Success*, John Wiley & Sons, Inc.

Harry, M. and Schroeder, R.(2000), <Six Sigma>, Random House, US.

Harvard Business Review(2002), "The Discipline of Innovation"(현대경제연구원 옮김).

Hoerl, Roger, Snee, Ronald(1999), "Statistical Thinking for Management", American Society for Quality, Annual Quality Congress, Anaheim, CA, May 24 - 26.

Kerr, Steve(1995), *Stretch Goals: The Dark Side of Asking for Miracles*, Fortune.

Lombardo, L., Leaver, S., Walker, J.(2003), "Business - process innovation", Optimize, Feb 2003, p.47.

Nakajima, S.(1988), *Introduction to TPM*, Productivity Press, UK.

Nakajima, S.(1989), *TPM Development Program*, Productivity Press, UK.

Rasiel, E. & Friga, P.(2002), *The Mckinsey Mind*, McGraw-Hill.

Santos, Aguinaldo; Formoso, Carlos Torres; Tookey, J. E.(2002), "Expanding the meaning of standardisation within construction processes", The TQM Magazine; Volume 14 No.1.

Shapiro, S. M.(2002), *24/7 Innovation: A Blueprint for Surviving and Thriving in an Age of Change*, McGraw-Hill, New York, NY.

Tsuchiya, S.(1996), *Quality Maintenance: Zero Defects through Equipment Management*, Portland, Oregon: Productivity Press.

Yang Hong Mo et al(2007), "Supply Chain management six sigma: a management innovation methodology at the Samsung Group", Supply Chain Management: An International Journal, 12/2.

<웹사이트>
국가품질망(http://www.q-korea.net/)
국가기술표준원(http://www.kats.go.kr/)
네이버 백과사전(http://100.naver.com/)
위키피디아(http://www.wikipedia.org/)
조선일보(http://www.chosun.com/)
중앙일보(http://www.joins.com/)

색인

오춘백

1995, 고려대학교 금속공학과 학사
2003, 영국 워릭대학교, 엔지니어링 비즈니스 매니지먼트학 석사
　　(논문: Establishment of a Robust Process Management System Linking Six Sigma, Lean and TPM)
1995~2003, 삼성코닝 재직(TPM, SPC, 6시그마, 표준화)
2003, 삼성코닝 독일법인근무(경영혁신 컨설턴트)
2004, 삼성전자 영국법인근무(PI 매니저)
2005~2006, 엘지전자 재직(SCM 업무)
2006, 네모아이씨지 컨설턴트(만도 외 다수 기업)
이메일 oh8752@naver.com
　　　cboh@nemopartners.com
홈페이지 http://cafe.naver.com/oversigma.cafe

6시그마 바이블 시리즈
Part 1 경영관리: 1. 운영, 2. 과제선정
Part 2 방법론: 1. DMAIC, 2.DFSS_c, 3. DFSS_t, 4. SFSS, 5. Quick
Part 3 툴: 1. 통계, 2. 정성적 기법
Part 4 성과평가: FEA 평가
Part 5 독립적 기법들: FMEA etc

Be the Solver

혁신 운영법

초판인쇄   2018년 5월 18일
초판발행   2018년 5월 18일

지은이   오춘백
펴낸이   채종준
펴낸곳   한국학술정보㈜
주소   경기도 파주시 회동길 230(문발동)
전화   031) 908-3181(대표)
팩스   031) 908-3189
홈페이지   http://ebook.kstudy.com
전자우편   출판사업부   publish@kstudy.com
등록   제일산-115호(2000. 6. 19.)

ISBN   978-89-268-8426-3 94320